ROBERTO JEFFERSON

CÁSSIO BRUNO

ROBERTO JEFFERSON
O HOMEM QUE ABALOU A REPÚBLICA

1ª edição

EDITORA RECORD
RIO DE JANEIRO • SÃO PAULO
2017

CIP-BRASIL. CATALOGAÇÃO NA PUBLICAÇÃO
SINDICATO NACIONAL DOS EDITORES DE LIVROS, RJ

B922r
Bruno, Cássio
  Roberto Jefferson: o homem que abalou a República / Cássio Bruno. – 1ª ed. – Rio de Janeiro: Record, 2017.

ISBN: 978-85-01-10920-0

1. Jefferson, Roberto, 1953-. 2. Políticos – Brasil – Biografia. 3. Corrupção na política – Brasil. I. Título.

17-42319

CDD: 923.2
CDU: 929:32(81)

Copyright © Cássio Bruno, 2017

Todos os direitos reservados. Proibida a reprodução, armazenamento ou transmissão de partes deste livro, através de quaisquer meios, sem prévia autorização por escrito.

Texto revisado segundo o novo Acordo Ortográfico da Língua Portuguesa.

Direitos exclusivos desta edição reservados pela
EDITORA RECORD LTDA.
Rua Argentina, 171 – Rio de Janeiro, RJ – 20921-380 – Tel.: (21) 2585-2000.

Impresso no Brasil

ISBN 978-85-01-10920-0

Seja um leitor preferencial Record.
Cadastre-se em www.record.com.br e receba informações sobre nossos lançamentos e nossas promoções.

Atendimento e venda direta ao leitor:
mdireto@record.com.br ou (21) 2585-2002.

Sumário

Agradecimentos	7
Introdução	9
1. A prisão	13
2. Memórias do cárcere	23
3. A decisão de contar ao país	83
4. Os instintos mais primitivos	131
5. O homem-bomba de olho roxo	155
6. A ficha caiu — o julgamento	193
7. Encontros com o passado	221
8. *O Povo na TV*	249
9. Casamento gay, jogo do bicho e Collor	263
10. Final feliz?	293
Referências bibliográficas	305
Índice onomástico	351

Agradecimentos

"Mas não precisamos saber pra onde vamos
Nós só precisamos ir
Não queremos ter o que não temos
Nós só queremos viver
Sem motivos, nem objetivos
Nós estamos vivos e isto é tudo..."

(Humberto Gessinger)

Gostaria de agradecer, primeiramente, com todo amor, às duas razões da minha vida: Thaíse e Ana Clara. Obrigado por terem resistido com firmeza às ausências do marido e pai provocadas pelas viagens e madrugadas em claro. Sem o carinho e a força de vocês, este projeto não seria possível. "A diferença é o que temos em comum!"

Um obrigado muito especial aos meus amados pais, Cássio e Marlúcia, pelo esforço de me educarem com luta, fé e esperança. Vocês dois sempre estiveram ao meu lado nos momentos mais difíceis. Nathália, minha irmã querida, você também mora no meu coração. Amo os três!

Meuzi e Marquinho, tios queridos e sacanas, vocês fazem muita falta. Levo o aprendizado e as brincadeiras no coração e na mente. Sei que os dois estão em um bom lugar, felizes por mim. Saudades eternas.

Aos meus sogros, Wilher e Lúcia, e aos meus cunhados, Júnior e Gabriela, um obrigado por fazerem parte do tripé da nossa família.

Este livro não passaria de sonho à realidade não fosse o amigo Chico Otavio, orgulho e espelho na profissão. O apoio e as orientações foram fundamentais.

Obrigado também a Jackson, Lívia, Cinthia, Rafael e Tiago por segurarem as pontas nos momentos em que eu mais precisei estar fora. As minhas sinceras desculpas pelas ausências e distância. Vocês são dez!

Obrigado a Ancelmo Gois, Daniel Brunet, Cléo Guimarães e a outros colegas jornalistas que ajudaram na divulgação do meu trabalho.

Não poderia me esquecer da colaboração e da paciência de Renata Lo Prete, Denise Frossard, Joaquim Falcão, Talvane de Moraes, Paulo Baia, David Fleischer, Miro Teixeira, Wagner Montes, Sérgio Mallandro, Christina Rocha, José Cunha, Agnaldo Timóteo, José Ribamar Saboia de Azevedo e Tibério Gaspar (*in memoriam*).

Gostaria de agradecer ainda a todos os entrevistados deste livro que, de alguma forma, colaboraram e destinaram um tempo para mim em suas agendas. As conversas comigo em "on" ou em "off" foram importantíssimas para o projeto.

Obrigado, Carlos Andreazza e Duda Costa, pela confiança.

Por fim, agradeço a Deus.

Introdução

Esta biografia não autorizada começou a ser traçada em junho de 2012, quando recebi a missão de escrever o perfil de Roberto Jefferson Monteiro Francisco para *O Globo*, jornal do qual fui repórter por onze anos. A reportagem fez parte de um caderno especial sobre o julgamento do mensalão pelo Supremo Tribunal Federal. As minhas primeiras pesquisas individuais e entrevistas resultaram na matéria, de página inteira, de 28 de julho do mesmo ano, um domingo. Durante esse período, iniciei contatos com pessoas que conviveram e convivem com Jefferson, personagem central do até então maior esquema de corrupção do país — as investigações da Lava Jato não existiam.

O texto, cujo título foi "O insustentável equilíbrio de um delator", revelou, com exclusividade, como vivia Roberto Jefferson após ter feito a denúncia do mensalão e ficado por anos longe dos holofotes da mídia. Fui para Comendador Levy Gasparian acompanhado do fotógrafo Eduardo Naddar e conseguimos, depois de longas horas de espera, abordar o petebista ao sair de casa para uma festa.

Chegamos à cidade do interior do Rio de Janeiro e procuramos diretamente Roberto Jefferson, que não quis nos atender. Pediu à esposa Ana Lúcia para nos dizer que não estava no local e que não poderia dar entrevista. Decidimos fazer plantão. Surpreso ao ver a equipe de O Globo ainda à sua espera, decidiu conversar.

— Eu era mais aguerrido, mais de luta política. Agora, é só expectativa. Antes, eu era o ator, uma espécie de Anderson Silva no tatame político. Agora, é no tapetão jurídico — disse Jefferson em sua primeira frase a mim antes de ser julgado e preso.

A partir de 2012, acompanhei e cobri pelo O Globo todos os movimentos de Roberto Jefferson: a descoberta do câncer, a operação de retirada do tumor no pâncreas, o tratamento da doença, o julgamento do mensalão, a prisão, a soltura e o casamento dele com Ana Lúcia. Foram inúmeras entrevistas, sempre dividindo a cobertura do personagem com a minha querida amiga e repórter Letícia Fernandes, a quem agradeço de coração por ter feito parte deste projeto quando era apenas uma ideia.

Tive a iniciativa de escrever o livro sentado na calçada da casa de Roberto Jefferson embaixo de uma chuva fina em um dos intermináveis plantões que eu e outros colegas jornalistas, fotógrafos e cinegrafistas fizemos enquanto aguardávamos a decisão do ex-ministro do Supremo, Joaquim Barbosa, de expedir o mandado de prisão. Jefferson foi o último dos condenados a ser preso.

A minha relação com Roberto Jefferson sempre foi instável. Ele nunca aceitou, por exemplo, ser chamado por mim e pelo O Globo de "delator" do mensalão. Argumentava não ter feito delação premiada do que sabia à Justiça em troca de benefícios de redução da pena para carregar esse adjetivo, cujo significado é "denunciante", "quem faz a denúncia, responsabilizando alguém por um crime". Exatamente o que fez Jefferson em sua entrevista à Folha de S.Paulo e nos seus depoimentos à Justiça e às CPIs no Congresso.

Jefferson também não concordou com algumas reportagens que fiz. Em certos momentos, parou de me dar entrevistas. A gota d'água ocorreu em uma reportagem sobre seu casamento. Informei com exclusividade aos leitores de *O Globo* que, após ter feito um rateio entre amigos e eleitores para pagar a multa pela condenação do processo do mensalão, ele desembolsou R$ 100 mil para bancar a cerimônia e a festa, quantia, aliás, divulgada a mim por ele próprio.

Mesmo com uma convivência sempre estremecida, vi em Roberto Jefferson um personagem fantástico do ponto de vista jornalístico, com suas histórias, a maioria delas revelada pela primeira vez nos próximos capítulos. Somado a isso, como pano de fundo, havia o mensalão, escândalo que criou precedentes no combate à corrupção no Brasil e abriu caminho para a Operação Lava Jato.

Os brasileiros nunca tinham visto gente poderosa da República e do Congresso ir de fato para a prisão. A cooperação realizada nas investigações da Lava Jato entre instituições como a Polícia Federal e o Ministério Público começou a se desenhar e amadurecer de forma bem-sucedida no mensalão. Anos mais tarde, em 2017, o Partido Trabalhista Brasileiro (PTB) de Jefferson aparece novamente no centro da corrupção. O partido e a filha Cristiane Brasil foram citados na delação premiada da empresa JBS.

Roberto Jefferson jamais leu os capítulos desta obra antes de os textos seguirem para a editora. Ele nunca teve acesso a qualquer conteúdo. Escrevi o que quis e sem interferências. Por este motivo, o livro é classificado como "biografia não autorizada". A minha entrevista com ele foi negociada por quase um ano. Finalmente, em 15 de abril de 2017, após várias tentativas e recusas, Jefferson resolveu falar pessoalmente e, nos dias posteriores, também por meio de um aplicativo de celular.

Esclareço que esta biografia é um trabalho com rigor jornalístico. Ao todo, entrevistei 82 pessoas, incluindo familiares, amigos, vizinhos, políticos aliados e adversários, cientistas políticos, peritos criminais, pesquisadores, jornalistas, advogados, médicos, delegados, agentes penitenciários, diretores de presídios, apresentadores de televisão, músicos, motociclistas, integrantes de CPIs e personagens envolvidos diretamente no processo do mensalão. Omiti os nomes de algumas fontes de informação que pediram para não serem identificadas.

Quero destacar o trabalho minucioso de produção e pesquisa realizado pelos jornalistas Lucas Mendes e Paula Ferreira. Graças à dedicação, ao esforço e ao talento desses dois profissionais pude ter acesso a um rico acervo e ler centenas de documentos oficiais, processos, depoimentos à Justiça e às CPIs, projetos de leis, discursos e reportagens de jornais, revistas, blogs e sites. Nos arquivos, havia também áudios e vídeos de entrevistas, discos e livros que serviram como base de apuração e consulta.

Por fim, esclareço que o objetivo desta biografia não autorizada é apenas contar a história e os bastidores inéditos da vida e da saga do homem que abalou a República em 2005, sem entrar no mérito das decisões tomadas por juízes e ministros do Supremo Tribunal Federal (existem outros livros que tratam do assunto). Boa leitura.

1. A prisão

VINTE E DOIS DE FEVEREIRO DE 2014, sábado. 00h10. Uma picape Pajero, da Polícia Federal, placa LLR-7727, e outra descaracterizada chegam à pacata cidade de Comendador Levy Gasparian, a 140 quilômetros da capital Rio de Janeiro. Os dois veículos, com faróis altos, iluminam as ruas escuras e esburacadas do município de pouco mais de 8 mil habitantes, na divisa com Minas Gerais. Repórteres, fotógrafos e cinegrafistas dormem dentro de carros de reportagem e na calçada da Vila Marlene Aparecida naquela madrugada fria do interior do estado fluminense. Ali, na rua registrada com o nome da sogra, Roberto Jefferson Monteiro Francisco, então com 60 anos, ex-deputado federal pelo Partido Trabalhista Brasileiro (PTB), cassado, aguarda, em casa, o desfecho da história que abalou os alicerces da República e deu outro rumo à política do país.

Roberto Jefferson nunca imaginou a possibilidade de ser preso quando decidiu denunciar o mensalão em uma entrevista concedida à jornalista Renata Lo Prete em 5 de junho de 2005. As declarações bombásticas, publicadas pelo jornal *Folha de S.Paulo* no dia seguinte, repercutiram em toda a imprensa e atingiram em cheio o Congresso Nacional e o Palácio do Planalto. Naquele instante, isolado após o escândalo de corrupção nos Correios envolvendo seu nome, Jefferson tinha uma certeza: se um dia fosse julgado, seria por crime eleitoral, pois confessara ter recebido dinheiro de caixa dois de dirigentes do Partido dos Trabalhadores (PT) para a campanha de 2004. Mas, na verdade, ele havia acabado de jogar uma pá de cal na carreira iniciada em 15 de março de 1983, no governo do ex-presidente João Figueiredo, durante a ditadura militar, e com desfecho em 14 de setembro de 2005, data da cassação.

A agonia e a angústia só aumentaram a partir da prisão do empresário Marcos Valério Fernandes de Souza, em 15 de novembro de 2013. Apontado como operador do esquema de pagamento de propina a deputados para votarem a favor de projetos do governo Lula, Valério foi o primeiro a ir para a cadeia entre os 25 condenados de um total de 38 réus na Ação Penal 470. Na lista do ex-presidente do Supremo Tribunal Federal, Joaquim Barbosa, relator do processo, Jefferson era o último da fila.

A movimentação dos cinco agentes da Polícia Federal chamou a atenção da família, dos amigos e dos vizinhos de Roberto Jefferson. Os jornalistas faziam plantão em frente à residência dele havia três meses à espera do que estaria por vir. Sereno, abatido e conformado com o futuro que lhe aguardava, Jefferson passou as últimas horas de liberdade ao lado das pessoas mais próximas. Porém, os policiais ainda dependiam da chegada da ordem de prisão de Joaquim Barbosa, o que só aconteceu na segunda-feira, dia 24. Enquanto aguardava o documento, o petebista apareceu na sacada e cumprimentou repórteres e curiosos.

Na manhã de domingo, véspera de ir para a cadeia, Roberto Jefferson fez o que mais gostava: pilotou uma de suas duas motos Harley-Davidson. Com capacete, jaqueta de couro da mesma marca, preta e laranja com listras brancas, luvas, calça jeans e botas, ele saiu em direção à BR-040 e pegou a estrada montado em uma Fat Boy ao lado de dois amigos e do cunhado. O grupo seguiu para Juiz de Fora, município mineiro que fica a 47,3 quilômetros de Comendador Levy Gasparian. Jefferson parou no Bar e Restaurante Salvaterra, um centro gastronômico localizado na entrada da cidade. Ele tomou café e comeu pão de queijo. O passeio durou 3 horas. Os policiais federais não o acompanharam.

— Estou desfrutando os momentos finais da minha liberdade. Quanto a vocês (jornalistas), curtam sua liberdade, que é o bem mais precioso que vocês têm — declarou, cabisbaixo, Jefferson quando foi questionado sobre a viagem.

Uma das paixões de Roberto Jefferson desde garoto é o motociclismo, principalmente o estilo de vida dos praticantes. Jefferson ficou absolutamente enlouquecido quando se deparou pela primeira vez, em Petrópolis, na Região Serrana do Rio, sua cidade natal, com a Harley-Davidson amarela e azul, com as iniciais PRF. Quem pilotava era o tio Ronaldo Medeiros, instrutor de motos da Polícia Rodoviária Federal, que morreu em janeiro de 2015, aos 78 anos. Desde então, o ex-deputado cresceu e transformou-se em *harleyro*, viciado na marca. A sensação de estar livre, ser o rei da estrada, o leva ao prazer, ao clímax. Na garagem, além da Fat Boy, Jefferson possui uma Road King clássica e quadros nas paredes que remetem ao logotipo da empresa fundada, em 1903, nos Estados Unidos. Fez viagens inesquecíveis pela América do Sul. No domingo ensolarado, ele tinha consciência de que ficaria um bom tempo sem ouvir o ronco dos motores e sentir o vento batendo no rosto.

No retorno de Juiz de Fora, em meio ao caos instalado na Vila Marlene Aparecida, provocado pela expectativa da prisão, Roberto Jefferson foi abordado pelo comerciante Afonso Celso Dominguito de Castro, de 55 anos. A atitude de Castro surpreendeu o grupo de pessoas que se aglomerava no local e o próprio ex-deputado. O comerciante queria ser o primeiro doador da "vaquinha" lançada pelo delator do mensalão para ajudar a pagar a multa de R$ 840.862,54 (valores corrigidos pela inflação) estipulada pelo STF. Castro fez questão de entregar o dinheiro pessoalmente.

— Vim aqui doar meu dinheiro e mostrar a cara. Acabei de sacar R$ 100 no banco e vim aqui entregar, pessoalmente, ao senhor. Vou lhe dar o número do meu CPF para que seja declarado no Imposto de Renda. Quero ser diferente dos petralhas. Eles estão quebrando esse país — disparou Castro, cercado por repórteres.

Antes do encontro com Roberto Jefferson, Afonso Celso Dominguito de Castro defendeu o político. Para o comerciante, o ato de denunciar o mensalão foi "um importante passo para nós, brasileiros". Surpreso com a atitude, o petebista agradeceu e o convidou para entrar em sua casa: — É um gesto espontâneo. Gente boa!

No julgamento do mérito do mensalão, Joaquim Barbosa sustentou a tese de que Roberto Jefferson recebeu dinheiro de Marcos Valério em troca da compra de apoio político de deputados. Pelo acordo, o PT prometeu repassar R$ 20 milhões ao ex-deputado, mas pagou apenas R$ 4 milhões. Jefferson confessou ter recebido a quantia, uma das quatro parcelas combinadas com os dirigentes petistas. Entretanto, levou calote no restante. O próprio Marcos Valério entregou os recursos na sede do PTB, em Brasília, a Jefferson e ao então tesoureiro informal do partido, Emerson Palmieri. Na primeira remessa, o empresário levou R$ 2,2 milhões dentro de uma mala. Na segunda, Valério desembolsou R$ 1,8 milhão. Nas duas ocasiões, os petebistas espalharam toda a grana em uma mesa e começaram a contar as cédulas. Nota por nota. O volume era tão grande que os dois não conseguiram guardar no cofre do partido. O jeito foi esconder uma parte dentro de um armário.

— Os repasses e as promessas de pagamentos feitos pelo PT exerceram forte influência sobre a fidelidade dos deputados do PTB, tendo em vista a importância das somas envolvidas e o con-

sequente desejo de receber o dinheiro em troca de apoio político
— afirmou o então ministro Barbosa. — A partir de dezembro
de 2003, o próprio Jefferson aceitou receber recursos pagos pelo
PT para conduzir o apoio de seus correligionários em projetos de
interesse do governo — completou.

Jefferson e seus advogados sempre sustentaram na defesa que
o dinheiro nunca fora decorrente de propina e, sim, de recursos
recebidos graças a um acordo fechado com o PT para as eleições
municipais de 2004. Ele foi condenado a sete anos e quatorze dias
de prisão por corrupção passiva e lavagem de dinheiro em regime
semiaberto. Mas o desenrolar e os bastidores dessa trama envolvendo
traições, conchavos e intrigas serão revelados em detalhes
nos próximos capítulos deste livro.

A ordem de prisão assinada por Joaquim Barbosa chegou
às mãos de Roberto Jefferson exatamente às 12h21 de 24 de
fevereiro de 2014, ou seja, 102 dias após a prisão de Marcos Valério.
O documento, enviado por e-mail, fora impresso no computador
do ex-deputado. A demora do mandado judicial era o que mais desgastava
Jefferson, como admitiu ao autor em 15 de abril de 2017.

— Eu saía daqui [de casa] sempre com muito estresse. Tinha
carro [de reportagem] que me seguia. Eu ia para o açougue, [os
jornalistas] iam atrás. Eu ia à padaria, à farmácia, e os carros iam
atrás. Era muito chato. Às vezes, eu entrava no açougue, e uma
equipe de televisão acompanhava para filmar. Criou-se um ambiente
terrível porque a região toda já esperava [a prisão]. Dava
uma tensão, um negócio terrível. Foi uma angústia longa. Foi uma
coisa pesada, do tipo: é hoje [que sai o mandado de prisão], é amanhã,
vai ser hoje a ordem, vai sair amanhã, depois de amanhã, na
semana que vem, agora daqui a dez dias. Era muito estressante.
Quando o mal tem que vir, você tem que resolver as coisas. Isso
de ser adiado dá muita agonia.

Joaquim Barbosa rejeitou o pedido da defesa para que Roberto Jefferson ficasse em prisão domiciliar. Os advogados argumentaram que o ex-deputado precisaria de cuidados especiais e alimentação restrita devido à retirada de um tumor no pâncreas. A dieta incluía itens como salmão defumado e geleia real. A determinação teve a assinatura do médico José Ribamar Saboia de Azevedo, que operou e liderou a equipe na sala de cirurgia. O Instituto Nacional do Câncer (Inca), no entanto, avaliou não haver necessidade de Jefferson ficar detido em casa para continuar o tratamento. O relator do recurso no STF, ministro Luís Roberto Barroso, votou pela manutenção da prisão com base "em laudo que afirma a desnecessidade de prisão domiciliar". Os ministros Cármen Lúcia, Celso de Mello, Teori Zavascki e Rosa Weber concordaram com Barroso. Luiz Fux, Marco Aurélio Mello e Ricardo Lewandowski votaram a favor do pedido de Jefferson.

Na madrugada de 23 para 24 de fevereiro, Roberto Jefferson cochilou apenas por 2 horas. Ele preferiu passar a noite acordado com a mulher Ana Lúcia Novaes. Os dois dedicaram os últimos momentos juntos para namorar em uma "noite de núpcias". Jefferson despertou e levantou da cama às 6 horas. Tomou café da manhã acompanhado da esposa, dos cunhados Márcia e Marcelino, da filha Cristiane Brasil, do advogado Marcos Pedreira Pinheiro de Lemos, de Norberto Paulo de Oliveira Martins, secretário-geral do PTB, e Honésio Pimenta, secretário de Comunicação do partido, seus homens de confiança, além de funcionários da casa, como a cozinheira e o jardineiro. O grupo também almoçou com o ex-parlamentar. Todos em clima de despedida e tristeza. Durante o dia, Jefferson recebeu dezenas de ligações de apoio.

Antes de entrar no carro da Polícia Federal, Roberto Jefferson fez a barba (retirou, inclusive, o bigode conservado há anos) e tomou banho. Às 14 horas, vestindo um blazer preto sobre uma camisa social azul, Jefferson sentou-se, sem algemas, no banco traseiro à direita do motorista. Ao seu lado ficou o advogado Marcos Pedreira Pinheiro de Lemos. Com o polegar da mão direita erguido, Jefferson fez o sinal de positivo para fotógrafos e cinegrafistas. O comboio saiu em disparada com as sirenes ligadas.

— Caí de pé, entrei pela porta da frente. A minha música é *My Way*; não me rendi, não ajoelhei e fiz da minha maneira — declarou Roberto Jefferson, à época, antes de entrar no veículo e seguir para a capital.

My Way é o título, em inglês, da música francesa *Comme d'habitude*, de Claude François, lançada em 1967. No ano seguinte, Paul Anka fez a versão inglesa que, desde então, se transformou em um dos maiores clássicos de Frank Sinatra, sendo regravada também por outros artistas, como Elvis Presley. *My Way* faz parte ainda da oitava faixa do CD "On The Road", gravado por Roberto Jefferson (sua outra paixão é a música) com outras quatorze composições. Diz um trecho da letra:

> E agora o fim está próximo / Então eu encaro o desafio final / Meu amigo, eu vou falar claro / Eu irei expor meu caso do qual tenho certeza / Eu vivi uma vida que foi cheia / Eu viajei cada estrada / E mais, muito mais do que isso / Eu fiz do meu jeito / Arrependimentos, eu tive alguns / Mas, novamente, muito poucos para mencionar / Eu fiz o que tinha que fazer / E eu vi tudo, sem exceção.

Roberto Jefferson chegou ao Instituto Médico-Legal, acompanhado de seu advogado, às 15h30. Ana Lúcia estava em outro carro com a irmã, Márcia. Por volta de 16 horas, Jefferson deixou o IML em direção ao presídio Ary Franco, em Água Santa, onde funcionava a Coordenação das Unidades Prisionais do estado. No local, ele deu entrada no sistema prisional do Rio de Janeiro. O ex-deputado foi fichado com digitais e fotos. Às 17h10, já com o uniforme dos detentos da Secretaria Estadual de Administração Penitenciária (Seap), Jefferson seguiu para a Unidade de Pronto Atendimento (UPA) Dr. Hamilton Agostinho Vieira de Castro, em Gericinó, na Zona Oeste, para fazer uma avaliação médica. A chegada à unidade ocorreu às 17h45, de lá saindo às 19h50. O percurso do comboio formado por carros da Polícia Federal pelas vias expressas da cidade ganhou transmissão ao vivo, com imagens feitas de um helicóptero, por emissoras de televisão em rede nacional.

Às 20h30, Roberto Jefferson desembarcou da van da Seap escoltado por policiais para cumprir parte da pena na Casa do Albergado Coronel PM Francisco Spargoli Rocha, em Niterói, na Região Metropolitana, a 146 quilômetros de Comendador Levy Gasparian. O presídio tinha capacidade para duzentos detentos, distribuídos em sete celas coletivas. A inauguração aconteceu em 14 de maio de 2009 e custou R$ 680 mil ao governo do Rio. O evento teve a presença do ex-governador Sérgio Cabral, que anos mais tarde seria preso por corrupção na Operação Lava Jato. Anteriormente, no prédio, funcionava o Instituto Penal Romero Neto, voltado para presas do regime semiaberto e desativado em 2003. Francisco Spargoli Rocha era coronel reformado e ex-subsecretário de Unidades Prisionais da Seap. Foi assassinado em abril de 2009 depois de tentar impedir um assalto em uma casa lotérica em Niterói.

Ao chegar à prisão, Roberto Jefferson recebeu dos agentes penitenciários uma manta, uma blusa, uma pasta e uma escova de dente, toalha, sabonete, caneca e pares de tênis e de chinelos. Entre os objetos pessoais, Jefferson levou dois livros, presentes da filha Cristiane Brasil: *Uma breve história do mundo* e *Uma breve história do século XX*, ambos do autor australiano Geoffrey Blainey, além de uma Bíblia. Lançada em 2000, a primeira obra trata da história do mundo desde o surgimento do *Homo sapiens* no continente africano até os dias atuais. Foi best-seller na Inglaterra e nos Estados Unidos. A segunda, de 2006, faz uma descrição dos cem anos mais importantes da história, como as grandes guerras, a ascensão e queda de regimes comunistas, além do declínio das monarquias e dos impérios da Europa.

— Fiquei analisando a realidade que eu iria encontrar (na prisão), como seriam as coisas, medindo as relações que eu teria, as hostilidades que eu teria de enfrentar, as dificuldades. Isso que eu vim medindo (no trajeto de casa ao presídio). Cada passo desse era um terreno novo que eu procurava analisar, fazer cair a ficha, racionalizar — contou Jefferson ao autor.

Na primeira noite na cela, Roberto Jefferson dormiu sozinho, distante daquele mundo no qual estava acostumado a viver e a desfrutar como deputado federal e presidente nacional do PTB: próximo ao poder, rodeado de assessores e de empregados, com uma rotina de almoços e jantares nos restaurantes mais caros e bem frequentados e de hospedagens em hotéis cinco estrelas. Naquele momento, ele era o símbolo da derrota, da humilhação. A tão festejada liberdade que sempre pregara pilotando a sua Harley-Davidson pelas estradas país afora chegara ao fim.

2. Memórias do cárcere

ROBERTO JEFFERSON NUNCA PENSOU em um dia na vida lavar privada (ou boi, como é conhecido o buraco no chão na gíria dos presos), varrer o pátio de um presídio com mais de duzentos detentos, lavar roupas ou fazer faxina na cela. Precisou aprender rápido e se adaptar à nova rotina. A sujeira e o mau cheiro, somados ao suor provocado pelo esforço físico ao lavar o vaso sanitário com urina e fezes, tornaram-se ritual obrigatório para ele dentro da Casa do Albergado Coronel PM Francisco Spargoli Rocha, em Niterói. Foram quatorze meses e 23 dias na cadeia, entre 24 de fevereiro de 2014 e 16 de maio de 2015, quando conseguiu o direito de cumprir a pena pela condenação do mensalão em regime aberto e com o uso de tornozeleira eletrônica. Tempo suficiente para ajudar nos serviços estabelecidos pelas regras do sistema carcerário brasileiro e também para conquistar novas amizades, transformar-se em líder da unidade e montar um verdadeiro escritório político onde decisões importantes foram tomadas.

Em entrevista realizada em janeiro de 2016 com os pais de Roberto Jefferson — Roberto Francisco, falecido em 17 de janeiro de 2016, e Neusa D'Alva —, o autor deste livro teve acesso a 24 cartas escritas à mão de dentro do presídio e endereçadas pelo político a eles. Um material inédito só agora revelado na íntegra e transcrito nas próximas páginas. Textos em que Jefferson narra o dia a dia na prisão, os momentos de tensão, e aborda assuntos cujos personagens variam desde o ex-presidente do STF, Joaquim Barbosa, até o ex-ministro da Casa Civil do governo Lula, José Dirceu, seu maior inimigo político. As correspondências mostram ainda conversas com advogados, familiares e amigos sobre temas como as eleições presidenciais de 2014 e enfrentamentos com servidores públicos ligados ao PT durante o período de detenção.

Em 12 de junho de 2014, uma quinta-feira, Roberto Jefferson escreve uma carta ao pai. É dia de jogo da seleção brasileira contra a Croácia pela Copa do Mundo. Foi uma partida tensa na Arena Corinthians pela primeira fase do torneio. O Brasil venceu de virada por 3 a 1, com dois gols de Neymar e um de Oscar. Jefferson assistiu pela televisão e até comemorou, no texto, a ótima atuação do camisa 10. Em seguida, xingou Joaquim Barbosa de "crápula" e de "fascista supremo".

No dia anterior, o advogado Luiz Fernando Pacheco, que representou o ex-presidente do PT José Genoino no processo do mensalão, bateu boca com Barbosa no plenário do STF. Tudo porque o ex-presidente do Supremo chamou a julgamento as ações relativas ao número de cadeiras que os estados têm direito no Legislativo. A atitude provocou a ira de Pacheco, que subiu na tribuna e disse que os processos com réu preso deveriam ser tratados com prioridade nas tramitações. Ele queria que o pedido de prisão domiciliar de Genoino fosse analisado.

Joaquim Barbosa, então, rebateu Luiz Fernando Pacheco, alegando que o advogado não era o responsável pela pauta da Corte. Revoltado, Pacheco esbravejou e teve o microfone cortado pelo ex-ministro. O advogado acusou Barbosa de praticar abuso de autoridade e foi retirado do plenário por dois seguranças enquanto berrava. Na carta ao pai, Roberto Jefferson comenta o episódio:

— O Quincão (Joaquim Barbosa) precisava escutar isso de público, ouvir. Há que se endurecer com esse crápula, pois ele só entende essa linguagem. Fiquei animado, mesmo porque a posição do Marco Aurélio (Mello, ministro do STF) foi crítica à posição do fascista supremo. Penso que as coisas clarearão.

Da cadeia, Roberto Jefferson orientou a campanha da filha Cristiane Brasil para deputada federal e falou sobre a morte do então candidato a presidente da República pelo PSB, Eduardo Campos, em um acidente de avião, em Santos, no dia 13 de agosto de 2014. O atual presidente do PTB ironizou Marina Silva, que, à época, vice de Campos, subiria nas pesquisas de intenção de voto após assumir o lugar do ex-governador de Pernambuco na disputa. A carta, também endereçada ao pai, foi escrita em 17 de agosto daquele ano.

— O Brasil vive hoje duas tragédias: a queda do avião do Eduardo Campos e a decolagem da Marina nas pesquisas. Ninguém merece. Mas haverá segundo turno. A situação de Dilma e do PT se complica. O Aécio (Neves, candidato do PSDB) terá de lutar fortemente para não ser superado pela Marina. Luta dificílima. Vamos acompanhar. A Cris está muito bem na pesquisa proporcional, virá entre os mais votados.

Em 2014, a decisão do PTB em apoiar a candidatura de Aécio Neves à Presidência teve a consulta e o aval de Roberto Jefferson de dentro do presídio, como contou Honésio Pimenta Pedreira Ferreira, secretário de Comunicação do PTB e um dos integrantes da tropa de choque de Jefferson, em entrevista ao autor deste livro, concedida em 28 de maio de 2016. Alguns ministros de Dilma foram pegos de surpresa com a "virada" e a escolha de fazer parte da chapa do PSDB. Apesar da denúncia de Jefferson e do escândalo do mensalão, o PTB ensaiava um possível apoio ao PT nas eleições presidenciais. O então presidente do partido, Benito Gama, foi quem intermediou o acordo com o ex-deputado. Segue um dos trechos da entrevista:

> HONÉSIO: Eu sei que o Roberto foi consultado.
> AUTOR: Pelo PSDB. Por meio de quem?
> HONÉSIO: Arrumaram um advogado para ir lá [no presídio], dar um jeito de entrar e conversar com ele [Roberto Jefferson]. Eu sei que ele foi consultado.
> AUTOR: E aí o Roberto aprovou?
> HONÉSIO: Ele [Roberto Jefferson] disse: "O Benito, o que ele falou?" [o interlocutor, supostamente representando o PSDB, respondeu:] "O Benito falou pra gente que ia virar." [o Roberto concluiu:] "Então, está virado."

Parlamentares do PTB fizeram um protesto, alegando não terem sido procurados e informados sobre a medida. Na Bahia, por exemplo, militantes da legenda se organizaram para apoiar Dilma Rousseff ao mesmo tempo que acontecia a convenção nacional, em Salvador, para o restante da sigla, declarando aliança com Aécio, em 27 de junho. O rompimento do partido com Dilma fora anunciado sob a alegação de rupturas em acordos previamente costurados com o PT em diversos palanques regionais, como Roraima, Piauí, Rio de Janeiro e Distrito Federal. Na carta ao pai, escrita em 6 de julho de 2014, um domingo, Roberto Jefferson comentou o resultado da convenção do PTB:

— Tive uma surpresa na convenção do PTB; deu Aécio. A imprensa está dizendo que eu virei o jogo de dentro da cadeia. Vê se pode! São uns caluniadores. Eu fiquei sabendo pelo jornal. Mas foi melhor assim. Mantivemos nossa coerência.

Em outro texto, de 19 de setembro de 2014, Roberto Jefferson admite preocupação de o ex-genro Marcus Vinícius de Vasconcelos Ferreira, o Neskau, não ser reeleito deputado estadual. Segundo o petebista, o problema era que, caso isso ocorresse, boa parte de familiares e amigos corria o risco de perder o emprego. No entanto, o jovem conseguiu o objetivo nas urnas e obteve 39.192 votos.

— Estou preocupado com o Marcus Vinícius. Ele perdeu muita densidade [eleitoral] em Petrópolis. Corre o risco [de não se reeleger]. Precisamos ajudá-lo. Ele é o pai dos meus netos e temos amigos e familiares colocados [nomeados] em seu gabinete.

No trecho da carta escrita em 13 de abril de 2014, Roberto Jefferson ataca o PT e José Dirceu, acusado por Jefferson de ser o comandante do mensalão no Congresso:

— Estamos enfrentando um partido político que é um polvo. Vários braços aparelhando muitas instituições públicas. Toda a direção do Inca, Instituto Nacional do Câncer, é petista. O subdiretor de Saúde da Secretaria Penitenciária é petista. Tenho que ter paciência e serenidade, mesmo porque, dentro do estabelecimento onde estou preso, há vários militantes do PT [...] O corretivo que recebo da malta petista, tomo como vacina para fortalecer minha resistência a ela. Continuarei lutando contra a patota do Zé Dirceu. Paciente, sensato, sereno, mas com as ideias e ações fortalecidas em meu sistema imunológico às doutrinas socialisteiras e comunistoides [...] Não vou me embrutecer, mas não vou me afastar um centímetro das minhas convicções. Machado na mão e faca nos dentes. Caio de pé, mas não vivo de joelhos.

A seguir, as cartas de Roberto Jefferson transcritas na íntegra e sem correção da língua portuguesa.

CARTA 1

Niterói, 8 de março de 2014

Papai e mamãe, estou com a Ângela. Aqui está tudo sob controle. De saúde estou bem. A comida não é a de casa, mas é razoável. Até excessiva. Mandam cinco refeições por dia.

Adorei os pastéis. Comi, substituindo o lanche da tarde e o jantar.

Não fiquem preocupados comigo. As coisas estão caminhando dentro do esperado.

Tenho sido discreto. Tanto que impedi a visita dos "coroados" do PTB.

A Ana Lúcia tem sido incansável. Faz plantão na porta do presídio de 8 às 17 horas, todos os dias. Já pedi a ela para não fazer isso, pois fico tenebroso pela segurança dela.

Fiquei satisfeito por sabê-los com saúde. Amo vocês.

Deem um beijo na família toda. Foi ótimo o meu papo com o Ronaldinho, o cara é bom.

Cuidem-se

Beijos e bênçãos

Roberto Jefferson

CARTA 2

16 de março de 2014

Papai e mamãe, tudo bem com vocês?

Eu estou bem. Saindo melhor que a encomenda.

As coisas caminham normalmente, sem pressa.

Nada de atritar com a opinião pública.

Meu agravo, pedindo prisão domiciliar, deve ser votado na quarta ou na quinta da próxima semana.

Não fantasiem sobre perseguições familiares. Até a Cris, enquanto for secretária, não poderá vir como advogada.

Amo vocês.

Cuidem-se.

Estou saudoso de nossos almoços.

Beijos

Roberto Jefferson

CARTA 3

23 de março de 2014

Meus amados papai e mamãe.

Recebi suas cartas pela minha irmã Ângela. Fiquei feliz.

Estou em paz e tranquilo. Meu momento é de boa e saudável reflexão.

Rezo sempre, mas não exagero nesse culto a Deus. Soa bem pragmático. Penso que a vida já tem muitos problemas, para eu ficar pensando nos problemas pós-morte. Tenho meu jeito de me relacionar com Deus. Respeito e cultivo nossas tradições religiosas, mas não quero que elas sejam a coisa fundamental da minha vida. Nunca fui padre ou pregador, nem quero ser.

Amo a família acima de tudo. Amo vocês que me deram a vida. Amo os meus a quem dei a vida.

A única coisa hoje que me chateia, é essa atitude do Marcus Vinícius com a Fabiana. Triste papel. Me feriu.

No mais, tudo bem. Eu sabia do peso das minhas atitudes. Sabia do preço a pagar. Não me arrependo.

Estou listando o Ronaldo, meu irmão, como parente quando ele poderá me visitar. Listarei o Ricardo também.

Fiquem em paz. Desfrutem sempre de Levy, isso me faz realizado.

Amo a Ana Lúcia. Ela tem sido parceira das horas difíceis. Estou doida para pegá-la de jeito. Amo vocês, sinto falta de nossas parlengas [ilegível] e [ilegível]

Cuidem-se. Com saudade

Roberto Jefferson

CARTA 4

Cadeia, 5 de abril de 2014

Minha mãe querida.

Fiquei feliz com sua carta.

Nossa casa em Levy, digo nossa, sua também, é para vocês desfrutarem. A estrutura funciona para você e o Velho.

A Maria e a Isabel adoram vocês dois. Tratarão sempre de zelar com desvelo pelo seu conforto.

Mãe, estou forte, disposto, atento e sereno.

Cumprindo meu destino.

A Ana é especial. Vem todos os dias, aqui na porta, trazer meus jornais. Sempre me consegue mandar um sanduíche. Show.

Mamãe, mande o papai fazer um exame de próstata. Cistite é sinal de problema prostático. Fale com o Ronaldo para levar o Velho ao médico. Cerveja não dá cistite.

Essa teimosia do papai me deixa preocupado.

Você está bem?

Como está a Neusinha?

Ronaldinho está melhor?

Cuide-se bem. Você é forte. Eu sou como você. Não remo contra a correnteza.

Mãezinha, amo você.

Beijos

Suas bênçãos.

Roberto Jefferson

CARTA 5

Cadeia, 13 de abril de 2014

Meu pai e amigo.

Sinto saudades dos nossos almoços, lanches e dos bons papos.

Sei que tudo isso é passageiro. Não há mal que sempre dure. Estamos enfrentando um partido político que é um polvo. Vários braços aparelhando muitas instituições públicas.

Toda a direção do Inca, Instituto Nacional do Câncer, é petista. O subdiretor de saúde da Secretaria Penitenciária é petista. Tenho que ter paciência e serenidade, mesmo porque, dentro do estabelecimento onde estou preso, há vários militantes do PT.

Esses caras tomaram de assalto o serviço público. Penso, caso haja vitória da oposição, que o PT não entregará seus cargos. Vamos viver uma divisão social como na Venezuela.

Eu estou preparado para esse enfrentamento, seja qual for a consequência.

Tenho humildade para aceitar a correção, apenas me resigno à correção de Deus.

O corretivo que recebo da malta petista, tomo como vacina para fortalecer minha resistência à ela. Continuarei lutando contra a patota do Zé Dirceu. Paciente, sensato, sereno, mas com as ideias e ações fortalecidas em meu sistema imunológico às doutrinas socialisteiras e comunistoides.

Não abro mão dos valores, credos e tradições que recebi de vocês, meus antepassados. Por essas crenças e valores, empenharei até minha vida.

Não vou me embrutecer, mas não vou me afastar um centímetro das minhas convicções. Machado na mão e faca nos dentes. Caio de pé, mas não vivo de joelhos.

Estou estudando muito. Lendo muito. Livros identificados com o meu modo de pensar. Está sendo fecundo meu retiro intelectual.

De saúde vou bem. Sinto falta dos afetos da minha Ana, como sinto falta da estrutura de amar de nossa família.

A tristeza e o desânimo não me contagiaram. Acordo às 5 horas, tomo banho frio, faço ginástica, leio todos os jornais, ouço rádio e vejo TV. Depois leio, leio horas e horas, para robustecer minhas ideias e palavras.

Já já estaremos juntos.

Tenho pensado muito na tia Nanã e na Maryland. Dê um beijo nelas por mim. A Lana está sendo um forte apoio para a Ana Lúcia.

Adoro essa prima, leve, doce e de alma musical.

O Haroldo vem sempre até a porta do presídio. Sempre manda, pela Ana, um livro novo. Cara bom. Meu irmão mais velho.

A Nathalie também sempre presente, manda fotos, cartas e cartões, de fundamento religioso e familiar.

A Ângela é uma irmã querida. Tem vindo todos os domingos trazendo lanches, chocolates e sua palavra inteligente. Têm sido ótimos nossos encontros e papos. Sei do sacrifício que ela e o Ronaldão fazem por isso.

Recebi uma carta sofrida e confusa da Neusinha. Cuide dela, ela necessita de apoio familiar e espiritual.

Dê um beijo em todos por mim. Em especial na mamãe.

Deus abençoe vocês dois nessa quadra de suas vidas, dando saúde, segurança e paz.

Amo vocês, meus pais.

Tenho muito orgulho da herança que recebi de amor à família, ao trabalho e sua coragem moral, meu pai, que você me transmitiu.

Beijos

Roberto Jefferson

CARTA 6

Cadeia, 22 de abril de 2014

Meu pai e amigo.

Escrevo hoje com foco no dia 30 desse mês, dia de seu aniversário de número 83.

Não estarei presente ao festejo nem poderei falar ao telefone, pois isso é proibido. Estarei presente de coração e de espírito.

Fico feliz com essa nossa reaproximação, agora mais maduros nas nossas existências.

Às vezes a vida nos [ilegível] em seu turbilhão, impedindo espaço e tempo à reflexão.

Eu, como você, constituí família muito cedo e me empenhei de corpo e alma para dar conforto e segurança aos meus filhos.

O trabalho no Rio, faculdade, televisão, política, tudo aconteceu de forma veloz.

No primeiro mandato, entre os seis conquistados, já fui para Brasília e logo criei um líder nacional do partido, palmilhando todo o Brasil para cumprir agendas.

Liderei a bancada por cinco anos consecutivos e presidi o PTB nacional por treze anos. Não foi fácil. Pouco tempo tive para parar e refletir sobre a vida familiar, na origem e no casamento. Tanto que destruí vínculo matrimonial.

33

Nelson Mandela, cujo livro terminei de ler, [ilegível] bem essa experiência:

"Somente políticos de gabinete são imunes ao erro. Os erros são inerentes à ação política, tendo que lidar com problemas práticos e prementes [ilegível], dispõe de pouco tempo para a reflexão. Não há precedentes para guiá-los e sujeitos a errar muitas vezes."

Eu errei muitas vezes, mas nunca por omissão.

Essas férias forçadas, que estou tirando, têm me permitido refletir muito.

Às vezes entro no túnel do tempo e visito o passado.

Busco rememorar sua vida, sua jornada existencial.

Um homem vitorioso. Primogênito de uma família humilde do interior do estado, de Vila de Anta, ousou menino a enfrentar grandes desafios. Estudou como aluno interno e com todo o problema de mobilidade daquela época, restringido de visitar o lar paterno, apenas uma vez por ano.

Formado em contabilidade, arrastou [ilegível] construir uma numerosa família, precocemente, e ainda assumiu a tutela de irmãos, primos e sobrinhos, que precisavam estudar em Petrópolis, vindos do interior.

Sábados e domingos completavam a sua jornada de trabalho.

E você, Velho, incansável.

Dezesseis aulas por dia para honrar seu compromisso como chefe de família. Trabalhador incansável. Construiu com honra e dignidade sua reputação de professor de várias gerações, que te admiram.

Chefe de família amoroso e dedicado, poeta e dono de [ilegível] sensibilidade, sempre olhando o mundo pelo prisma do amor e da tolerância.

Dono de reconhecida e profunda coragem moral, fez calar todos aqueles que tentaram exemplar conduta não republicana e reprováveis.

Esse o meu pai. Menino de Anta, um gigante que conquistou com seu suor, muitos filhos, agregados, amigos e netos.

Ainda hoje puxa muitos.

Diz o ditado popular: "Um pai puxa dez filhos, dez filhos não puxam um pai." Verdade verdadeira.

É isso que eu quero dizer. Saúde, Velho. Felicidades no seu dia. Tenha certeza do orgulho que tenho de ser seu filho. Sua jornada é [ilegível] e memorável. Sagrados são seus exemplos. Obrigado.

Deus o abençoe.

Beijos

Roberto Jefferson

CARTA 7

Petrópolis* 11 de maio de 2014

No Dia das Mães

A Ana Lúcia se associa à mensagem e manda um grande beijo.

"Querida sogra, parabéns e felicidades. Beijo. Ana Lúcia Jefferson."

Minha mãe querida.

Obrigado por tudo. Pela vida, pela formação, pelo amor recebido de sua devoção e renúncia. Seja feliz no seu dia e sempre.

Beijos

Roberto Jefferson

---

* Mesmo estando preso em Niterói, Roberto Jefferson começou a carta como se estivesse em Petrópolis.

CARTA 8

Cadeia, 16 de maio de 2014

Papai, amigo, tudo bem?

E a mamãe, como está?

A Ângela, todos os sábados, me dá notícias de vocês. Sei que de saúde estão bem. Muito frio em Petrópolis? Aqui, em Niterói, fez frio na primeira semana de maio, depois refrescou.

Estou aguardando o final da novela Joaquim Barbosa. O cara é raivoso e exibido. Por alguma razão, não esclarecida, ele está se vingando do PT. Mas com isso tem afetado todos e ameaça a segurança jurídica de quase 100 mil sentenciados semi-abertos.

Assim que o plenário do STF se manifestar sobre isso, penso que breve, e o JB vai perder de 10x1, o juiz do Rio despachará meu pedido de trabalho externo. Nessa hora ficará mais fácil nos encontrarmos. Vocês poderão almoçar comigo nos intervalos da jornada laboral diária.

Sinto muita falta de nossos papos. Sinto muita saudade de nossos lanches e almoços.

Como disse o poeta Caio Fernando Abreu, "sinto lonjuras, sofro distâncias".

Diga à minha mãezinha do meu amor.

Receba, meu Velho, o meu abraço apertado.

Suas bênçãos, beijos

Roberto Jefferson

CARTA 9

Cadeia, 18 de maio de 2014

Minha mãe querida que amo.

Fico feliz em fazê-la bem. Graças a Deus, você é lúcida e saudável. Parece mesmo uma menina de 18 anos. Vai desfrutar por muito tempo os outonos petropolitanos.

Concordo que é a estação mais linda do ano. É para mim a predileta. O frescor das tardes. A transparência e o brilho da luz. A pureza e a firmeza do firmamento, onde piscam enumeradas as estrelas. Também amo o outono. Já vivi 60 deles. Kkkkk Estamos ficando antigos.

Li a Miscelânea, Jornal de Petrópolis, escrita pelo papai sobre a chegada da Isabela. 20ª bisneta. Não é fácil não. Parabéns.

Que família linda vocês geraram. Que rica e abençoada sementeira são vocês dois.

O Velho é muito sensível.

Diga a ele que eu gostei muito da frase: "Extasiam-se ao mirarem as duas joias que encontraram na bateia de seu amor." Gostei demais. Sensível e criativo é esse Velho chorão. Garimpeiros do afeto.

Minha mãezinha, fico feliz em saber da Neusa Maria. Ela é um bom ser humano. Fico na torcida por ela. A Rosane é uma joia e o Cássio também é um grande cara. Mas é o que eu digo sempre: pobre é uma merda. Tudo de ruim acontece com pobre. Amassaram o carro do flamenguista e ainda sacudiram o pescoço dele. Kkkkkkk Tudo de ruim só acontece com pobre.

Mas tudo bem, com saúde vão dar a volta por cima. Dê um beijo na Zane por mim. Força. Eu também sempre oro por você e pelo papai. Pela manhã e à noite. Sinto sempre suas presenças comigo. Mas "sinto lonjuras. Sofro de distâncias" de vocês dois.

Gosto muito de ouvi-los e prosear com vocês. Sinto saudades de nossas reuniões.

Já já estaremos juntos.

Transmita meu abraço a Rose, sinto falta de sua comida.

Aliás, os pastéis estavam maravilhosos e o tomate docinho, uma delicia. Obrigado.

Quero sair daqui para curtir mais vocês e a minha Ana Lúcia Jefferson. Quero casar com ela. Ana Lúcia Jefferson Monteiro Francisco será seu nome de casada. Ela é doce e solidária companheira e ama vocês. Deus dá a poucos uma mulher como ela.

Cuidem-se bem.

Amo vocês

Beijos,

seu filho Roberto Jefferson

CARTA 10

Niterói, 24 de maio de 2014

Minha mãezinha querida que eu amo, estou bem.

Fiz um grande preparo espiritual para passar por essa tempestade.

Muito linda é a minha Ana Lúcia, "nossa menina", como diz você. Ela fica toda proza com o seu carinho. Se eu deixar, ela vem todos os dias aqui. Tenho que brigar com ela para ela não fazer isso. Eu adoro vê-la, mas fico sem sossego ao vê-la viajando por essas vias conflagradas; Linha Vermelha, Linha Amarela, Ponte Rio-Niterói. Assisto toda hora na TV a violência no trânsito dessas vias, mas ela não dá bola ao perigo.

Ela é especial. Tem sido uma parceira querida. Amiga nos momentos difíceis.

Outra que não me larga é a Cris, também não sai daqui. A Ângela vem todos os finais de semana. É muito querida. Irmã dedicada, adoro ouvi-la falar.

O Ronaldo, meu irmão mais velho, vem sempre na porta e deixa alguns livros para eu ler.

Minha mãe querida, nossa família é show, muito unida.

Você e o Robertão nos enchem de orgulho e alegria. É uma benção tê-los. Eu sinto é esse tempo perdido longe de vocês. Mas vai passar depressa.

Esse caso do Pedro Henrique é uma novela, mas me parece que está chegando ao final. Neusa precisa ter descanso. Chega de sofrer. Fico com pena do meu irmão Ronaldo, eu gostaria de ver sua vida estabilizada. Tomara ele supere o problema. Seus filhos são pequeninos, uma ruptura agora seria um desastre. Tomara ele e a Ana Cristina vivam com amor e harmonia. Uma separação arrebentaria a estabilidade emocional dos três pequeninos. Deus permita a paz entre eles.

Mamãe, fiquei na dúvida se proza é com "z" ou com "s". Proza ou Prosa? Pergunte ao Velho para mim. Não tenho dicionário aqui e me deu um branco. Proza no sentido de envaidecida.

Li os jornais com as colunas do papai. Gostei muito. Aprecio a sua acuidade mental, sua inteligência e sensibilidade. O cara é bom. Dê um beijo nele para mim.

E o Cássio melhorou do pescoço? A Rosane está bem da coluna? Ela tem sentido dor?

Você, minha mãezinha, é forte. Acho a sua letrinha a coisa mais linda. É a mesma caligrafia que li ao longo da minha vida. Firme, bem desenhada, expressando sempre seu afeto e carinho. Muito linda.

Diga ao Ricardo para ter juízo. Esse negócio de estagiária nova e bonita, ainda competente, é um perigo. Aquele turco tem que sossegar. Vamos ou não vamos casar no mesmo dia como ele propôs? Manda ele guardar dinheiro para pagar a festa. Kkkkkkk. É brincadeira. Uma conversa dessa mata ele de enfarte. Hehehe.

Diga aos amigos que me confortam as palavras solidárias. Agradeço.

O Ronaldão falou com o Coelho sobre o PH. Vai resolver.

Cuide-se bem.

Amo você minha mãe. Beijos a você e ao Velho.

Seu filho, Roberto Jefferson

CARTA 11

29 de maio de 2014 — 20 horas

Minha mãezinha querida, boa noite.

A minha Ana me entregou, hoje, sua carta na hora do almoço.

Sua letra é muito linda. A escrita é aconchegante e amorosa.

Vou aguardá-la no dia 14/06. Venha com o Edu. Estamos trocando a visita de Ana Lúcia de quinta para sábado 14. Vocês virão no mesmo dia. Falarei com a diretora.

Agradeça ao Velho por mim. Fiquei todo prosa com o esclarecimento. He He He!!!

Fico tranquilo em saber a posição do Ronaldo. Assim é mais equilibrado e sagrado, pois resguarda a família.

A Zane é querida. Diga a ela que chegarei junto. Ela é do coração. Eu não sabia que o Cássio era mais frágil, mas torço para que ele se recupere logo.

Dê um beijo na Beta por mim. Ela tem razão de ficar em casa durante os jogos da Copa. Penso que haverá muita tensão nas ruas.

Peça a Neusinha para se cuidar, penso nela sempre.

O Ricardo é do coração, fico feliz com a sua recuperação financeira. Vai dar certo.

A Ângela, querida, verei no final de semana.

Minha mãezinha, cuide-se bem. Cuide do velho. Assim que pudermos, vamos a Buenos Aires. Quero passar a lua de mel no Alvear com a Ana Lúcia, vocês irão comigo.

Mãe, a anta do Leônidas fará 86, dê meu abraço nele. Eu não sei se é Leônidas da Anta ou anta do Leônidas. Consulte ao meu sábio pai. Kkkkk É brincadeira.

Amo vocês. Amo muito você minha mãe.

Fico feliz com sua correspondência.

Beijos seu filho,

Roberto Jefferson

CARTA 12

Cadeia, 7 de junho de 2014

Minha mãezinha querida, sua benção.

Vejo que as coisas caminham normalmente na nossa grande família.

A novela da cirurgia do Pedro Henrique está no epílogo. Tudo correrá bem, tenho certeza. A Neusa, parece, está mais calma, visto que você não relatou nenhum novo surto psicológico dela.

A Rosane lutando. A Ângela me contou que o Cássio tomou outra batida por traz no carro. Que maré de sapo. Cruz credo. O Ricardo se recuperando, graças a Deus. Ele merece, pois é trabalhador e honesto, e vai conseguir se afirmar.

O Ronaldo é que anda meio deprimido, isso me preocupa. A Ângela me disse que ele está perdendo sangue nas fezes, precisa fazer um diagnóstico da saúde, pois ele tem um grande sobrepeso e está numa idade de risco.

A Beta eu sei, uma pessoa antenada e lutadora, vai carregando a sua cruz.

A Ângela é especial, mesmo na dificuldade não perde o humor e a alegria de viver.

Esse mês, vou combinar com a Ana Lúcia, sem passar pelo escritório, e vamos dar uma ajuda para a Rosane.

No mais, gostei das miscelâneas do papai no jornal dos Distritos, CARINHO COM OS SEIOS. Renomeou até o verso do vovô Buzico, lindo, aliás, sobre as "joias raras da real grandeza". Ah meu Deus, como eu gosto!!! Diga a ele que minhas mãos também [ilegível] forma de [ilegível] quando falo sobre essa especiaria. Kkkkkk. Adoro o meu Velho, ele é show.

Quero vê-los no próximo sábado. Estou ajustando isso com a Ana Lúcia e com a diretora, a Dra. Katia, para vocês virem aqui, pelo menos alguns minutos, no próximo dia 14/6. Penso, com a saída do Joaquim Barbosa do STF, que as coisas vão melhorar. Já já estarei no regime de prisão domiciliar.

Apesar de eu ser bem tratado, esse lugar é muito ruim, pois me afasta da família.

Fiquei feliz por saber da vovó Maria e da vovó Petiza. Sei de sua ligação com sua mãe, pessoa querida, anjo da guarda do seu lar e da família. A Petiza eu percebo sempre.

Minha mãezinha, cumpri o compromisso sagrado que assumi com ela, minha madrinha querida, de não desamparar ou abandonar a Nathalie. Adotei a Natha como se fosse a minha filha caçula e rezo sempre à Sant'Ana e à Nossa Senhora de Fátima, mãe e avó de Jesus, pelo descanso e conforto da minha amada Petiza.

Adoro, minha mãezinha, seu carinho e maneira de falar sobre a minha Ana Lúcia, digo sempre que Deus reserva a poucos uma mulher como ela.

Essa passagem pelo purgatório tem me permitido enxergar a Ana Lúcia com os reais valores que ela tem. Quando você a chama de nossa menina querida e amada, ouço suas bênçãos que tornam sagrada a nossa união. Assim será minha mãe, vou dar nome e sacramento à nossa relação.

Não interprete mal a ausência da Ana Lúcia em sua casa, ela não sai daqui. Vem todos os dias à porta do presídio, por qualquer motivo, sempre na expectativa de me ver um pouquinho. Eu a amo com toda força do meu coração.

Dê um beijo na Catarina por mim, ela parece uma princesa dos contos de Green [ilegível].

Não deixe de ir ao médico e fique no pé do Ronaldo para ir também, ele precisa.

Eu faço ginástica todas as manhãs. A diretora autorizou a entrada de alguns elásticos tensores, que me ajudam muito. De saúde, estou bem.

Cuide-se mãezinha.

Quero sair daqui e curtir muito você e o papai. Dê um beijo no Velho por mim. Amo seus contos, mãezinha, eles descrevem o dia a dia da família. São coloquiais, quase um bate-papo por escrito.

Suas bênçãos

Beijos, com amor,

seu filho Roberto Jefferson

CARTA 13

Quinta-feira, 12 de junho de 2014

Diga lá meu pai, tudo bem?

Eu estou bem. A passagem de vocês por Niterói deixou ótima repercussão. Todos gostaram de vê-los. Curiosa é a demonstração do amor, ela comove até os mais brutos.

Aqui os homens, guardas penitenciários, são pessoas muito duras, habituadas a lidar com o lado negro dos seres humanos. Quando os enxergam as luzes do afeto se comovem. Muitos deles ficaram inebriados pelo sentimento de família, de unidade, e da lição demonstrada pelos criadores de um grande e fecundo núcleo fraternal.

Fiquei feliz porque você e a mamãe puderam quebrar a má impressão sobre o ambiente do presídio e sobre a minha situação pessoal. Dentro do possível, estou bem.

Fico abatido com a distância do nosso convívio e da distância da minha Ana Lúcia.

Goooooool do Brasil, Neymar.

Goooooool de Neymar. Kkkkkk

Eu estava escrevendo e [ilegível] a tensão do jogo. Acalmei.

Gostei do advogado do Genoino no Joaquim Barbosa, *in vino verita*. O Quincão precisava escutar isso de público, ouvir. Há que se endurecer com esse crápula, pois ele só entende essa linguagem. Fiquei animado, mesmo porque a posição do Marco Aurélio foi crítica à posição do fascista supremo. Penso que as coisas clarearão.

Não pude ver a Ana Lúcia hoje, Dia dos Namorados, apesar dela ter vindo até aqui. Ou eu a encontrava hoje ou sábado no meu aniversário.

Me adoece ser impedido de amar por burocratas togados, que passam a tutelar nossas vidas. Preciso sair daqui para viver o meu ambiente, a nossa casa e o meu amor.

Diga a mamãe que ela também causou profunda impressão, a diretora comentou com todos que ela não soltava a minha mão e, ainda, encostava a cabeça no meu ombro o tempo todo. Disse ser a nossa família muito amorosa.

Meu pai você tem plena razão. A atitude se [ilegível] se é grandiosa a intenção. Não sei conceber a vida sem clarear as intenções. Os exemplos que você citou do garimpeiro, do jangadeiro e do [ilegível] enfrentando a rudeza do elemento, mostrou a natureza de três trabalhadores da água. Elemento líquido onde se principia a vida, no útero materno a vida se desenvolve no líquido amniótico e, Jesus Cristo, quando pelas mãos de João Batista recebeu o sacramento do batismo, mergulhou em águas do Rio Jordão começando o garimpo de sua vida espiritual. Na água o princípio da vida da carne e da vida espiritual cristã.

Tenha certeza, não me renderei. Não desistirei do meu destino. Melhor, nosso destino. Suas lições de coragem moral, mais os exemplos de força espiritual da mamãe, são os elementos condutores de nossas ideias e de nossas lutas.

Vamos em frente, meu pai. Vale a pena lutar por nossos credos e valores. Amo vocês. Sagrados são seus valores. Tímidas as nossas atitudes.

Cuidem-se bem. Já já estaremos juntos.

Beijos, com amor, seu filho

Roberto Jefferson

CARTA 14

Sábado, 21 de junho de 2014

Mãezinha querida.

Recebi sua carta pelas mãos de nossa Ângela Maria.

Obrigado pela mensagem, muito linda e espiritualizada, como sempre, do seu jeitinho.

Estou ficando antigo. A antiguidade é cultura e peça de obra de arte, velhice é um estado de espírito. Antiguidade é relíquia.

Em nossa casa nós ficamos antigos, valorizamos a obra de arte que os bons momentos desenharam em nossas vidas.

Amei recebê-los aqui em Niterói. Procuro viver da melhor maneira nessa casa provisória, que as intempéries me impuseram. Não reclamo de nada, tampouco me lamento, até nesse lugar sombrio pude fazer amigos.

Essa é a maior lição recebida de vocês, meus pais, caminhar sobre os escombros, sem olhar ou questionar as dificuldades.

Reconhecer os obstáculos e superá-los. Essa é a lição de nossa família. Vamos em frente, nunca desistimos de caminhar adiante.

Todos aqui gostaram de vocês. O nome do tricolor é Maurício Rodrigues. O João Paulo é o nosso doce ogro, Sherek, o personagem bruto e doce de Walt Disney.

Mãezinha, fico feliz com a presença da Catarina em nossa casa. Na idade dela é importante ouvir boas palavras e testemunhar bons exemplos.

A Neuzinha desceu com a Ângela, mas não pôde entrar. Saiu com a Ana Lúcia para um almoço e passeio em Icaraí. Bom para ela mudar os ares.

Conversei hoje com o Marcos Pinheiro de Lemos, ele pensa que em breve teremos boas novas.

Saúde para todos os meus irmãos e irmãs.

Tudo bem bom para você, meu amor. Cuide-se sempre.

Beijos a você extensivo à nossa família.

Bênçãos, seu filho

Roberto Jefferson

E.T: Agradeça a Rose o carinho da lembrança, ela é gente muito boa.

CARTA 15

Niterói, domingo, 6 de julho de 2014

Meu pai e amigo.

Estou bem. Sem reclamações.

As coisas começam a clarear. Estamos aguardando o parecer do procurador no meu agravo, no STF, pois só agora, após a saída do Joaquim Barbosa, o pedido foi liberado para tramitação.

Por outro lado, o Marcos deu entrada no pedido de trabalho externo. Ou sai uma coisa ou outra. Nossa previsão é que até meados de agosto eu já esteja saindo, ou para trabalhar ou para prisão domiciliar.

Você e a mamãe estão bem de saúde? Está tudo em paz?

Tive uma surpresa na convenção do PTB, deu Aécio. A imprensa está dizendo que eu virei o jogo de dentro da cadeia. Vê se pode!! São uns caluniadores. Eu fiquei sabendo pelo jornal. Mas foi melhor assim. Mantivemos nossa coerência.

Pai, diga, por favor, à Rosane que recebi as fotos e pendurei na cela. Agradeça a ela por mim.

A Ana Lúcia me falou que tudo correu bem na cirurgia do Pedro Henrique. Penso que a Neusinha vai se acalmar.

Dê um beijo na mamãe por mim. Receba, meu Velho, o meu beijo e meu afeto.

Seu filho,

Roberto Jefferson

CARTA 16

Niterói, 9 de julho de 2014

Minha mãe querida.

Pelo o que vejo no jornal, está frio em Petrópolis. O frio úmido provoca inflamações das vias respiratórias, mantenha-se em casa, evite sair, principalmente à noite. Sinusite machuca a gente. Você e o papai têm tendências a essa inflamação.

Os pássaros sentem frio e a quantidade de alimentos naturais, insetos, rareiam em baixas temperaturas. Desse modo, os pássaros migram para lugares onde haja comida.

Li na Miscelânea o papai falando dos pássaros da nossa casa: "De tempo bom ou mau ninguém escapa! Depois, amor, de muito tempo, me sinto feliz por acordar ao teu lado, sem despertador que não sejam os pássaros de nossa rua. Melhor, quando tua respiração é minha canção de despertar, porque: quando, em teus braços, desperto, todo o infinito sorri, já que a vida é céu aberto, quando estou perto de ti."

O Velho continua apaixonado por você, canta isso de maneira muito sensível e delicado. Ele desperta com a música de sua respiração e o canto da passarada. Muito lindo!!

Em outra crônica, ele alimenta seu sonho de amar:

"Curando as ruas do rosto, que os tempos marcaram, assim, os velhos pensam, com gosto, no milagre do amendoim."

Hehehehe Dê amendoim para ele.

Mãezinha, a Neusa, agora, vai se acalmar, tendo o Pedro Henrique operado.

A Rosane fará uma cirurgia simples, não é coisa grave.

O Ricardo está bem, graças a Deus.

O Ronaldo deve ter medo da cirurgia, pois ela dói muito.

A Beta e a Ângela são duas mulheres guerreiras e de muito valor.

Mãezinha, a infecção respiratória alta, pode causar infecções urinárias. Cuidado com isso.

Faça repouso e defenda-se do frio, não se exponha e não corra riscos.

Eu também estou meio gripado e um pouco de dor na maçã facial. Estou atento.

Quanto à minha Ana Lúcia, ela não está triste, mas cansada. Os fins de semana ela vem aqui duas, três vezes, por dia, é incansável. Vem trazer lanche, jornal, frutas. Faz [ilegível], vai na [ilegível] e bate papo, volta. Traz o advogado aqui. É uma lutadora.

Repito, Deus reserva a poucos uma mulher como ela.

No final do dia fica sem gás, mas quando chega aqui é pura ternura e carinho.

Cuide-se mãezinha.

A Maria está no Rio, pois a Vilma se licenciou para ganhar bebê.

Penso que até agosto estarei no escritório.

Corra tudo bem para você e o Velho, dê um beijo nele por mim.

Um beijo para você, saiba sempre do meu amor. Beijos.

Bênçãos, seu filho

Roberto Jefferson

CARTA 17

Niterói, 25 de julho de 2014

Minha mãe querida.

Eu estou bem, com saúde física e emocional.

Fico tranquilo em vê-la bem de saúde, afora pequenos "ites" consequentes do clima frio.

Tranquilize sempre as pessoas que perguntarem por mim. Deus só dar carga para quem sabe puxar. Tudo passa.

A Nelsinha precisa colocar os filhos para trabalhar. Ela é muito explorada por eles. Ela ganha bem, o suficiente para viver e deixar vocês em paz. Ela ficar tirando de você e do papai é abuso. Enche o saco.

Fico feliz em saber que o Pedro Henrique esteja fazendo dieta, porque repouso ele faz há muito tempo. É um preguiçoso.

Eu compreendo o papai nessas situações, ele cansa de ser sugado.

Paciência ele nunca teve muita, sempre foi estressado, mas é bom ser humano.

Aguenta firme, mãezinha, com o envelhecimento, as pessoas ficam mais ranzinzas, mas o Velho é um cara bom.

Não venham nesse final de semana, o Edu marcou revisão para o carro dele, no próximo sábado dia 26.

Dê um beijo na Beta, na Ângela e na Rosane por mim. Minhas irmãs são pessoas especiais.

Dê um abraço no Ronaldo e no Ricardo, diga a eles que em agosto eu vou começar a trabalhar.

Minha Ana faz aniversário em 31 de agosto.

Nós estamos marcando nosso casamento para sexta-feira, 8 de maio de 2015, às 11 horas da manhã. Já demos entrada na papelada e reservamos a agenda do juiz de paz de Levy Gasparian, a cerimônia será em casa.

Fique com Deus.

Um beijo do seu filho

Roberto Jefferson

CARTA 18

Niterói, 2 de agosto de 2014 — sábado

Minha mãezinha querida, tudo bem com você? A Ana me disse que você tem ido ao dentista, algum problema?

Eu tenho uma foto sua, do papai e da Ana, mais outra dos meus seis irmãos, que a Rosane me mandou, presas na guarda [ilegível] da minha cama. Oro por vocês todos os dias.

A Ângela esteve aqui de tarde; batemos um papão, eu estava com saudades dela. O Ronaldo entrou rapidamente para me dar um abraço, fiquei feliz em revê-lo.

Sei que meus irmãos estão bem, só a Rosane e o Ronaldo nos preocupam em função das suas cirurgias. Mas dará tudo certo.

A Neusa está mais forte e a Beta é show.

O Ricardo, se domar o mau gênio, ficará muito rico, pois é inteligente e competente.

Estou me preparando para, no próximo mês, dar mais uma injeção no Velho. Sei da luta dele e das tensões pelos apertos vividos.

A verdade é que um pai puxa dez filhos, mas dez filhos não puxam um pai.

Os filhos veem os pais como fontes inesgotáveis de recursos, e isso pesa muito.

Vocês não estão mais para sacrifícios e apertos, chega. Agora vocês precisam de paz para desfrutar essa quadra final de suas existências.

Contem sempre comigo, minha mãezinha, esteja eu onde estiver.

Amo muito vocês dois, tenho muita alegria pela ação de minha Ana em nos reaproximar. Devo isso a ela. Ainda bem que tive tempo para curti-los um pouco mais, caso contrário levaria esse remorso pelo resto de meus dias.

O Velho se mantém muito lúcido, leio isso nas suas cartas e publicações.

Você é mãe amorosa, fervorosa e positiva, nos anima a todos e conforma com seu amor.

Cuide-se bem, mãezinha.

Amo você.

Fique com Deus.

Sua benção, seu filho

Roberto Jefferson

CARTA 19

10 de agosto de 2014

Meu pai e amigo,

Felicidades no seu dia, o pai-avô mais coruja do mundo. Ama a família com toda a força do seu coração.

Saúde, beijos

Homenageio seus sagrados exemplos e ensinamentos.
"A vida sem bigode é um bolo sem confeitos."
Deus o abençoe.
Eu cultivo meu.
Pai, "cultive o seu".
Um pai puxa dez filhos, dez filhos não puxam um pai.

Roberto Jefferson.

CARTA 20

Niterói, 17 de agosto de 2014 — domingo

Diga, minha mãezinha, tudo bem?

Chata essa fratura de seu canino, deve ser alguma coisa dura que você está mastigando. Procure ter cuidado com isso, depois dos 60 os dentes ficam mais frágeis.

O Velho está bem, sinto pela leitura de suas crônicas e da carta dele. Tomara o frio melhore um pouco, tenho acompanhado as baixas temperaturas de Petrópolis.

Mãe, me deixe informado sobre o Ronaldo, assim que a biópsia estiver pronta disque para a Ana Lúcia. Ela me falará.

Fico feliz com a turma que festejou o Velho no dia dos pais. Este feijão que você descreveu, com couve, batata doce, repolho, abóbora e salgados, lembra a sopa de feijão do Senai. Muito saboroso.

A Beta me mandou uma réplica da moto Harley, usada na Segunda Guerra. Muito bonita, pedi para minha Ana levá-la para Levy Gasparian.

A Ângela esteve comigo no sábado, desceu com o Edu e o Ronaldão. Trouxe uma bolsa repleta de guloseimas que você mandou, mais uma broa de milho feita pela mãe do Cássio e os pastéis, que estavam uma delícia. Comi hoje, no almoço, os tomates de salada, estavam doces, ótimo.

Falei para Ana sobre ela ser a número 1, ela ficou toda prosa.

Diga aos meus irmãos que estou bem de saúde. O processo para eu trabalhar fora está na bica de acontecer, aí tudo fica mais fácil.

A Rosane me mandou uma foto dos meus filhos pequenos, achei ótimo ver a garotada miudinha. O tempo voa. Diga a ela que a cirurgia é simples, depois dela tudo ficará bem. Basta a Rosana repousar uns dias.

Quem me preocupa é o Ronaldo, intestino sempre é cirurgia complexa. Mas Deus é grande, dará certo. Ele precisa emagrecer e mudar de hábitos.

Amo você, oro sempre à Virgem Maria e a Sant'Ana pedindo proteção para vocês.

Cuide-se bem

Do seu filho

Roberto Jefferson

CARTA 21

Niterói, 17 de agosto de 2014

Meu amado pai

Aqui tudo em paz. Na sexta passada o escritório do Vitagliano foi vistoriado e provado pela Vara de Execuções Penais. Deve subir para Brasília na terça 19/08, tendo decisão até o final do mês. Quando eu sair para trabalhar, tudo ficará melhor.

Torço para o inverno chegar logo ao fim, tenho acompanhado nos jornais as baixas temperaturas da serra.

Mamãe deve estar mastigando alguma coisa muito rígida para quebrar o canino, deve ser uma pedra. Amendoim, torrada dura, pão italiano, é preciso estar atento.

Estou preocupado com os resultados da biópsia do Ronaldo, me deixe informado via Ana Lúcia. Ele me preocupa porque leva a vida de modo muito indisciplinado, não tem hora para nada. Sangrar pelo intestino seis meses e não correr para se tratar foi loucura dele. Me avise sobre os resultados.

A cirurgia da Rosane é mais simples. Ela precisará de repouso no pós-operatório.

O Ricardo voltou a crescer, se dominar o gênio ficará muito rico.

A Neusinha está mais equilibrada. A Beta está firme e a Ângela sempre bem.

Estou tranquilo. Reli o poema de Shakespeare, O menestrel, que numa frase diz "que com o tempo a gente aprende que os heróis são aqueles que fizeram o [que] era necessário fazer, arcando com as consequências de suas atitudes".

Não reclamo, não me abato, não me deprimo. "Never complain, never explain."

Nunca reclame, nunca se explique. Apenas afirme, a convicção divide as opiniões. Ninguém é unânime, nem Deus, pois há os que não creem.

O Brasil vive hoje duas tragédias: a queda do avião do Eduardo Campos e a decolagem da Marina nas pesquisas. Ninguém merece.

Mas haverá segundo turno. A situação de Dilma e do PT se complicam. O Aécio terá de lutar fortemente para não ser superado pela Marina. Luta dificílima. Vamos acompanhar.

A Cris está muito bem na pesquisa proporcional, virá entre os mais votados.

Velho, cuide-se bem, breve estaremos juntos.

Beijos, seu filho

Roberto Jefferson

E.T: Os tomates estavam muito bons. Obrigado.

CARTA 22

Niterói, 29 de agosto de 2014

Minha mãezinha, bom dia.

Minha Ana trouxe sua cartinha. Ontem foi um dia frio, choveu muito com vento por aqui. Foi bom porque a Cristiane também veio para o almoço, falamos muito sobre você e o Velho.

A Cristiane fará uma agenda para dar um giro com o papai, em Petrópolis.

A Ana adorou o almoço, jardineira, e ficou feliz em poder conversar com nossa família.

Recebi os tomates, comerei hoje no almoço. Obrigado.

O Ronaldo veio essa semana até o presídio, veio com o Haroldo, foi ótimo o papo.

Fiquei feliz de vê-lo mais magro, moreno e mais saudável.

Mamãe, assim que eu tiver trabalhando, tentarei transferir meu trabalho para Levy Gasparian, isso é legal e permitido, podendo dormir em casa com tornozeleira eletrônica. Farei esse pedido, pode ser que eu consiga, pois são grandes as chances. Assim podemos retornar, rapidamente, nosso convívio naquele pedacinho do céu.

Não poderei, por algum tempo, ir a Petrópolis para ver as poltronas renovadas, mas poderei recebê-los em nossa casa do [ilegível]. Reze por isso, força. Amo vocês. Amo sua convivência. Como está seu implante dentário, tudo bem? Incomodou?

Li os dois artigos poéticos publicados pelo Velho, gostei muito.

Me pareceu que papai rememorou a morte de vovó Petiza, fará 20 anos em 1º de setembro, o Velho escreveu: "Quem lhe disse que a ausência causa olvido, não soube amar." E disse mais: "Meu olhar já não a vê com aquela mesma constância, mas perto estou de você, embora a mortal distância." "Mãe, palavra pequenina, mas de valor sem igual, que tem a chama divina de luz espiritual." "É qualquer mãe, sem favor, rico tesouro, que encerra o veio de amor das cristãs minas da Terra."

Senti que papai falava à vovó Petiza. Sinto esse ano não poder homenageá-la, como sempre faço, em sua última morada, no cemitério de Anta.

Escrevi à Nathalie para orar por mim, na missa que ordenei e no mausoléu da família.

Minha mãezinha, estou louco para ir para casa. Desejo retornar nosso convívio, poder curti-los com amor, tomando lima da pérsia e batendo papo durante nosso café.

Amo vocês.

Cuidem-se bem.

Suas bênçãos, beijos

Seu filho

Roberto Jefferson

CARTA 23

19 de setembro de 2014

Meu pai e minha mãe

Como estão vocês? Sei que estão lúcidos e com saúde. O Velho tomando juízo e fazendo dieta. A mamãe lutando com problemas dos implantes dentários.

Eu estou muito bem de saúde. Quanto ao meu pedido de liberdade, o ministro Barroso devolveu o processo à Vara de Execuções Penais se declarar, claramente, que declinava de competência. Isso atrasou minha saída, pois o Ministério Público suscitou conflito de competência. Em consequência disso, o processo voltará para o Supremo para julgar a competência. Dessa forma, penso que meu trabalho extra-muro levará mais 30 dias para ser decidido.

Repeti três vezes competência para demarcar a técnica legal, isso é um grande incômodo, uma chatice. Não conseguirei sair antes da eleição. A Cristiane está muito bem na pesquisa, será eleita com boa votação.

Estou preocupado com o Marcus Vinícius, ele perdeu muita densidade em Petrópolis, corre risco. Precisamos ajuda-lo, ele é o pai dos meus netos e temos amigos e familiares colocados em seu gabinete.

Não pensem que eu fiquei abatido com a decisão da Justiça. Pode seu [ilegível] a mão de Deus. Todos os dias chegam pedidos de entrevista, aqui no presídio, dos jornais, rádios e televisões.

Não quero mais ser martelo na bigorna [ilegível], estou pagando um preço alto por isso. Tenho negado todas as entrevistas, pelo menos aqui estou resguardado desses debates cheios [ilegível] de ódios.

Papai, gostei muito das entrevistas da Cristiane aos jornais da cidade. Obrigado. Ela também amou. Você deu uma importante colaboração para a campanha dela.

Mamãezinha, combine com a Ana a sua vinda a Niterói. Hoje dona Marlene esteve aqui me visitando, fiquei muito feliz em revê-la. Combine a vinda de vocês com a santa Analu, ela marca com a diretora.

Eu amo a minha Ana. Ela tem sido especial comigo, cuida de mim com desvelo [ilegível] e amor. É uma moça linda por fora e por dentro. Quero, do fundo do coração, dar meu nome a ela, levando ao altar a nossa relação. Na lua de mel, darei um coro danado nela. Heheehehe

Digam a Rosana que eu estou orando por ela. A Zane e o Cássio fazem um casal de pessoas boas e abençoadas. Tudo ocorrerá bem para ela.

O Ronaldinho, que tem hemorroidas, nos enche de orgulho, pois assim sabemos que não é bicha. Gay não tem varizes no rabo.

E a Neusa Creusa como está? Ela deu uma bolsa de presente para a Ana, que ficou feliz e agradecida. Só que a bolsa foi vazia e eu fiquei pensando: será que aquela gorducha quer uma bolsa cheia de volta? Kkkkkk Safadeza de minha parte. Deem um beijo nela por mim. "Amuela"

Mãezinha, a Itália é linda. Deus nos permita visitá-la ainda nessa vida.

Amo vocês. Cuidem-se seus [ilegível] Sant'Ana, protegei e guardai meus pais.

Beijos

Roberto Jefferson

CARTA 24

Niterói, 8 de outubro de 2014 — 21 horas

Minha mãezinha querida.

Estou muito bem e você? Hoje, enfim, a boa notícia; a juíza da Vara de Execuções deferiu meu trabalho externo. Devo sair para trabalhar na próxima segunda-feira, graças a Deus. Agora podemos falar ao telefone e nos encontrarmos na hora do almoço.

Mãezinha, a Beta é querida, foi bom vocês fazerem uma visita para ela. Eu sei do apetite da minha irmã. Ela se parece com o velho. A Cristiane ficou muito feliz em saber suas histórias a seu respeito, é uma filha querida. Teve uma bela vitória para deputada federal. Agora, irá nos representar.

Mamãe, que geringonça de astenia é essa? Doença do século vinte e um?

Cuide-se bem. Não aceite tomar mais remédios, eles matam. Não tome mais remédios.

Dê um beijo na Rosane por mim. Tudo correrá bem na cirurgia, coisa simples.

Um beijo para você e o papai. Amo vocês. Cuidem-se. Diga ao velho para reduzir o consumo exagerado de comida.

Sua benção.

Deus proteja e abençoe vocês. Beijos com amor.

Seu filho

Roberto Jefferson

Roberto Jefferson ficou preso em uma das três celas do pavilhão 1, do lado esquerdo do corredor, num espaço de 11 metros quadrados quase de frente para o pátio de grama, pó de pedra e terra batida onde os detentos tomavam banho de sol e praticavam esportes. No local, havia um beliche, um banheiro com chuveiro de água gelada, uma pia e uma televisão de 14 polegadas — o aparelho teve acesso autorizado pela direção da unidade vinte dias após o início do cárcere. Durante o tempo em que ficou detido, Jefferson permaneceu sozinho. Para matar a saudade das pessoas mais queridas, ele pendurou com pregadores na grade da cama as fotos da mulher Ana Lúcia, dos avós, dos pais, dos irmãos, dos filhos, dos netos e dos amigos. As imagens serviam para enfrentar a solidão e a tristeza.

Jefferson tinha à disposição quatro camisas brancas, duas calças e um casaco de moletom, uma calça jeans e quatro cuecas, que ele próprio lavava. Jefferson cumpria diariamente as regras de um prisioneiro comum. De pé, ficava com os dois braços para trás, sem algemas, e de cabeça baixa, sem olhar para os carcereiros. O gesto era feito na contagem, por ordem alfabética, durante as trocas dos plantões. A primeira acontecia às 7 horas, antes do café da manhã e a segunda, à noite. Em todas elas, ao final, cada um ouvia do agente a chamada pelo nome em voz alta. A resposta devia ser imediata: "Presente, senhor!"

Roberto Jefferson não teve problemas no convívio penitenciário. Pelo contrário. Com jeito articulado típico de político, sedutor nas palavras com os interlocutores e visto por todos como um homem rico, o petebista fez amizades com os presos. Um deles era o advogado Michel Salim Saud, de 50 anos, acusado de planejar matar Romero Gil da Rocha, que o apontou como mandante dos assassinatos de Linete Neves e Manuella Neves (mãe e sobrinha do estilista Beto Neves, da grife Complexo B) e do noivo da jovem, Rafany Pinheiros. O crime ocorreu em agosto de 2013, e Romero, segundo a polícia, confessou participação nas mortes dizendo ter agido sob as ordens de Salim. Jefferson e Salim construíram uma amizade. O ex-deputado, inclusive, conheceu toda a família do advogado durante as visitas.

Mas o círculo de relacionamento no presídio foi além. Com boa conduta, Roberto Jefferson ganhou a confiança dos agentes penitenciários, da direção do presídio e de outros servidores. Durante o dia, o ex-deputado ajudava nos trabalhos da administração. O serviço era simples: organizava as pastas com as fichas dos presos e/ou redigia documentos no computador. Como estratégia de sobrevivência, Jefferson manteve uma política de boa vizinhança, ajudando a todos, sem exceção. Ele comprou, por exemplo, remédios, botijões de gás, artigos para higiene e cigarros. Houve momentos em que o ex-parlamentar designou a filha Cristiane Brasil e o ex-genro Marcus Vinícius para que intermediassem a indicação de atendimento médico para parentes dos presos. Na lista de pedidos, Jefferson recebeu demandas como cirurgias de alta complexidade e consultas com médicos especializados. O objetivo era contribuir para evitar hostilidades dentro da cadeia com ele ou seus familiares.

Roupas e comidas, como biscoitos e pó de café, também eram partilhadas por Roberto Jefferson com os colegas. Quando não desembolsava o próprio dinheiro, ele organizava rateios para comprar eletrodomésticos novos para a unidade. Em outro episódio, um detento ganhou de presente do ex-deputado equipamentos para trabalhar como pedreiro após conquistar na Justiça o direito à liberdade. A solidariedade contou ainda com a distribuição de cestas básicas.

Entre as bondades, Roberto Jefferson incluiu até consultorias na área da advocacia para alguns presos que o procuravam em busca de orientações sobre os processos aos quais respondiam. Já os agentes penitenciários, insatisfeitos com o baixo salário do cargo, queriam os conselhos de Jefferson. A maioria estudava Direito e tinha a intenção de prestar concurso público para delegado de polícia e para o Ministério Público. O ex-deputado, então, contava as histórias dos processos criminais em que atuou no júri. As conversas aconteciam no pátio durante o banho de sol.

Na passagem de Roberto Jefferson pelo presídio, havia um "pacto de convivência" entre a direção, os carcereiros e os presos. Um grupo de detentos com bom comportamento se revezava no trabalho das revistas das visitas. O que isso significava? Nenhum familiar, principalmente as mulheres, passava pela humilhação do momento do pente-fino no acesso ao local. A medida, regra nas cadeias do Brasil afora, servia, obviamente, para evitar que aparelhos de telefone celular ou outros produtos proibidos entrassem nas celas. Com o "pacto", nenhuma visita era obrigada, por exemplo, a abrir a vagina ou o ânus, onde, normalmente, são escondidos esses tipos de objetos. A esposa do ex-deputado, Ana Lúcia Novaes, foi uma das beneficiadas. Ou seja: a administração do presídio atuava em "confiança" junto aos presidiários, entre eles Jefferson.

No entanto, em pelo menos uma das vezes, o "acordo" deu errado. Um preso facilitou a entrada de um celular. A direção da unidade deveria seguir o rito oficial e registrar imediatamente a ocorrência do fato na delegacia. A medida, porém, foi ignorada e o telefone, destruído a marteladas. O detento responsável por quebrar a "confiança" dos colegas e das autoridades recebeu, claro, um corretivo. Ele foi afastado da atividade de revista das visitas e pegou quinze dias de solitária. Revoltado com a atitude do preso, Roberto Jefferson quase agrediu o companheiro e ameaçou delatá-lo aos outros detentos para que levasse uma surra caso a sua esposa perdesse o benefício. Apesar do provável desfecho, o "acordo" continuou normalmente.

Roberto Jefferson era bem tratado na prisão. Embora negue ter tido regalias, o ex-deputado recebeu visitantes de modo irregular. Nos primeiros meses de detenção, quando nenhum deles portava a carteira de autorização para entrar, o acesso era curioso: eles fingiam ser advogados de Jefferson. O plano foi confirmado ao autor do livro por alguns entrevistados. Um deles, em 17 de maio de 2016, chama-se Manoel Rampini Filho, presidente do Instituto de Pesos e Medidas (Ipem), órgão subordinado ao governo do Rio de Janeiro. Quando estudava Direito, Rampini, indicado ao cargo no Ipem justamente por Jefferson, deu entrada no registro de estagiário na Ordem dos Advogados do Brasil (OAB). Contudo, abandonou o requerimento e o pedido foi arquivado. Nunca exerceu a profissão de advogado. Mesmo assim, teve acesso ao amigo como tal. Manoel Rampini Filho é um dos homens de confiança do ex-deputado.

AUTOR: O senhor chegou a visitar Roberto Jefferson na prisão?
RAMPINI: Fui uma vez, escondido.
AUTOR: Foi na época em que ninguém conseguia entrar porque não tinha a carteirinha?
RAMPINI: Ninguém podia entrar.

AUTOR: Como foi entrar escondido?

RAMPINI: [...] Eu fui lá [no presídio] uma vez. Fui acompanhado de um advogado. O cara me apresentou como advogado e eu entrei.

Para ter direito à carteirinha de visitante, o interessado precisa enfrentar a burocracia comum dos presídios. A espera pode demorar meses. Primeiro, é necessário ir pessoalmente aos locais de credenciamento de visitantes ou agendar previamente um horário para apresentar a documentação e solicitar a carteirinha por meio do site da Seap. Os documentos variam de acordo com o grau de parentesco com o preso. Na lista de presença, cada detento só tem direito a registrar um amigo para visitá-lo, segundo as normas da Secretaria. Roberto Jefferson se encontrou com mais de um. Questionado pelo autor, Manoel Rampini Filho confirmou, inclusive, que Roberto Jefferson contribuiu financeiramente para comprar a carne do churrasco de confraternização organizado por agentes penitenciários.

AUTOR: Fizeram churrasco também?

RAMPINI: O pessoal lá, os guardas... Parece que faziam churrasco lá e parece que ele [Roberto Jefferson] andou dando umas carnes para o churrasco. Porque o Roberto, porra, rasga dinheiro.

O presidente nacional do PTB recebeu visitas de figuras importantes. Duas delas foram políticos. O deputado estadual Paulo Ramos (PSOL), oficial da reserva da Polícia Militar, advogado e administrador de empresas, e o prefeito de Nilópolis, Farid Abraão David, que, à época, também era parlamentar. Ex-líder da bancada do PTB na Assembleia Legislativa do Rio (Alerj), Farid é irmão do bicheiro Aniz Abraão David, o Anísio da Beija-Flor, condenado, em 1993, a seis anos de prisão por formação de quadrilha com outros treze "banqueiros" do jogo do bicho no Rio. Em 2012, foi condenado novamente, desta vez pela Justiça Federal do Rio, a 48 anos de detenção sob a acusação de integrar um grupo que explorava o jogo ilegal. A sentença era referente à Operação Hurricane, deflagrada pela Polícia Federal em 2007. Farid foi um dos cinco prefeitos eleitos pelo partido no Estado do Rio em 2016.

O tratamento dado a Roberto Jefferson pelos carcereiros do presídio de Niterói estava longe de ser o mesmo existente em unidades de segurança máxima, como no Complexo Penitenciário de Bangu, na Zona Oeste do Rio. O rigor na rotina só ocorreu nos primeiros meses da prisão do ex-parlamentar, enquanto a imprensa acompanhava de perto os desdobramentos do fato. Após esse período, os guardas serviam até cafezinho para Jefferson e sua visita, como narrou outro amigo do petebista, Honésio Pimenta, em 28 de maio de 2016, em entrevista ao autor:

— O dia em que eu estive lá, o guarda ficava perto. O cara (carcereiro) perguntou: quer um café? Respondi: "quero." Aí o cara pegou um café para a gente. Quer dizer, numa prisão comum, você não toma café com o guarda nem por um caralho.

A vida de presidiário de Roberto Jefferson começava bem cedo. Às 5 horas da manhã já estava de pé. Ele começava o dia assistindo aos telejornais *Hora 1*, *Bom Dia Brasil* e *Bom Dia Rio*, da Rede Globo. Em seguida, lia quatros jornais de grande circulação no país, comprados por seu motorista, Edu, ou por Ana Lúcia, e entregues à equipe de plantão na porta do presídio. Jefferson ficava por dentro do noticiário da política, da economia e do cotidiano das cidades ao folhear *O Globo*, *Folha de S.Paulo*, *O Estado de S.Paulo* e *Valor Econômico*. A leitura ia até às 11 horas, quando tinha de sair para o banho de sol e, depois, para o almoço. O ex-deputado também fazia ginástica. Um dos colegas, preso por não pagar pensão alimentícia, era professor de educação física e assumiu o papel de *personal trainer*. A direção da unidade contribuiu para o bem-estar do petebista: autorizou a entrada de acessórios para auxiliá-lo nas sessões de exercícios físicos.

Roberto Jefferson, quando não estava colaborando com serviços na administração, analisando processos penais dos presos e escrevendo cartas, dedicou boa parte do dia aos livros. Ao todo, leu nove obras nos meses em que ficou trancafiado. Além de *Uma breve história do mundo* e *Uma breve história do século XX*, presentes da filha Cristiane Brasil, o ex-deputado devorou três biografias sobre Winston Churchill, ex-primeiro-ministro do Reino Unido; *Longa caminhada até a liberdade*, uma autobiografia de Nelson Mandela; *Uma breve história do cristianismo*, de Geoffrey Blainey; *Sobre a China*, de Henry Kissinger; e *O Capital no século XXI*, de Thomas Piketty.

Entre 12 de junho e 13 de julho de 2014, Roberto Jefferson torceu pela televisão de 14 polegadas, sozinho na cela, pelo Brasil nos jogos da Copa do Mundo. Pessimista desde o início da competição com o desempenho da seleção brasileira do técnico Luiz Felipe Scolari, o petebista acompanhou o massacre da Alemanha, por 7 a 1, diante de um Mineirão, em Belo Horizonte, lotado. Como todo torcedor brasileiro, Jefferson não acreditou no vexame que vira dentro de campo.

Outro passatempo na cadeia foram os cultos evangélicos realizados pela Igreja Universal do Reino de Deus e pela Assembleia de Deus nos fins de semana. Católico praticante e devoto de Nossa Senhora de Sant'Ana e de Nossa Senhora de Fátima, Jefferson observava os pastores pregarem a resignação, o reconhecimento do erro, a busca pela superação do vício das bebidas e drogas, o arrependimento e o perdão com Deus e a sociedade. A Universal, com média de sessenta espectadores, mantinha a maior força entre os presos. No fim da celebração, a mesa forrada com toalha branca estava sempre farta com cachorro-quente, sanduíches de queijo com presunto, bolos, refrigerantes e outras guloseimas fora do cardápio prisional.

Oito meses depois de permanecer preso, Roberto Jefferson ganhou o benefício de trabalhar durante o dia, a partir das 9 horas, e retornar à cadeia às 19 horas. O ex-deputado conseguiu uma vaga no escritório de advocacia do amigo Roberto Vitagliano, que atua na área criminalista. A sala fica no segundo andar do prédio 194 da Avenida Franklin Roosevelt, no Centro do Rio. O endereço é o mesmo do escritório de Jefferson, que funciona no sexto andar. Com um salário de R$ 1.200, o petebista atuava como um auxiliar de luxo de Vitagliano. Ele lia processos, organizava os arquivos da empresa e escrevia petições. Após conquistar o direito de sair da prisão, Jefferson aproveitava os intervalos da função para almoçar com familiares e amigos e comandar reuniões políticas. O acesso ao ex-deputado havia ficado mais fácil.

Um dos casos mais emblemáticos que teve atuação de Roberto Vitagliano aconteceu em fevereiro de 2013. Ele advogou em defesa do padre Emilson Soares Côrrea, filmado enquanto fazia sexo com uma jovem em uma casa atrás da Igreja de Nossa Senhora do Rosário e São Benedito, no bairro Cubango, em Niterói. Segundo Vitagliano, seu cliente admitiu ter mantido relações com a garota, ex-coroinha, quando ela estava com 18 anos e não 13 como acusou a família da menina.

— A carne é fraca. O padre também é um ser humano — justificou Vitagliano.

Um dos momentos mais tensos presenciado por Roberto Jefferson na cadeia ocorreu com a tentativa de fuga de Rafael Braga Vieira, preso nas manifestações populares de 20 de junho de 2013.

Ele foi o único condenado pela acusação de porte de material explosivo quando era morador de rua, no Centro do Rio, durante os protestos. O jovem, então com 25 anos, cumpria pena na mesma cadeia de Jefferson. O fato aconteceu em 10 de dezembro de 2014. Naquele dia, o rapaz se apresentou com atraso no presídio. Ele cumpria pena em regime semiaberto. Rafael teria aproveitado o descuido dos agentes penitenciários para passar pelo portão da frente, mas foi capturado próximo à cadeia e levado novamente à cela. O motivo para a tentativa de fuga foi que Rafael seria punido pela segunda vez com dez dias de solitária, sem direito a banho de sol, por causa da demora na reapresentação. Também era frequente Jefferson presenciar brigas entre os presos nas partidas de futebol.

A partir de 18 de agosto de 2015, a Casa do Albergado Coronel PM Francisco Spargoli Rocha transformou-se em uma penitenciária para 180 presos do regime fechado vindos de outras unidades. Na época em que Roberto Jefferson esteve preso, o local recebia detentos do regime semiaberto e pessoas que não pagavam pensão alimentícia. A mudança consta no Diário Oficial de 19 de agosto do mesmo ano assinado pelo governador Luiz Fernando Pezão, artigo 5º do decreto número 45.345, que alterou a estrutura da Seap. Por causa disso, a cela onde ficou Roberto Jefferson foi dividida ao meio com a construção de uma parede. De um lado, há o parlatório, espaço voltado para o encontro dos presos com os advogados ou para interrogatórios; do outro, há um depósito. No mesmo corredor do pavilhão 1, monitorado por uma câmera de segurança, existem outras duas celas coletivas.

A agora Penitenciária Coronel PM Francisco Spargoli Rocha fica na Rua Desidério de Oliveira, no Centro de Niterói. Ao contrário de outros presídios de segurança máxima, a unidade está localizada ao lado de um hipermercado e de uma avenida que dá acesso à Ponte Rio-Niterói. A passagem de pedestres na calçada da cadeia é comum. Quando o visitante atravessa o portão para dentro do presídio, encontra uma cabine com dois inspetores que controlam a entrada e a saída de pessoas e de veículos. Há um detector de metal, um monitor que acompanha as doze câmeras instaladas nas dependências e um escaninho usado para guardar os celulares e outros objetos eletrônicos, além de uma televisão pequena e um caderno de identificação dos visitantes, com registro de nomes, datas, horários e assinaturas. Tudo é cercado por grades. Logo depois, antes de chegar aos três pavilhões, há um jardim com duas árvores e plantas cuidadas pelos próprios detentos, bem como salas utilizadas para a administração, para a segurança e para o alojamento dos funcionários.

Roberto Jefferson permaneceu sob a custódia de um governo comandado pelo PMDB, partido com o qual o PTB, chefiado pelo ex-deputado, caminhou junto e fez parte das coligações em cinco eleições. Em 2006 e 2010, o PTB apoiou o ex-governador Sérgio Cabral, preso na Operação Lava Jato, acusado de desviar milhões de reais dos cofres públicos. Em 2014, políticos da legenda, incluindo Jefferson, pediram votos para Luiz Fernando Pezão, outro citado em delação premiada da mesma operação da Polícia Federal. Em troca da aliança, Jefferson teve direito de nomear diversos apadrinhados seus em cargos de confiança e de outros escalões da estrutura administrativa. Na esfera municipal, o PTB manteve a parceria com o PMDB e ajudou a eleger Eduardo Paes, em 2008 e 2012. Paes também aparece nas delações da Lava Jato. Jefferson foi bem recompensado pela colaboração eleitoral. A filha dele, Cristiane Brasil, tomou posse como secretária especial do Envelhecimento Saudável e Qualidade de Vida. As vagas de trabalho na pasta foram ocupadas por indicações dela e de Jefferson.

Na época do cárcere de Roberto Jefferson, a direção do presídio tinha no comando Kátia Coimbra Mendonça, inspetora de Segurança e Administração Penitenciária, com a matrícula 1998482-0. A nomeação para a função de subsecretária adjunta e para chefiar a unidade, assinada por Sérgio Cabral, ocorreu em 24 de abril de 2013, conforme registrado no Diário Oficial do governo do estado e no processo E-21/005/494/2013. Anteriormente, ela ocupou o posto de diretora do Instituto Penal Cândido Mendes, no Centro do Rio. Com 22 anos dedicados ao serviço público, Kátia comandou onze unidades prisionais. Hoje, é servidora aposentada.

Em 2008, Kátia Coimbra Mendonça respondeu a um inquérito policial por prevaricação. Ela tornou-se ré no processo número 0039459-23.2008.8.19.0002, distribuído para a 4ª Vara Criminal da Comarca de Niterói. O autor da denúncia foi o Ministério Público Estadual, que se baseou no artigo 319 e no artigo 319 A, do Código Penal, que diz: "deixar o diretor de penitenciária e/ou agente público de cumprir seu dever de vedar ao preso o acesso a aparelho telefônico, de rádio ou similar, que permita a comunicação com outros presos ou com o ambiente externo." A pena de detenção neste tipo de caso é de três meses a um ano pelo crime. A ação foi reenviada à 6ª Promotoria de Justiça de Investigação Penal da 2ª Central de Inquéritos, em Niterói. O caso foi arquivado em 19 de março de 2009 após ser prescrito. Pelo mesmo processo, responderam os servidores Allan Barbosa da Silva e Carlos Henrique G. Mendes.

Procurada em 27 de março de 2017 para falar sobre as regalias de Roberto Jefferson dentro da cadeia, Kátia Coimbra Mendonça afirmou, inicialmente, que não daria entrevista. Informada sobre o teor da conversa, ela ameaçou processar o autor do livro caso algo escrito a incomodasse.

— Você tem a liberdade de colocar [no livro] o que quiser. Se eu me sentir melindrada, vou procurar a Justiça. Não tenho interesse nenhum em dar entrevista. Todas as acusações terão de ser provadas — disse.

Após a declaração, Kátia Coimbra Mendonça elogiou Roberto Jefferson:

— Ele é inteligente, observador. Tirou a cadeia [cumpriu a pena] sem problemas. Ficava na dele, quieto.

Diante da insistência do autor, a servidora aposentada negou ter havido regalias para Roberto Jefferson. Ela argumentou que o presídio passava por fiscalização rigorosa do juizado da Vara de Execuções Penais e do Ministério Público. Além disso, o local era monitorado 24 horas por dezesseis câmeras de segurança, uma delas na entrada da cela onde ficou Jefferson e outra no corredor da mesma ala. De acordo com Kátia, doze advogados estavam registrados e autorizados a visitar Jefferson na cadeia, sem cometer irregularidades.

— Se o Roberto fizesse algo de errado, estaria tudo gravado — ressaltou a ex-diretora da então Casa do Albergado Coronel PM Francisco Spargoli Rocha.

Em relação ao processo de prevaricação, Kátia Coimbra Mendonça explicou que não facilitou a comunicação dos presos. Mas admitiu ter feito um documento pondo o cargo à disposição da Seap porque "não aguentava mais ir à delegacia".

— Toda vez que encontravam um celular dentro da cela, eu tinha que ir para a delegacia me explicar — disse, negando a prevaricação.

Na linha hierárquica prisional, ou seja, acima de Kátia Coimbra Mendonça estava o então secretário estadual de Administração Penitenciária do Rio, coronel PM César Rubens Monteiro de Carvalho, nomeado para o cargo por Sérgio Cabral logo no primeiro dia de sua gestão, em 2007. A indicação de Carvalho partiu do então secretário da pasta, Astério Pereira dos Santos, do governo anterior de Rosinha Garotinho. Cabral queria manter Astério no comando do sistema penal do Rio, mas o Conselho

Nacional do Ministério Público determinou que promotores (caso de Astério) voltassem para o Ministério Público a partir de janeiro daquele ano.

César Rubens Monteiro de Carvalho manteve-se à frente dos presídios do Rio por oito anos até 19 de março de 2015 (dois meses e três dias antes de Roberto Jefferson sair da cadeia), quando foi afastado já no governo de Luiz Fernando Pezão. Denunciado pelo Ministério Público por improbidade administrativa, o coronel PM precisou explicar as acusações de desvio de dinheiro de contratos da Secretaria com o Consórcio de Monitoramento Eletrônico de Sentenciados (CMES), liderado pela empresa Synergye Tecnologia da Informação Ltda., para a compra de tornozeleiras eletrônicas. Segundo as investigações do MP, o prejuízo aos cofres públicos chegou a R$ 12 milhões. Para promotores, um esquema criminoso fora montado para que o contrato com o consórcio fosse prorrogado, mesmo a empresa Spacecom oferecendo o serviço por valor unitário mensal da tornozeleira mais baixo, a R$ 240,95 (o valor do CMES era de R$ 660). A assinatura do contrato aconteceu em 2011, sendo prorrogado em 2012 e 2013. No ano seguinte, mesmo com o contrato encerrado, o consórcio recebeu R$ 2 milhões da Secretaria, conforme a denúncia do Ministério Público.

— Esse trato da coisa pública como se fosse coisa de nenhum de nós gera que, hoje em dia, efetivamente, nenhum de nós, cidadãos do Rio de Janeiro, tem o mínimo de segurança para voltar para casa. E quem está sob o mais absoluto descontrole é exatamente quem devia estar sendo monitorado — declarou o promotor de Justiça, Mateus Picanço à imprensa.

De acordo com o Ministério Público, não havia dúvidas em relação ao protagonismo do coronel PM César Rubens Monteiro de Carvalho no esquema e à sua decisiva contribuição para o sucesso das contratações e pagamentos fraudulentos. Em 24 de janeiro de 2017, a Polícia Civil e o MP fizeram uma operação em conjunto no Rio e em São Paulo para cumprir mandados de busca e apreensão. A Justiça aceitou a denúncia do caso. O processo de número 0007792-07.2017.8.19.0001, que tem outros sete réus, tramitava na 7ª Vara de Fazenda Pública até a conclusão deste livro.

Em entrevista ao jornal *Extra*, o coronel PM César Rubens Monteiro de Carvalho, que teve os bens e contas bancárias bloqueados, negou ter cometido irregularidade. Segundo ele, a proposta de preço mais baixo era para equipamentos de qualidade inferior ao que era fornecido. Para o coronel, o preso que utilizasse o aparelho da Spacecom teria de ficar conectado à tomada para recarregá-lo, além de o objeto ser maior do que o do consórcio.

— O gestor sempre fica dividido entre o barato e o bom. Mas o bom nem sempre é barato. O gestor não tem que ser escravo do menor preço. Continuo achando que o aparelho que a gente usava era melhor do que aquele que a Seap usa hoje (da Spacecom). Se a tornozeleira será usada pelo preso que busca ressocialização, não faz sentido ser um equipamento que gera constrangimento — argumentou o coronel Carvalho à reportagem do jornal *Extra*, ressaltando não haver nenhum tipo de favorecimento do consórcio.

César Rubens entrou na Polícia Militar em março de 1973. Ele comandou vários batalhões, como os de Duque de Caxias, na Baixada Fluminense, da Maré e de Niterói, até chegar a cargos mais importantes, como o de secretário estadual de Administração Penitenciária do Rio, o de diretor-adjunto da Diretoria de Inativos e Pensionistas (DIP) e o de subcorregedor. O coronel tem vários cursos de especialista, entre eles o de piloto de helicóptero.

* * *

Em 16 de julho de 2012 (dezessete dias antes do início do julgamento do mensalão, em 2 de agosto), aos 59 anos, Roberto Jefferson descobriu um tumor maligno no pâncreas, de 5 centímetros, considerado grande e agressivo. O câncer foi descoberto na fase inicial, quando investigava uma alteração nas taxas de glicose. Devido ao diagnóstico, a dúvida era saber se Roberto Jefferson sobreviveria às condições da cadeia, apesar de um laudo do Instituto Nacional do Câncer (Inca) não apontar riscos à saúde dele no cumprimento da pena em Niterói. Nos Estados Unidos, 53 mil pacientes são vítimas todo ano da doença, provocada pelo fumo, bebida, diabetes ou pela genética, além do alto consumo de gordura saturada. Entre os americanos, é o quarto câncer que mais mata homens e mulheres. No Brasil, a média é de 7,5 mil novos casos anualmente. É comum entre pessoas com mais de 50 anos.

A esposa Ana Lúcia foi a primeira a saber sobre a doença de Roberto Jefferson. Em seguida, ele deu a má notícia para o ex--genro Marcus Vinícius e para a filha Cristiane Brasil. Na eleição à presidência nacional do PTB, realizada também em julho, o ex-deputado, reeleito na ocasião para mais três anos de mandato, contou aos amigos Norberto Paulo de Oliveira Martins e Honésio Pimenta, seus homens de confiança. O câncer no pâncreas abalou a família e o próprio Jefferson. O medo era de que a rotina e o ambiente do presídio pudessem agravar o problema. A cirurgia, realizada em 28 de julho de 2012, no Hospital Samaritano, em Botafogo, demorou onze horas e meia. A equipe médica teve o comando de José Ribamar Saboia de Azevedo, chefe da emergência da unidade na Barra da Tijuca. Azevedo recebeu o auxílio dos colegas Áureo Ludovico, médico de Goiânia, e Alexandre Rezende, de Belo Horizonte, e de dois anestesistas, um patologista e o grupo da enfermagem. Como não havia metástase, a possibilidade de cura era possível.

Roberto Jefferson foi submetido a uma cirurgia de duodenopancreatectomia, que mutilou o aparelho digestivo. Foram retirados a vesícula, todo o duodeno, todo o estômago, a metade do pâncreas, a metade do canal do fígado e 3 metros do intestino delgado. Os médicos arrancaram ainda os linfonodos regionais (gânglios linfáticos). Por causa da operação, o esôfago foi reduzido, obrigando Jefferson a mastigar os alimentos quarenta a cinquenta vezes antes de engolir. É um ritual e um teste de paciência. Ele põe o alimento no garfo, leva à boca, solta o talher e tritura a comida com os dentes até dissolvê-la. Repete o movimento diversas vezes até a refeição acabar. Sem os órgãos, a necessidade de ir ao banheiro é frequente, de seis a oito vezes, dependendo do cardápio, mas quando estava recém-operado chegou a ser doze vezes. Entre os vinte comprimidos que Jefferson toma todos os dias para manter-se bem de saúde está a trimebutina, uma substância que atua no intestino, regularizando as disfunções motoras.

José Ribamar Saboia de Azevedo é o autor da polêmica prescrição da dieta de Roberto Jefferson na prisão. Na lista, havia, entre outros alimentos, salmão defumado, arroz integral e geleia real. O médico justificou:

— Eu mandei para a nutricionista. Aí ela prescreveu aquilo. E depois me ironizaram. Mas nem de longe deviam dar isso [para o Roberto Jefferson na cadeia].

A pior fase aconteceu na quimioterapia. De 80 quilos, Jefferson passou para 70. Em 1992, o ex-deputado enfrentara o primeiro câncer, no testículo, obrigando os médicos a retirarem um deles, o direito. Jefferson procurou o oncologista Daniel Tabak para resolver o problema, classificado pelo próprio ex-deputado como uma "castração química".

O tumor no pâncreas foi descoberto pela médica Jacqueline Amar, especialista em geriatria, cardiogeriatria e gerontologia. Então com 95 quilos no início de julho de 2012, Roberto Jefferson começou a perder peso rapidamente. Disciplinado, o ex-deputado pratica exercício físico quatro vezes por semana e, por causa disso, acreditou que a magreza fora provocada pela ginástica. Jacqueline desconfiou das dores sentidas por Jefferson nas costas e suspeitou de algo mais grave. Ela pediu uma ressonância magnética do pâncreas e das vias biliares do paciente, que detectou a doença.

A partir daí, iniciou-se uma corrida contra o tempo. Jacqueline Amar indicou o cirurgião Arthur Belarmino Garrido Júnior, de São Paulo, um velho conhecido de Roberto Jefferson. Foi ele quem fez a cirurgia bariátrica no ex-deputado em 15 de abril de 2000, período em que Jefferson chegou a pesar 175 quilos. Neste intervalo de tempo, Ana Lúcia se encontrou com Solange, mulher do empresário Edson de Godoy Bueno, fundador do plano de saúde Amil, falecido em 14 de fevereiro de 2017 após sofrer um infarto fulminante enquanto jogava tênis em Búzios, na Região dos Lagos. Ana Lúcia comentou sobre o tumor do marido. Bueno era amigo de Jefferson e os dois se encontraram. O empresário o aconselhou a operar com José Ribamar Saboia de Azevedo, médico referência nesse tipo de doença. Com consultórios no Rio de Janeiro, o ex--parlamentar optou por enfrentar a doença próximo da família.

Roberto Jefferson teve sérias complicações de saúde dentro da cadeia, não pelo tumor no pâncreas, retirado com sucesso na cirurgia, mas pelas consequências do pós-operatório. O metabolismo estava fraco. O ex-deputado sofreu na cela quinze infecções, com febres de 40°C. Ninguém descobria a causa, tratada equivocadamente como infecção na urina e diverticulite. Jefferson ficava enrolado em um cobertor, sentado na cama, batendo o queixo, com frio, e tomando antibiótico sem parar. Houve impasse. Familiares e amigos do petebista falavam em erro médico, hipótese descartada por Roberto Jefferson. Ao comentar o desempenho profissional de José Ribamar Saboia de Azevedo, o ex-parlamentar reclamou apenas da "falta de assistência" do médico durante as crises no cárcere. O médico rebateu.

— Há, na cirurgia, um fator biológico que eu não controlo, mas, se eu não fizer bem tecnicamente, a doença mata. Nós fizemos um trabalho muito bom nele, não tenha dúvidas disso. O Roberto reconhece isso. As febres foram de difícil diagnóstico — defendeu-se Azevedo ao autor do livro em 25 de maio de 2016.

Na verdade, Ana Lúcia e o advogado Marcos Pedreira Pinheiro de Lemos queriam atenção especial de José Ribamar Saboia de Azevedo no tratamento de Jefferson na prisão. A estratégia era para que o médico entrasse no presídio como visitante e o examinasse. Não houve acordo por parte de Azevedo.

— Não é que eu não quisesse atendê-lo. Eu não tinha o que fazer lá [no presídio] porque a instituição prisional tem seus médicos. Eu tinha feito os relatórios ([para o STF]. Para eu fazer uma visita médica, sem estar acompanhado de um mandado judicial, era complicado. [...] Consultei um advogado. A custódia dele era do Estado, que é o responsável pela integridade física do preso. Eu não podia interferir nessa relação a não ser que eu tivesse um mandado judicial — explicou Azevedo, de 74 anos.

E completou:

— Ela [Ana Lúcia] ficou magoada comigo [...] Eu não tenho competência para tratar um presidiário dentro do presídio sem mandado judicial e sem estar autorizado pelo Estado. Nem eu estou autorizado pelo Estado e nem tampouco eu fui determinado pelo Estado. Eu estaria atendendo a um pedido da família. O Roberto deve a vida a mim, entendeu? Não tenha dúvidas disso.

Formado em medicina em 1968, o médico teve, em sua carteira de clientes, pacientes famosos, como o arquiteto Oscar Niemeyer, o jornalista William Bonner e o ex-jogador de futebol Ronaldo Nazário, além dos pais do também ex-jogador Ronaldinho Gaúcho e da apresentadora Angélica. Faz de trinta a quarenta cirurgias por mês. Nos consultórios do profissional, uma consulta custa, em média, R$ 750. É pai de quatro filhos e avô de cinco netos. Após retirar o tumor do pâncreas de Jefferson, Azevedo sofreu ameaças e recebeu insultos por mensagens via e-mail. Os textos questionavam a ética do médico por ele ter tratado de um réu do mensalão acusado de corrupção e lavagem de dinheiro.

Em documento enviado ao Supremo Tribunal Federal, José Ribamar Saboia de Azevedo ressaltou a necessidade de cuidados especiais com a alimentação de Roberto Jefferson, mas os ministros do STF negaram o pedido de prisão domiciliar feito pela defesa. O petebista passou por uma perícia médica no Inca a pedido do Supremo.

"Do ponto de vista oncológico, esta junta não identifica como imprescindível, para o tratamento do sr. Roberto Jefferson Monteiro Francisco, que o mesmo permaneça em sua residência ou internado em unidade hospitalar", dizia o laudo do Inca, assinado pelos médicos Carlos José Coelho de Andrade, Rafael Oliveira Albagli e Cristiano Guedes Duque.

Com a discordância de José Ribamar Saboia de Azevedo, Roberto Jefferson foi assistido na cadeia por dois médicos conhecidos da família. Em 2015, já com a tornozeleira eletrônica e em regime domiciliar, o ex-deputado permaneceu internado no Hospital Samaritano, na Barra da Tijuca, com uma nova infecção e tomando antibiótico na veia. Ele recebeu a visita de um grande amigo desde a década de 1980: Paulo Cupello, executivo do grupo Amil. Na conversa, Cupello indicou o médico Abdon Hissa para tentar descobrir o motivo das sucessivas febres. O diagnóstico de Hissa foi certeiro, três anos depois da retirada do tumor do pâncreas.

Roberto Jefferson sofria de colangite, infecção e obstrução das vias biliares. O ex-deputado precisava operar novamente.

Abdon Hissa é especializado em clínica geral e se formou pela Universidade Federal do Rio de Janeiro. Com 79 anos, 55 dedicados à carreira, ele atende em consultórios no Leblon e na Barra da Tijuca. O preço de uma consulta varia de R$ 450 a R$ 600. Hissa ministra também um programa de pós-graduação em parceria com a Pontifícia Universidade Católica (PUC-RJ) no Hospital Samaritano, do Americas Medical City, na Barra. Foi Hissa quem diagnosticou a Aids do cantor e compositor Agenor de Miranda Araújo Neto, o Cazuza, em 29 de abril de 1987. Cazuza se tratou em Boston, nos Estados Unidos, onde as pesquisas sobre a doença estavam mais avançadas, e faleceu em 7 de julho de 1990.

Desta vez, a cirurgia de Roberto Jefferson ficou sob responsabilidade de Antônio Talvane Torres de Oliveira, profissional sugerido por Abdon Hissa. Talvane é graduado em medicina pela Universidade Federal de São Paulo e atua na Fundação Pio XII, no Hospital do Câncer de Barretos, e tem consultório particular. A operação de Jefferson deveria ser feita de imediato diante da gravidade. Preocupado em morrer na mesa de operação, o petebista preferiu esperar passar as festas de fim de ano. A conversa entre ele e Hissa foi decisiva. Jefferson queria garantia de 100% de que sairia vivo do centro cirúrgico. Diante da negativa de Hissa, o ex-deputado preferiu passar o Natal e o Réveillon ao lado da família e dos amigos, pois poderia ser a última vez que estaria presente nas duas confraternizações.

Roberto Jefferson superou a cirurgia em 7 de janeiro de 2016. O bem-sucedido procedimento de Antônio Talvane foi registrado por Abdon Hissa em uma gravação, com imagens fortes, que o ex-deputado carrega no celular para compartilhar com os curiosos. No início de 2017, Jefferson recebeu mais um diagnóstico de câncer maligno, o terceiro. O nódulo apareceu na tireoide. A cirurgia foi um sucesso. Ocorreu em 4 de julho, no Hospital Samaritano, no Rio, e foi realizada pelo cirurgião Fernando Dias. Até a conclusão deste livro, o petebista se recuperava da operação, mas já estava curado da doença.

Em entrevista à *Folha de S.Paulo*, dia 27 de julho de 2012, Roberto Jefferson atribuiu o tumor no pâncreas ao mensalão. Para o ex-deputado, todo o processo, a partir da denúncia contra o governo Lula e dirigentes do PT, passando pela repercussão e pela cassação do mandato, contribuiu para a evolução da doença.

— Isso é pressão, é pau. Foi um para-choque meu. Tensão, pressão, sofrimento. Tem um lugar em que explode. Eu somatizei — declarou Jefferson.

O câncer no testículo foi a primeira doença grave de Roberto Jefferson, à época com 39 anos. O ex-deputado era um dos personagens centrais naquele período conturbado da história do Brasil. Líder da tropa de choque do ex-presidente da República Fernando Collor de Mello, o delator do mensalão atuava nos bastidores para evitar o que de pior estaria por vir: o impeachment, tema a ser tratado nos próximos capítulos deste livro. Estava em curso a Comissão Parlamentar de Inquérito (CPI) para investigar o vínculo de Collor com o sistema de corrupção envolvendo Paulo César Farias, o PC, ex-tesoureiro da campanha presidencial de 1989.

A cirurgia foi realizada pelo médico Arthur de Sá Earp Neto, fundador, em 1967, da Faculdade de Medicina de Petrópolis. Ele morreu em 1994. O oncologista era Mauro Sérgio Vieira de Melo, também do município da Região Serrana. No meio da confusão da CPI, Jefferson iniciou o tratamento por radioterapia duas vezes por semana na Clínica São Vicente, no bairro da Gávea, no Rio de Janeiro, com o médico José Augusto Villela Pedras. Jefferson saía do hospital e seguia direto para a CPI. Nesse período, o ex-parlamentar carregava sempre a tiracolo uma mala preta. O boato que corria no Congresso era que Jefferson guardava uma metralhadora. Como a doença estava em absoluto sigilo, ninguém desconfiava de que dentro havia apenas fraldas descartáveis necessárias às consequências do tratamento.

Mesmo debilitado e obeso, Roberto Jefferson não deixou que sua doença transparecesse publicamente. O assunto sempre fora tratado com reserva. Foi doloroso e incômodo enfrentar a doença e, ao mesmo tempo, combater de forma tão aguerrida para tentar, sem sucesso, livrar a cara a queda de Collor após as acusações de corrupção no governo. Amigos do ex-deputado o aconselharam a desistir de defender o ex-presidente para cuidar de sua saúde, mas Jefferson insistiu.

A obesidade também foi um tabu na vida de Roberto Jefferson. Em 15 de abril de 2000, ele entrou no Hospital Alemão Oswaldo Cruz, em São Paulo, para uma cirurgia bariátrica com o médico Arthur Belarmino Garrido Júnior. O modelo utilizado foi a gastroplastia vertical com *by-pass em y de Roux*, conhecida como Capella, a mais usada e desenvolvida por cirurgiões. À época, Jefferson pesava 160 quilos e teve de emagrecer 15 quilos para poder operar.

O excesso de peso incomodava Jefferson. Ele chamava a atenção no Congresso pelo tamanho e pelo terno de linho branco. Chamado de "troglodita" pelos adversários, de mal-encarado, com fama de brigão e com uma arma na cintura, o delator do mensalão tinha uma aparência assustadora. Roberto Jefferson sofria com as dificuldades de locomoção.

Suas refeições tinham o apelido sugestivo de Monte Everest, em referência à quantidade de alimento que comia — em média, 1,2 quilo, diferentemente dos 300 gramas atuais. Na sobremesa, devorava praticamente uma travessa de pudim e bebia um litro de Coca-Cola. À noite, engolia tudo o que via pela frente na geladeira de uma forma compulsiva, destruidora. Nos bolsos das calças e dos paletós, ele carregava caixas de chocolate. Para piorar, fumava e bebia muito.

Assustado, o amigo Edson de Godoy Bueno insistiu para que Roberto Jefferson operasse. O irmão de Edson, Almir, havia acabado de fazer a cirurgia e Jefferson buscou com ele mais informações sobre o procedimento. Colecionador de armas e truculento, o petebista foi convencido com o argumento de que, se levasse um tiro, os médicos teriam dificuldade de encontrar e retirar a bala por causa da gordura. Para reforçar a tese de que deveria emagrecer, o cirurgião Arthur Garrido argumentou que a chance de morrer na operação era de apenas 1%. Em contrapartida, ressaltou ao ex-deputado que, com aquele peso, o risco de sofrer um infarto chegava a 3%. Jefferson topou o desafio.

Antes de se submeter à redução de estômago, o ex-deputado fez pelo menos seis meses de terapia e participou de diversas reuniões de grupos de ex-obesos. Roberto Jefferson queria manter o controle emocional porque, com a diminuição brusca de consumo de alimentos, temia transferir toda a sua ansiedade e compulsão provocadas pela vontade de comer para o consumo de bebida alcoólica e, com isso, se transformar num alcoólatra.

Considerado um dos pioneiros da cirurgia bariátrica no país, Arthur Belarmino Garrido Júnior se formou em medicina, em 1966, pela Universidade de São Paulo. Em 1999, fundou, com outros cirurgiões da área, a Sociedade Brasileira de Cirurgia Bariátrica e Metabólica (SBCBM). Em 2003, passou a se dedicar a linhas de pesquisa e desenvolvimento sobre cirurgia da obesidade mórbida. De acordo com dados da SBCBM, as operações de redução de estômago cresceram expressivamente no Brasil. Em 2012, foram 72 mil procedimentos. Já em 2016, o número chegou a 100 mil. Estima-se que 10% sejam realizadas pelo Sistema Único de Saúde (SUS). O Brasil é o segundo país em realizações deste tipo de cirurgia, atrás apenas dos Estados Unidos.

Em 2012, quando retirou o tumor do pâncreas de Roberto Jefferson, José Ribamar Saboia de Azevedo precisou desfazer a cirurgia bariátrica. O médico teve de reformular a anatomia do estômago, alterada pela operação realizada em 2000.

Jefferson começou a engordar em 1989 após tragédia familiar. Com apenas 10 anos, o filho caçula, Robertinho, recebeu diagnóstico de câncer linfático. O pai da criança ficou transtornado e se entregou à bebida e à comida em excesso. O drama transcorreu entre fevereiro daquele ano e agosto de 1990. Casado com a primeira mulher, Ecila Brasil, e pai de mais duas meninas (Cristiane Brasil e Fabiana), Jefferson se dividia entre a família no Rio, o trabalho em Brasília e o filho doente em Nova York, nos Estados Unidos. Robertinho ficou internado no Memorial Hospital, referência no tratamento de câncer, a um custo de US$ 200 mil, sendo metade deste valor pago pelo governo brasileiro. Cinco meses antes do diagnóstico de Robertinho, a Assembleia Nacional Constituinte aprovara a Constituição de 1988. Durante a internação, o menino recebeu a visita ilustre do então presidente José Sarney, que visitava a cidade americana.

3. A decisão de contar ao país

ÀS 19H24, DE 19 DE FEVEREIRO DE 2017, ele estaciona o carro, um Ford Mondeo GLX azul, ano 2000, placa JFZ-8808, e sai do veículo ao lado da mulher. Anda seis passos para atravessar a rua conhecida na região como Centro de Atividade 7, no Lago Norte, uma das áreas nobres de Brasília. Sorridente, encontra um casal de amigos do outro lado da calçada. "A paz do senhor", diz. A frase é repetida a todos que cruzam o seu caminho até a porta de um pequeno templo da Igreja Assembleia de Deus, onde é diácono — uma espécie de ajudante, um faz-tudo. Vestido com uma camisa social azul de listras brancas de mangas longas dobradas, calça jeans e sapatos pretos, ele está pronto para assistir a mais um culto de domingo ao lado de pouco mais de trinta pessoas. A rotina já faz parte da sua vida há 11 anos, desde quando se tornou evangélico.

Personagem que chocou o Brasil em 2005, Maurício Marinho, com 64 anos e mais magro, nem parece aquela figura de terno e óculos flagrada em uma gravação recebendo um maço de dinheiro e levando-o ao bolso em nome do ex-deputado federal Roberto Jefferson. Naquele episódio, que causou um efeito dominó na pior crise do governo Lula e do PT, Marinho era chefe do Departamento de Contratação e Administração de Material da Empresa de Correios e Telégrafos (ETC) e fazia parte de um esquema de corrupção na então lucrativa e tão cobiçada estatal.

Na chegada à igreja, Maurício Marinho recebeu o cumprimento de um a um dos presentes. O clima era de confraternização dias antes do carnaval. O ex-funcionário dos Correios sentou-se na quinta fileira à direita do palco, que tinha um púlpito com a inscrição "Cristo é vida", um telão e instrumentos musicais de uma banda que apresentou um repertório de louvores. Marinho e outros fiéis cantaram músicas de artistas conhecidos do público evangélico, como "Eu vejo a glória", de Fernanda Brum; "De valor em valor", de Nani Azevedo; "Me ama", de Gabriela Rocha; "Ser reconhecido por Deus", de Renascer Praise; e "Cuide de você", de Dilson e Débora.

O culto começou com 9 minutos de atraso do horário previsto, exatamente às 19h39. Fiéis ocuparam os bancos de madeira. A esposa de Maurício Marinho abriu a Bíblia e os dois acompanharam a pregação. Trechos dos salmos foram reproduzidos em um projetor. Em um dos momentos da celebração a Deus, um dos pastores pediu dinheiro para comprar um terreno próximo daquele endereço e, assim, expandir as dependências da igreja para 10 mil pessoas. O templo abrigava 130. Não havia ar-condicionado. Para espantar o calor e minimizar o clima seco de Brasília, foram utilizados apenas dois ventiladores pendurados nas paredes.

— Vamos crescer a igreja? Vamos! Para quantos metros? Para caber 10 mil pessoas. É pouco? Querem mais? Quanto custa para fazer caber 10 mil pessoas? Vamos trabalhar não só para o número de pessoas, mas, sim, pessoas que amem essa obra, que se dediquem a essa obra para cuidar dessas 10 mil pessoas. Então, quando começar a chegar muito dinheiro na sua conta bancária, lembre-se do seu compromisso com Deus. Não vai tomando tudo de sorvete, não! Vai ficar resfriado! Não coloque uma BMW na garagem, pois precisamos de você — disse o pastor para, em seguida, recolher as ofertas.

Maurício Marinho pôs algumas notas dentro de um envelope disponível aos fiéis pela própria Assembleia de Deus Lago Norte, lacrou, levantou-se e jogou a sua contribuição em uma urna ao lado do púlpito. O pivô do escândalo de corrupção nos Correios estava emocionado com a cerimônia. Ele baixou a cabeça, fechou os olhos e louvou abraçado à esposa.

Marinho virou evangélico por influência dos advogados José Ricardo Baitello e Sebastião Coelho da Silva, então pastores da igreja. Desesperado com a repercussão do escândalo, Marinho se apegou à religião e desistiu de cometer suicídio quando veio à tona as denúncias envolvendo seu nome na estatal. Além de advogado, Baitello é jornalista, formado pela Universidade de Brasília (UnB). Tornou-se especialista em Direito Constitucional. Nos anos 1980, ocupou cargos no governo federal e na Câmara dos Deputados. Trabalhou ainda como subsecretário para Assuntos do Governo de São Paulo, em Brasília, entre 1989 e 1995. Foi assessor da diretoria da Companhia Nacional de Abastecimento (Conab), ligada ao Ministério da Agricultura, Pecuária e Abastecimento. Já Sebastião Coelho é juiz e desembargador do Tribunal de Justiça do Distrito Federal. Começou na magistratura em 1991. Foi vice-presidente da Associação dos Magistrados Brasileiros (AMB), bem como da Associação dos Magistrados da Justiça Militar e da Ordem dos Advogados do Brasil (OAB-Amapá), além de membro do Conselho Federal da OAB.

O culto da Assembleia de Deus acabou às 21h40. Cercado de amigos, Maurício Marinho ficou surpreso com a presença do autor do livro no local. Com voz mansa e tranquila, Marinho não quis dar entrevista. Ele contou apenas que sempre frequentou a igreja, mas ficou afastado entre 2014 e 2016 porque sofreu duas hemorragias. Diabético e com problemas no fígado, o ex-funcionário dos Correios afirmou estar doente, mas não deu detalhes sobre o diagnóstico.

— Tomei ojeriza a jornalistas. Desde então, eu nunca dei entrevistas. Estou respondendo a tudo na Justiça. Todos terão de comprovar o que disseram sobre mim. O que tinha de dizer, eu falei nos meus depoimentos — afirmou.

Marinho se mantém recluso em seu apartamento com a família em Brasília. A expectativa do ex-funcionário dos Correios é que os processos que correm na Justiça contra ele sejam julgados em 2017. Ele e outros réus denunciados pelo Ministério Público Federal (MPF), em 2 de setembro de 2008, respondem por pelo menos quatro crimes envolvendo o caso de corrupção: improbidade administrativa e lavagem de dinheiro e/ou ocultação de bens; corrupção passiva e crime da Lei de Licitações. Todos foram abertos a partir do inquérito policial número 04.488/2005. A peça encaminhada à Justiça Federal pelo MPF tem as assinaturas dos procuradores da República Bruno Caiado Acioli, José Alfredo de Paula Silva e Raquel Branquinho Nascimento. Eles pedem ainda, em outra ação ajuizada, uma indenização ao erário por causa do desvio de dinheiro da estatal.

Com origem no Brasil em 25 de janeiro de 1663, os Correios estão presentes nas 5.561 cidades dos 26 estados brasileiros e no Distrito Federal. Em abril de 2016, possuía 117.405 empregados, entre carteiros, atendentes, operadores e outros cargos. Em média, 33,2 milhões de objetos são distribuídos por dia pela estatal, que é vinculada ao Ministério das Comunicações. Em 2015, foram 8,3 bilhões. A frota chega a 25.236 motocicletas e veículos. Num país onde o serviço público tem má fama, os Correios sempre foram considerados eficientes. Em 2005, ano do maior escândalo, o faturamento registrou quase R$ 9 bilhões. Ou seja, era uma joia bastante cobiçada pelos partidos políticos da base governista. No entanto, a empresa passa por uma profunda crise a cada ano e o selo de qualidade foi posto em xeque. Mergulhada em dívidas, a estatal perdeu a confiança e a credibilidade da população devido aos atrasos nas entregas por falta de funcionários. Agências foram fechadas. Em 14 de outubro de 2016, a Polícia Federal deflagrou a Operação Mala Direta para desarticular um esquema de fraude no envio de mercadorias, cujo rombo foi de R$ 147 milhões em dois anos.

O trabalho dos procuradores do MPF começou após a reportagem de capa publicada na edição 1.905 da revista *Veja*, de 18 de maio de 2005, com o título "O homem-chave do PTB" e o subtítulo "Maurício Marinho, diretor dos Correios, foi filmado embolsando um pacote de dinheiro dado por um corruptor". Nela, o jornalista Policarpo Júnior revelou o esquema e descreveu a cena em que Marinho recebe propina em favor de Roberto Jefferson e do PTB.

O corruptor era o advogado curitibano Joel Santos Filho, que se passou por empresário interessado em negociar com os Correios mediante contratações espúrias para colher provas materiais do crime. Santos Filho contou em depoimento à PF e à Comissão Parlamentar Mista de Inquéritos dos Correios (CPMI) ter sido contratado por R$ 5 mil pelo empresário Arthur Wascheck Neto que enfrentava dificuldades impostas por Marinho, inviabilizando a participação em licitações promovidas pela estatal. Um dos donos da Comercial Alvorada de Manufaturados Ltda. (Coman), Wascheck pretendia usar a gravação para denunciar Maurício Marinho à cúpula dos Correios e, em seguida, derrubá-lo do cargo. Em depoimento à CPMI dos Correios, o empresário revelou que os problemas começaram quando a sua empresa foi contratada para fornecer cofres aos Correios em um contrato de R$ 5 milhões. Por causa de um atraso na entrega, ele recebeu uma multa no patamar máximo previsto no contrato (20%), cerca de R$ 1 milhão. A ideia do empresário era incluir a Coman nos esquemas fraudulentos. Mal sabia o empresário que Maurício Marinho figurava apenas como um dos braços operacionais de uma quadrilha organizada e já fincada dentro da empresa.

À época do escândalo, Joel Santos Filho revelou ter conhecido o militar da reserva da Marinha, Arlindo Gerardo Molina Gonçalves, em um churrasco na casa do empresário Arthur Wascheck Neto. Para Luiz Flávio Zampronha, delegado da Polícia Federal que apurou o caso, Santos Filho disse que Molina procurou Roberto Jefferson para falar sobre o teor da gravação e sobre negócios nos Correios. Jefferson era o responsável por nomeações na estatal para cargos considerados estratégicos. Também em depoimento à PF, Santos Filho admitiu ter trabalhado no setor de inteligência da Usina de Itaipu. Disse ainda que fora contratado para outros serviços de espionagem, tais como descobrir um esquema de corrupção na compra de uniformes escolares na Prefeitura de São Paulo na gestão de Marta Suplicy.

Na Operação Deus nos Acuda, deflagrada simultaneamente em três cidades, a Polícia Federal prendeu Joel Santos Filho e o engenheiro João Carlos Mancuso Vilela, em Curitiba, depois que ambos confessaram a participação na gravação de Maurício Marinho. Em Brasília, os policiais prenderam o ex-agente do extinto Serviço Nacional de Informações (SNI), o capitão reformado da Polícia Militar de Minas Gerais, José Santos Fortuna Neves, outro acusado de tentar extorquir Jefferson. Fortuna era proprietário da Atrium Engenharia e tinha interesse em fazer negócios com os Correios. No Rio de Janeiro, o alvo foi Molina, cujo endereço comercial, na época, era o mesmo da Assurê, corretora de Henrique Brandão, amigo de Roberto Jefferson há pelo menos quarenta anos. Brandão foi investigado por cobrar uma mesada de R$ 400 mil do Instituto de Resseguros do Brasil (IRB) para o PTB.

A maleta apreendida pela Polícia Federal que carregava o equipamento utilizado na gravação (com duração de 1h54m) foi fornecida por Jairo de Souza Martins, identificado como cabo da Polícia Militar do Distrito Federal. Martins também trabalhou para o SNI e para a Agência Brasileira de Inteligência (Abin). Com a pasta no melhor estilo 007, que continha uma câmera embutida, Joel Santos Filho tentou uma vez, sozinho, fazer o registro. As imagens não ficaram boas. Ele, então, chamou João Carlos Mancuso Vilela para dar apoio. Juntos, os dois conseguiram o flagrante que precisavam de Maurício Marinho e entregaram as fitas para Arthur Wascheck Neto. Este, por sua vez, as repassou para outro personagem que aparecerá em breve neste livro: Antônio Osório Menezes Batista, que tinha função de chefia nos Correios e nada fez contra Marinho. Ao todo, a gravação custou para Wascheck apenas R$ 9 mil — R$ 5 mil para Santos Filho, R$ 1 mil para Vilela e, como se sabe, R$ 3 mil para Maurício Marinho — a primeira parcela de um total de R$ 15 mil.

José Santos Fortuna Neves, um dos seis personagens envolvidos na gravação de Maurício Marinho, foi braço direito, no auge da ditadura militar, do major Sebastião Curió, no garimpo de Serra Pelada, onde ficou conhecido pelo codinome de "Doutor Ramos". Poderoso, Fortuna tinha o monopólio da venda de produtos como leite em pó e roupas para os garimpeiros. O ingresso nos porões da repressão se deu por meio do general Newton Cruz, homem forte do SNI, que conheceu Fortuna como comandante da PM de Minas Gerais e o promoveu a araponga. Conhecido também como "Coronel Fortuna", ele entrou na política com a ajuda do ex-governador de Minas, Newton Cardoso. Em 2006, pouco mais de um ano após o escândalo, Fortuna se candidatou a deputado distrital pelo PMDB, mas obteve apenas 256 votos e não se elegeu. Na declaração de bens à Justiça Eleitoral, ele informou ter apenas um patrimônio de R$ 16 mil, correspondentes a 80% da empresa JSF Empreendimentos e Participação Ltda. Em 1998, também pelo PMDB, Fortuna tentou eleger-se deputado federal, mas não conseguiu. Ele teve 20.137 votos e ficou na suplência.

Outro que tentou carreira política depois do escândalo dos Correios foi Joel Santos Filho. Nas eleições de 2006, ele se candidatou a deputado federal pelo PTdoB, no Paraná. Conquistou setecentos votos e não foi eleito. Santos Filho declarou ter R$ 269 mil em bens, incluindo uma casa, um carro e uma moto. Em 2008, ele tentou de novo vencer nas urnas, sem sucesso, para vereador de Curitiba pelo PDT. Teve só 235 votos. Na declaração à Justiça Eleitoral, afirmou ter um patrimônio de R$ 315 mil, valor somado de um imóvel e de um veículo.

Arlindo Gerardo Molina seguiu o mesmo caminho de José Santos Fortuna Neves e Joel Santos Filho. Em 2006, tentou uma vaga para deputado federal pelo Rio de Janeiro pelo PDT. Obteve 1.485 votos e ficou de fora da Câmara. Molina declarou não ter bens em seu nome à Justiça Eleitoral. Apesar de ter servido à Marinha, ele atuou como consultor da Fundação Getúlio Vargas (FGV), no Rio de Janeiro, com especialidade em planejamento, organização e método. Trabalhou ainda para a Prefeitura de Belém, no Pará, na administração de Duciomar Costa, do PTB, partido de Roberto Jefferson. Molina era o responsável pela apresentação de proposta de reforma administrativa da prefeitura. Curiosamente, Jefferson disse ter sido procurado pela primeira vez por Molina justamente em Belém.

— Eu estava lá para um evento de combate à exploração sexual e este senhor veio conversar comigo. Era muito falante e se apresentou como consultor da Prefeitura de Belém. Pediu a mim para intermediar algo com o Osório [Antônio Osório Menezes Batista] e eu lhe disse que não podia, porque eu não era homem de negócios. Então, ele passou a me telefonar, e eu não atendia — afirmou Jefferson em entrevista ao jornal *Folha de S.Paulo*, publicada em 10 de junho de 2005.

Jefferson ressaltou que, a pedido do senador Ney Suassuna (PMDB-PB) feito em 28 de abril de 2005, teve um segundo encontro com o comandante Molina, em seu gabinete, em Brasília, quando este o teria informado da existência da fita com as imagens de Maurício Marinho e do interesse de empresários em negociá-la. No livro *Nervos de aço* (Editora Topbooks, 2006), em depoimento ao jornalista Luciano Trigo, Roberto Jefferson detalhou a conversa com Molina.

"Achei a conversa do Molina tão vagabunda que nem me senti extorquido. Ele era um sujeito tão frágil, tão sem essência, que não botei fé. Poderia ter chamado a segurança da Câmara para prendê-lo, mas não me ocorreu, porque na verdade ele nem me achacou, só disse que o tal grupo de empresários tinha a fita e queria negociar comigo. Achei que era um lobista reles, como outros que já me procuraram, e tratei da mesma forma", afirmou Jefferson.

Em reportagem publicada em 4 de junho de 2005 no jornal *O Estado de S.Paulo*, no entanto, Molina contou que frequentava o gabinete de Jefferson há dois anos e que marcou o encontro com ele para 3 de maio daquele ano. Segundo o militar, os laços dos dois se estreitaram exatamente por causa do seu trabalho na Prefeitura de Belém. Roberto Jefferson também fez comentários no livro *Nervos de aço* sobre as gravações que flagraram Maurício Marinho pedindo propina em seu nome. De acordo com o ex--deputado, "a fita o salvou":

"Se isso não tivesse acontecido, estaria perdido, seria esmagado pelo (ex-ministro da Casa Civil do governo Lula) José Dirceu. Sem a fita, estaria morto, arrebentado. Talvez o próprio comandante Molina tenha mandado entregar, para me mostrar que estava falando a verdade quando me procurou no gabinete, não sei. Só sei que essa fita foi a minha salvação, porque foi assistindo à gravação na íntegra que percebi que havia uma condução clara da entrevista, para colocar em cima de mim e do PTB todas as irregularidades dos Correios."

Não foi bem isso que os procuradores do Ministério Público Federal (MPF) concluíram nas investigações. Numa força-tarefa e com a colaboração da Controladoria-Geral da União, da Polícia Federal e de um grupo de auditores dos Correios, além de testemunhas e depoimentos dos envolvidos, os procuradores comprovaram a criação de um esquema fraudulento milionário dentro dos Correios no período de 11 de fevereiro de 2003 a 8 de junho de 2005. Para eles, a estatal foi "vítima de uma ação organizada de quadrilhas compostas basicamente por empregados públicos, políticos, empresários e lobistas". E mais: a denúncia do MPF apontou o ex-deputado Roberto Jefferson como o "chefe da estrutura criminosa" e "chefe da quadrilha", cujo plano foi "bem engrenado e coordenado" por ele. Jefferson negou ao autor do livro, em 15 de abril de 2017, ter participado do esquema:

— Os procuradores levaram de 2005 a 2016, onze anos, uma investigação sigilosa contra mim e não chegaram a conclusão nenhuma. Por onze anos eles me investigaram. Vinte e tantas mil páginas tem esse inquérito. Zero de provas contra mim. Nenhuma relação minha com ninguém do grupo.

A roubalheira nos Correios era sabida no Palácio do Planalto. No livro *O operador* (Record, 2006), o jornalista e escritor Lucas Figueiredo narra um episódio ocorrido no início de 2005. Um estudioso das questões da estatal esteve na Secretaria de Comunicação do Governo (Secom), comandada pelo ministro Luiz Gushiken. Com gráficos, informações e números, provou que a empresa enfrentava um mar de lama da corrupção. Gushiken percebeu a gravidade do caso e intermediou, em fevereiro, um encontro do estudioso com o ministro da Casa Civil, José Dirceu. O denunciante repetiu o que dissera a Gushiken. Dirceu não esboçou reação. No fim da reunião, pediu a secretária para falar urgente com o ministro das Comunicações, Eunício Oliveira, e com o diretor-geral da Abin, Mauro Marcelo de Lima e Silva. A Abin começou a investigar as denúncias. A coincidência: no período da apuração realizada pela agência, o empresário Arthur Wascheck Neto iniciava o plano para flagrar Maurício Marinho.

Segundo os procuradores da República, tudo começou com a nomeação de Antônio Osório Batista para a Diretoria de Recursos Humanos e, posteriormente, para a Diretoria de Administração dos Correios. A intenção da quadrilha era "arrecadar vantagem patrimonial indevida para a citada agremiação", ou seja, desviar dinheiro para abastecer os cofres do PTB. Osório entrou na estatal em 11 de fevereiro de 2003 por indicação do ex-presidente do partido, José Carlos Martinez, morto em um acidente de avião, e por Roberto Jefferson, líder da bancada da legenda na Câmara dos Deputados. De acordo com o MPF, havia dois núcleos operacionais que davam sustentação ao grupo. O primeiro deles era da turma do PTB, incluindo Roberto Jefferson, Antônio Osório, Roberto Garcia Salmeron e Horácio César Martins Batista. E o segundo, composto pelos funcionários dos Correios Maurício Marinho, Fernando Leite de Godoy, Eduardo Coutinho Lins e Julio Takeru Imoto.

Homem forte do PTB na "estrutura criminosa" nos Correios, Antônio Osório convidou Fernando Godoy, empregado concursado da estatal, para assumir o cargo de assessor executivo da Diretoria de Recursos Humanos. Os dois se conheceram na solenidade de posse dos deputados federais, em 2003. Godoy, desde então, passou a frequentar as reuniões do PTB com Osório e filiou-se ao partido em Brasília. Antes de ir para a legenda de Roberto Jefferson, ele fez parte do governo do Distrito Federal, entre abril e dezembro de 2002, indicado pelo antigo PFL (hoje Democratas), sigla presidida pelo senador Paulo Octávio, à qual era filiado. O novo assessor tinha papel estratégico na diretoria dos Correios, tornando-se o principal auxiliar de Osório.

Marinho foi indicado para a Coordenação Nacional da Universidade Correios, órgão vinculado à Diretoria de Recursos Humanos, conforme conclusão do Ministério Público Federal, pelo então deputado federal José Chaves (PTB-PE), que intermediou o pedido feito pelo lobista José Santos Fortuna Neves. Em depoimento, Marinho contou que começou a amizade com Fortuna em 2003 e pediu ajuda a ele para ocupar o cargo. Na conversa, o lobista o orientou a procurar algum político do PTB já que Antônio Osório tinha ocupado o posto pelas mãos de Roberto Jefferson. Fortuna levou Marinho a José Chaves. No encontro, Marinho apresentou-se ao parlamentar tendo-lhe dito possuir experiência suficiente para o exercício da função; além disso, contou que tinha um amigo em comum com Jefferson: Roberto Garcia Salmeron. De acordo com as investigações, Roberto Jefferson monitorava, por meio de Salmeron, o desempenho de Antônio Osório na captação de recursos desviados dos Correios para o PTB. Em junho de 2004, com comissão de chefia e mais o salário, Marinho recebia R$ 7 mil líquidos por mês. Com 52 anos, já tinha apartamento próprio, filhos criados e netos. Mas o ex-funcionário dos Correios gostava de "agrados" e era apenas a ponta de um sistema corrompido pela corrupção.

Antônio Osório ficou cerca de um ano como diretor de Recursos Humanos da estatal. Ele passou a ocupar efetivamente a direção de administração em 19 de maio de 2005, com a chancela e o apoio do PTB chefiado por Roberto Jefferson. Essa diretoria era responsável, por exemplo, pela gestão de contratos firmados pelos Correios. Neste tempo, foram cooptados para a quadrilha os funcionários Eduardo Coutinho e Julio Imoto. Para o MPF, o esquema de corrupção nos Correios foi tão profissional que, ao assumir o cargo, Osório recebeu, inclusive, "orientações técnicas" de Emílio de Faria Fraga, à época chefe de gabinete da Fundação Getúlio Vargas (FGV), centro de estudos políticos do PTB no Rio de Janeiro, como revelaram as anotações feitas na agenda de Osório e também nos documentos encontrados em sua residência pela Polícia Federal.

Na Bahia, Antônio Osório tinha um padrinho forte: o ex--senador Antônio Carlos Magalhães (PFL), morto em 2007. Osório ocupou a Secretaria Estadual do Planejamento no segundo governo ACM, entre 1979 e 1982. Leal ao amigo, as derrotas eleitorais sucessivas não foram suficientes para entrar no ostracismo da política. Um exemplo: ganhou a presidência do PTB baiano com a ajuda de ACM. O ex-diretor dos Correios era o único presidente regional do partido a exercer o cargo mesmo sem mandato, pré--requisito estabelecido pela legenda. Osório chegou à estatal no segundo mandato do ex-presidente Fernando Henrique Cardoso com aval de ACM. Quando Lula assumiu em 2003, o PFL deixou o governo, ao contrário do PTB. Sem a influência de ACM no partido de Jefferson, Osório foi destituído da presidência do PTB no mesmo ano. Mesmo assim, recebeu o apoio de Jefferson para permanecer nos Correios.

Em depoimento à CPMI dos Correios, Maurício Marinho negou ter relação com Roberto Jefferson. Segundo ele, as gravações vinculadas pela imprensa continham "mais bravatas e autopromoção do que verdades". Por causa dessa declaração, os advogados de Marinho ameaçaram abandonar o caso se o ex-funcionário dos Correios continuasse mentindo. No fim, aparentemente calmo, Marinho disse ter depositado o dinheiro mostrado na fita de vídeo na conta de uma entidade filantrópica. Embora ambos tenham negado se conhecer, Jefferson e Marinho mantinham intenso contato, inclusive com outros membros mais operacionais da quadrilha, entre eles Fernando Godoy. O fato foi comprovado por interceptações telefônicas feitas com autorização judicial. Ao todo, de apenas um de seus telefones celulares, Roberto Jefferson fez cinquenta ligações para Marinho e 198 para Godoy. Em entrevista ao autor, Jefferson rebateu:

— O telefone pertencia à Eletrobras. Os procuradores atribuíram a mim um número de telefone que não era meu. Eu fui obrigado a levantar que raio de celular era aquele. Eu disse que não era meu e o juiz disse que eu era mentiroso. Em outros dois celulares que eles atribuíram a mim, os dois números pertenciam a um mecânico de automóveis da Asa Norte, que consertava o carro do Maurício Marinho e de um funcionário da Eletrobras de Brasília, amigo do Maurício Marinho. Os telefones eram de um cara chamado Roberto, mas não era Roberto Jefferson Monteiro Francisco. O juiz recebeu a denúncia baseada em uma mentira do Ministério Público Federal, numa gravíssima mentira. Eu respondia ao processo por formação de quadrilha, mas prescreveu no ano passado [2016].

Até 25 de abril de 2017, Jefferson respondia pelo crime de improbidade administrativa na 21ª Vara Federal de Brasília. Marinho é réu no mesmo processo (0043491-28.2010.4.01.3400), que está sobre a mesa do juiz Rolando Valcir Spanholo. Na ação pública de improbidade, o Ministério Público Federal pede "reparação dos danos materiais e morais infligidos ao patrimônio público dos Correios".

No organograma da corrupção, Maurício Marinho e Fernando Godoy estavam subordinados a Antônio Osório e atuavam como os principais operadores do esquema de arrecadação de dinheiro. A função de Godoy dentro da quadrilha consistia em resolver pendências de políticos que procuravam Osório e participavam diretamente do levantamento de recursos junto a empresas que mantinham contratos com os Correios. Funcionário de carreira, Godoy tinha o papel de fornecer elementos técnicos para viabilizar o desempenho das atividades de Osório, que, segundo depoimentos de testemunhas, não tinha preparo para exercer o cargo. Já Marinho fazia os contatos com as empresas candidatas aos processos licitatórios. A atuação dos três era organizada, com direito até à elaboração de planilhas contendo toda a contabilidade dos crimes nos respectivos computadores. Em uma delas, de 1º de dezembro de 2004, com o título "Conta corrente", os arquivos apresentavam detalhadamente os cálculos da propina a ser levantada para os integrantes da quadrilha e para o PTB.

As planilhas foram anexadas na denúncia do MPF e possuíam as seguintes informações: nome da empresa; objeto do contrato; tipo de relação jurídica mantida com os Correios, como contrato e termo aditivo; valor; frequência de pagamento; diretoria da estatal responsável pelo contato; percentual da propina; e valor estimado da vantagem indevida. Além da lista, foram encontrados documentos que tinham a finalidade de monitorar os pagamentos feitos a diversas empresas. Em um deles, constava uma determinação manuscrita de Maurício Marinho, em 9 de fevereiro de 2005, mandando utilizá-lo com os pagamentos de propina.

Para ter uma ideia da dinâmica operacional, a agenda telefônica de Maurício Marinho registrava contatos com Julio Imoto, cuja atribuição era administrar os contratos ligados à Diretoria de Operações dos Correios, o que possibilitava suas abordagens junto a empresários em busca de dinheiro, conforme apontaram as investigações do MPF. Um dos empresários era Haroldo Cláudio Marschner Hager, dono da Precision Componentes Ltda., empresa que figurava na lista de propina da "Conta corrente". Em depoimento, Hager confirmou ter sido procurado por Julio Imoto em todos os contratos decorrentes de licitações. Segundo ele, Imoto se apresentou como assessor da diretoria e mandatário de Marinho e disse que necessitava recolher dinheiro em espécie para o PTB. Na casa de Imoto foram encontrados R$ 44,5 mil em espécie sem comprovação da origem. O MPF concluiu que esse dinheiro fora obtido de forma irregular. Conforme cálculo da Controladoria-Geral da União, na época, o prejuízo causado pela corrupção chegou a mais de R$ 100 milhões referentes aos pagamentos contratuais realizados pela estatal. Apenas em um dos rastreamentos, os auditores identificaram sobrepreço de R$ 37,5 milhões.

Questionado sobre as listas, Fernando Godoy exerceu seu direito de ficar calado. Já Maurício Marinho foi categórico no depoimento:

> QUE sobre a lista encontrada em seu computador tem a dizer que se tratava de uma lista com as diretrizes a serem seguidas por funcionários da ECT para arrecadar dinheiro e recursos para beneficiar a campanha política dentre outros partidos do PTB, partido do qual pertencia o Diretor de Administração ANTONIO OSÓRIO; QUE a abreviação "AGREM" diz respeito a agremiação ou partido, ou seja, a valores a serem repassados de percentuais estimados do que seria pago por conta das contratações existentes na ECT para os Partidos Políticos; QUE considera inclusive que a lista recuperada pela perícia da Polícia Federal vem a comprovar a veracidade de tudo o que disse, tanto na fita que gerou o episódio dos Correios, como em depoimentos à Polícia Federal e ao Ministério Público Federal.

Na CPMI dos Correios, em 29 de setembro de 2005, Maurício Marinho apresentou um dossiê de trezentas páginas com detalhes das irregularidades nos contratos e licitações e um organograma dos comandantes no esquema de arrecadação de dinheiro. Aos integrantes da comissão, em sessão secreta, Marinho disse que tinha duzentos contratos sob sua gestão e citou casos de favorecimento a fornecedores, corrupção, superfaturamento, desvios de recursos e tráfico de influência de funcionários e diretores. Segundo ele, esses casos resultariam em prejuízos anuais de R$ 4 bilhões. Ele admitiu que o pagamento da propina abastecia as campanhas eleitorais não apenas do PTB, mas também do PT e do PMDB. Afirmou ainda que as irregularidades ocorriam desde o governo do ex-presidente Fernando Henrique Cardoso.

Outro braço da quadrilha era Eduardo Coutinho, homem de confiança de Maurício Marinho e nomeado como consultor. Coutinho passou a prestar orientação técnica para o esquema na área de tecnologia, sua especialidade, e estava sempre presente no gabinete de Marinho. Essa consultoria pôde ser vista no episódio que culminou com a gravação do vídeo em que Marinho recebeu R$ 3 mil. Em uma dessas reuniões gravadas, ele chamou Coutinho para auxiliá-lo. Por outro lado, Antônio Osório contava com o apoio do primo, Horácio Martins Batista, para se relacionar com as empresas e viabilizar sua atuação partidária. Em 2002, filiado ao PTB da Bahia, Batista recebeu dinheiro de Osório para fazer atividades partidárias do primo, numa delas pagando cabos eleitorais em sua base política. Os dois negaram as acusações. No entanto, a denúncia do MPF revelou que Batista atuava como um emissário especial no quadro funcional dos Correios de Osório. Ele tinha a função de representar o primo em contatos com as empresas para levantar dinheiro e viabilizar negócios junto aos Correios.

Ex-presidente da Eletronorte indicado pelo amigo de longa data Roberto Jefferson, Roberto Garcia Salmeron atuava na quadrilha também como conselheiro do padrinho, supervisionando as atividades do grupo criminoso dentro dos Correios. Por conta disso, Salmeron manteve contatos regulares com os comparsas. As interceptações telefônicas mostraram que Salmeron recebeu 354 ligações de Roberto Jefferson; 23 de Maurício Marinho e 121 de Fernando Godoy. Já Salmeron fez contato com Jefferson 306 vezes; 24 com Marinho e quatro com Antônio Osório.

Os laços da quadrilha eram tão estreitos que Roberto Garcia Salmeron indicou um filho de Maurício Marinho para trabalhar em uma empresa terceirizada da Eletronorte. Os dois almoçavam juntos praticamente toda sexta-feira na antiga Academia do Tênis Resort, local que foi sinônimo de poder e glamour em Brasília há alguns anos. Quando estourou o escândalo dos Correios com Marinho aparecendo no vídeo recebendo propina, Salmeron manteve-se ao lado de Roberto Jefferson para tentar contornar a crise. No fim de semana da publicação da reportagem da revista *Veja*, Jefferson recebeu uma ligação do amigo dando-lhe conta da gravação. Imediatamente, o ex-deputado pegou um avião do Rio para Brasília e assistiu às imagens na casa de Salmeron, após um almoço, juntamente com Antônio Osório.

Com base nas planilhas encontradas, toda a organização criminosa ocupada institucionalmente nos Correios não servia apenas para jorrar dinheiro nos cofres do PTB. A quadrilha tinha o plano de enriquecer irregularmente. Concluiu-se que uma parte dos recursos roubados ia para o partido e a outra, para os bolsos dos denunciados. As negociatas envolviam campanhas eleitorais. Antônio Osório e Fernando Godoy, em 2004, decidiram solicitar material em benefício dos candidatos apoiados por Osório, a maioria em cidades ao sul da Bahia, especialmente Porto Seguro. A execução do serviço coube a Maurício Marinho.

Ao mesmo tempo, Antônio Osório recebeu demandas do presidente dos Correios, João Henrique de Almeida Sousa, indicado ao cargo pelo PMDB, para que ele conseguisse junto a empresas contratadas pela estatal o material de campanha para o candidato a prefeito no município de Ariquemes, em Rondônia, Confúcio Aires Moura. A tarefa foi repassada novamente para Maurício Marinho. A situação era tão escancarada que Osório já deixava guardados em seu gabinete nos Correios os moldes de santinhos de seus apoiados na Bahia para repassar aos empresários procurados. Na sala de trabalho de Osório, fazia-se também o controle de entrada e saída dos folhetos que iam ser distribuídos nas cidades de Porto Seguro (8 mil), Eunápolis (5 mil), Itagimirim (2,5 mil), Nova Viçosa (2,5 mil), Medeiros Neto (3 mil) e Belmonte (3 mil). Em português claro: a quadrilha se valia dos cargos públicos da estatal para obter vantagens indevidas.

A quadrilha beneficiou com contratos nos Correios as empresas Comércio e Indústria Multiformas Ltda., Incomir Embalagens Especiais Ltda., ELC — Serviços Gráficos de Segurança, Starlock Indústria e Comércio de Manufaturados de Papel Ltda. e Rafael Indústria e Comércio Confecções Ltda. (Raicon). Em contrapartida, essas empresas davam "ajuda" nas campanhas a candidatos indicados pelo esquema. Maurício Marinho, por exemplo, solicitou o "apoio" a Multiformas, com sede no interior de São Paulo, para o candidato a prefeito de Ariquemes, apadrinhado por João Henrique. Em depoimento, o dono da Multiformas, Jair Seidel, confirmou o recebimento da solicitação. Ele repassou R$ 18,3 mil para Confúcio Aires Moura. A mesma Multiformas foi obrigada a contribuir em favor de um candidato apoiado por Antônio Osório na Bahia.

Na conclusão das investigações, o Ministério Público Federal denunciou à Justiça Roberto Jefferson, Roberto Garcia Salmeron,

Julio Imoto, Eduardo Coutinho e Horácio Batista por formação de quadrilha. Maurício Marinho, Antônio Osório e Fernando Godoy foram responsabilizados pelo mesmo crime, além de corrupção passiva. Já João Henrique foi enquadrado por corrupção passiva.

Abaixo, os dez trechos das gravações de Maurício Marinho que foram reproduzidos na reportagem da revista *Veja* em 18 de maio de 2005.

TRECHO 1

MAURÍCIO MARINHO: A gente procura agora ter muito cuidado com o telefone, falar o mínimo possível. [...] Uns têm escritórios, a gente vai direto no escritório. Para evitar conversa, para evitar problema.

INTERLOCUTOR 1: É que eu achei que era ao contrário. Eu achei que ia ser problema entregar aqui o dinheiro.

MAURÍCIO MARINHO: Aqui é mais seguro que lá fora, aqui não tem problema. [Nisso, um dos interlocutores saca o dinheiro e estende o maço a Maurício Marinho, enquanto o outro interlocutor explica o significado desse pagamento.]

INTERLOCUTOR 2: Eu queria trazer para você o valor inteiro...

MAURÍCIO MARINHO: Entendi, entendi.

INTERLOCUTOR 2: É só para assegurar aquela conversa que a gente tá tendo...

MAURÍCIO MARINHO: Tá joia!

INTERLOCUTOR 2: É uma questão até de estratégia, você vai entender isso. [...] Agora fica mais simples a gente fazer o resto. Entenda isso como um sinal, um agradecimento à boa vontade.

MAURÍCIO MARINHO: Não tem erro.

TRECHO 2

A QUADRILHA: Aqui, Maurício Marinho descreve quem são os principais operadores do PTB dentro dos Correios.

— Nós somos três e trabalhamos fechados. Os três são designados pelo PTB, pelo Roberto Jefferson. É uma composição com o governo. Nomeamos o diretor, um assessor e um departamento-chave. Eu sou departamento-chave. Tudo o que nós fechamos o partido fica sabendo.

TRECHO 3

A DEMOCRACIA INTERNA: Neste trecho, Maurício Marinho comenta como as informações sobre os "acertos" são partilhadas entre os membros da quadrilha.

— Tudo o que é feito aqui tem a parte do presidente, do partido. [...] Nós temos que ver qual é o tipo de acerto. Tenho que comunicar a ele [Roberto Jefferson], ao diretor [de Administração, Antônio Osório Batista]. Todo mundo tem que participar sabendo o que está sendo feito.

TRECHO 4

O CHEFE: Maurício Marinho deixa claro, aqui, que está a serviço do PTB e que seu chefe é o deputado Roberto Jefferson, presidente do partido.

— O PTB é que me dá cobertura. Ele [Roberto Jefferson] me dá cobertura, fala comigo, não manda recado. [...] Eu não faço nada sem consultar. Tem vez que ele [Jefferson] vem do Rio de Janeiro só para acertar um negócio. Ele é doidão!

TRECHO 5

OS HOMENS DO CHEFE: Nesta altura, Maurício Marinho conta quem são os dois principais auxiliares do presidente do PTB, o deputado Roberto Jefferson, e diz que a nomeação do irmão do ministro da Fazenda, Antonio Palocci, pode significar um entrave para o esquema.

— As duas pessoas-chave dele são o Osório [Antônio Osório Batista] e o presidente da Eletronorte [Roberto Garcia Salmeron]. O único probleminha [na Eletronorte]) que ele tá administrando é que colocaram como diretor de engenharia o irmão do Palocci.

TRECHO 6

AS FORMAS DE PAGAMENTO: Maurício Marinho explica como as propinas que ele cobra podem ser pagas, deixando claro que todas as formas são igualmente aceitas.

— Aquilo que eu acerto é comigo. Eles [quem paga as propinas] fazem de várias formas: dólares, euros, tem esquema de entrega em hotéis. Se é em reais, tem gente que faz ordem de pagamento, abre conta...

TRECHO 7

APENAS UM EXEMPLO: Para dar uma ideia da amplitude de seu trabalho, Maurício Marinho comenta que, encarregado de elaborar um edital, ele precisava direcioná-lo de modo a beneficiar as quatro empresas indicadas por parlamentares amigos. O edital prevê a compra de medicamentos a serem fornecidos aos servidores dos Correios.

— Nós temos que atender quatro. As quatro [empresas] que vieram indicadas por deputado A, senador B. Brincadeira de R$ 60 milhões pra começar a conversa.

TRECHO 8

LOCAL DE PAGAMENTO: Para tranquilizar seu interlocutor, Maurício Marinho explica que os "acertos" podem ser feitos em vários escalões dos Correios, mas adverte que é recomendável tomar "muito cuidado" para que as negociações fiquem sob sigilo.

— Tem gente que vem e acerta aqui, acerta lá. Não tem problema nenhum. [...] Vamos conversar mais ou menos às 18, depois das 18, que acabou o expediente e o pessoal vai embora, fica só a secretária, depois vai embora também e acabou. Durante o dia é meio complicado. [...] A gente tem muito receio de determinadas reuniões fora daqui.

TRECHO 9

TAMANHO DO ESQUEMA: Nesta fase, Maurício Marinho informa que os achaques do PTB, além de nos Correios, ocorrem em outras empresas públicas.

— Nós temos outras dezoito empresas de porte nacional.

TRECHO 10

ACHAQUE ORGANIZADO: Neste trecho, Maurício Marinho reclama que o PTB não rouba de forma organizada. Ele defende que cada indicado do partido no governo federal deveria saber exatamente sua meta de recolhimento de propinas.

— Estou preocupado com o ano que vem. O partido é desorganizado. [...] O que compete aos Correios, à Infraero, à Eletronorte, à Petrobras?

O almoço estava agradável no apartamento do sexto andar, o único ocupado no prédio, o Bloco I da Superquadra Norte 302, em Brasília. Na mesa da ampla sala do imóvel funcional cedido aos parlamentares havia um saboroso bolo de batata recheado com carne, acompanhado de arroz integral, feijão e uma salada de alface e tomate. Tudo regado a duas garrafas de vinho tinto para relaxar e amenizar o clima tenso que já durava três semanas, provocado pelo noticiário com denúncias que atingiam os Correios e o Instituto de Resseguros do Brasil (IRB). As duas estatais possuíam indicados do PTB em seus quadros. Naquela tarde de 4 de junho de 2005, um sábado, algo surpreendente e chocante aconteceria antes do anoitecer.

O encontro na residência do anfitrião Roberto Jefferson reuniu os amigos Manoel Rampini Filho, presidente do Ipem; Henrique Pinho, ex-advogado da União e ex-delegado regional do Trabalho no Rio; e Honésio Pimenta, secretário de Comunicação do PTB. Com exceção de Honésio, todos foram acompanhados de suas esposas — Ana Lúcia, Joselaine Aragão Rampini e Cláudia Pinho, respectivamente. Os homens de confiança de Jefferson não arredavam o pé do apartamento dele desde quando a crise envolvendo o nome do então deputado explodiu. Formou-se em volta do presidente nacional do PTB uma espécie de isolamento estratégico para enfrentar a guerra que estava por vir com os petistas.

O assunto na roda de conversa dos convidados era um só: Maurício Marinho e a repercussão das cenas de corrupção explícita das quais foi protagonista. A digestão da comida nem tinha sido feita quando o telefone de Roberto Jefferson tocou. A essa altura, Jefferson, Rampini, Henrique e Honésio tomavam café e licor na mesa de jantar e as mulheres papeavam no sofá. O ex-deputado levantou-se da cadeira e começou a falar em um tom baixo num canto do cômodo do apartamento. Do outro lado da linha, a voz de sua ex-mulher Ecila Brasil, do Rio de Janeiro, soou como uma paulada na cabeça que o deixou tonto e sem rumo. Todos perceberam o semblante de desespero e de raiva de Jefferson. Alguma coisa dera errado nos planos do petebista. O impacto foi grande.

Dias antes, estiveram no apartamento de Jefferson os ministros José Dirceu (Casa Civil) e Aldo Rebelo (Articulação Política). Irritado com os governistas, o petebista não os recebeu. Na manhã do dia seguinte, os dois procuraram Jefferson novamente, mas não foram autorizados por ele a subir ao apartamento. À tarde, sem saber que os ministros estavam proibidos de subir e com o patrão ocupado tomando banho, a empregada de Jefferson deixou José Dirceu e Aldo Rebelo entrarem. Surpreso, Jefferson os encontrou sentados no sofá e reclamou em tom agressivo. Acusou o governo Lula de abandoná-lo, e ainda tinha de aguentar calado o discurso do presidente do PT, José Genoino, de que o governo precisava se empenhar mais em "requalificar" a sua base de apoio. Em certo momento da conversa, Jefferson virou-se para Dirceu e repetiu o que já dissera a um aliado: "Na cadeira em que eu sentar na CPI, também vão sentar você, o Delúbio e o Silvinho." Delúbio Soares era o tesoureiro do PT e Silvio Pereira, o secretário-geral do partido. Os dois participaram da distribuição de cargos federais.

Dirceu e Rebelo imploraram para que Jefferson retirasse a assinatura que poderia ajudar na abertura da CPMI dos Correios, uma ameaça real ao núcleo central do governo petista. Em troca da contribuição, Dirceu prometera articular, nos bastidores, uma operação abafa na imprensa relativa a denúncias contra Roberto Jefferson. Além disso, ficou acertado que os governistas atuariam junto às investigações para que a Polícia Federal concluísse um inquérito favorável ao presidente nacional do PTB sobre o escândalo nos Correios. O petebista desejava uma "saída honrosa" do episódio. No meio do encontro, um dos advogados de defesa de Jefferson, Itapuã Prestes de Messias, chegou com a notícia de que Maurício Marinho havia voltado atrás no depoimento à PF, negando conhecer Jefferson e o inocentando das acusações. Foi então que Jefferson decidiu retirar a assinatura da CPMI e pediu que os dezesseis companheiros do PTB fizessem o mesmo. José Dirceu e Aldo Rebelo confirmaram a reunião na residência de Jefferson ao serem questionados sobre o assunto no Conselho de Ética da Câmara.

Até então, tudo tinha dado certo para os planos de Roberto Jefferson. Naquele almoço de sábado com a esposa e os amigos, ele protagonizou uma cena inusitada. Por volta do meio-dia, ciente da presença de repórteres na portaria do prédio onde morava em Brasília, o petebista não deu entrevista, mas enviou pelo porteiro duas garrafas de champanhe e dez taças. O grupo de jornalistas, fotógrafos e cinegrafistas não entendeu o motivo para a comemoração. As bebidas, claro, foram devolvidas.

Duas horas depois de oferecer o mimo aos profissionais de imprensa, Jefferson descobriu não haver motivos para brindar com champanhe. Às 14 horas, Ecila Brasil, mãe dos três filhos de Roberto Jefferson (Cristiane, Robertinho e Fabiana), revelou o pior. Na tarde de sábado, dia 4 de junho de 2005, a edição de domingo, de *O Globo* já estava nas bancas do Rio de Janeiro. Na época, os jornais de grande circulação costumavam vender as edições dominicais no dia anterior. Quando viu a notícia envolvendo o ex-marido nas páginas 3 e 4 (espaços considerados nobres no jargão jornalístico), Ecila não titubeou: correu para alertá-lo sobre as notícias que circulariam em 5 de junho de 2005.

Assinada pelo então repórter do jornal *O Globo*, Gerson Camarotti, a reportagem principal estampava o título "Todos os homens de Roberto Jefferson" e o subtítulo "Afilhados políticos do presidente do PTB controlam cerca de R$ 4 bilhões em cargos de segundo escalão". Junto com o texto recheado de detalhes sobre as supostas negociatas de Jefferson, havia uma foto do ex-deputado ocupando um terço da página. Além disso, um quadro explicativo revelava o nome de cada pessoa indicada pelo petebista para os cargos em estatais no governo Lula.

No primeiro parágrafo da reportagem, Camarotti escreveu:

> O presidente do PTB, deputado Roberto Jefferson (RJ), adotou uma estratégia de ocupação de poder no governo Lula. Em vez de lutar por ministérios com visibilidade política, preferiu funções técnicas e conseguiu montar uma rede em cargos do segundo escalão, principalmente nas estatais. Os afilhados políticos de Jefferson ocupam ao menos oito cargos importantes, responsáveis pela gestão de cerca de R$ 4 bilhões anuais. Além dos implicados nos escândalos dos Correios e do Instituto de Resseguros do Brasil (IRB), dois outros indicados por Jefferson para a Delegacia Regional do Trabalho no Rio e para a Infraero foram investigados pelo Ministério Público e pelo Tribunal de Contas da União.

O Globo revelou o loteamento de cargos feito por Roberto Jefferson da seguinte forma: "Emerson Palmieri (diretor de Administração e Finanças da Embratur — controla um orçamento de R$ 165 milhões), Luiz Appolonio Neto (presidente do IRB — movimenta recursos na ordem de US$ 450 milhões), Carlos Alberto Cotta (vice--presidente de Logística da Caixa Econômica Federal — uma das mais cobiçadas vice-presidências da Caixa, é a responsável pela área de loterias), Luiz Rondon (diretor de Planejamento e Gestão da Eletronuclear — responsável pela administração de orçamento previsto de R$ 1,8 bilhão em 2005), Fernando Cunha (diretor de Operações Logísticas da BR Distribuidora — essa diretoria movimenta cerca de R$ 800 milhões em negócios por ano), Roberto Salmeron (presidente da Eletronorte — controla um orçamento anual de cerca de R$ 900 milhões. Ele também comanda uma das maiores obras do governo Lula, a segunda etapa da hidrelétrica de Tucuruí, orçada em US$ 1,3 bilhão), Alfredo Luiz de Almeida Cardoso (diretor da Agência Nacional de Saúde Suplementar — diretoria que regula e fiscaliza o mercado de planos de saúde, que atende 37 milhões de pessoas) e Henrique Pinho (delegado regional do Trabalho do Rio de Janeiro). Além desses cargos, Jefferson também já havia comandado a Superintendência Regional Leste da Infraero, com Juarez Lessa, exonerado em 2003; e a diretoria administrativa dos Correios, com Antônio Osório Batista, afastado após o escândalo na estatal."

Na reportagem da página 4 de *O Globo*, a repórter Maria Lima mostrou mais tentáculos de Roberto Jefferson no poder. Henrique Pinho, seu afilhado político e então chefe da Delegacia Regional do Trabalho no Rio, foi investigado pelo Ministério Público e pela Polícia Federal por prevaricação. O texto afirmava que, logo após assumir o cargo, "Pinho se envolveu em um escândalo: ele é investigado pelo MP e pela PF por suspeita de prevaricação. O atual delegado da DRT/RJ chefiou uma comissão interna que investigou a auditora fiscal Denise Ferreira Rocha Azevedo, filmada pela TV Globo pedindo propina a uma empresa autuada pela DRT. Pinho concluiu que a auditora era inocente, mesmo com o flagrante da gravação."

Na mesma página 4, havia outra reportagem — desta vez, sobre o patrimônio de Jefferson — assinada pelo jornalista Alan Gripp e com colaboração dos repórteres Chico Otavio e Rodrigo França Taves. A matéria de O Globo relatou sobre o alto padrão de vida que o ex-deputado levava, apesar de sua redução de bens. Entre 1996 e 2001, Roberto Jefferson disse à Receita Federal ter empobrecido. No primeiro ano, o petebista declarou possuir sete apartamentos em um edifício em construção em Paraíba do Sul; uma casa de dois andares e quatro quartos em Petrópolis; três lojas, três carros, uma fazenda, dez linhas telefônicas e 130 cabeças de gado. No segundo, registrou à Receita a mesma casa em Petrópolis, dois automóveis e oito linhas telefônicas.

Procurado por O Globo, Roberto Jefferson teve a chance de se defender e responder sobre as indicações políticas e o patrimônio. Preferiu calar-se. Por meio da assessoria de imprensa, disse apenas que não comentaria o caso. Henrique Pinho e Emerson Palmieri não retornaram as ligações dos jornalistas. Os outros nomes citados nas reportagens também não quiseram falar.

No mesmo fim de semana, a revista Época publicou uma longa reportagem de capa assinada pelo jornalista Nelito Fernandes. O título, com letras garrafais, era "O laranja de Roberto Jefferson". O texto contou a incrível história do sorveteiro Durval Monteiro, o Mussum, que ganhou duas emissoras de rádio do ex-deputado do PTB. Em destaque na capa apareciam três laranjas e a foto de Mussum, que negou ser testa de ferro de Jefferson, embora tenha caído em contradições na entrevista. No primeiro parágrafo da reportagem, Fernandes escreveu:

O homem em que o presidente Luiz Inácio Lula da Silva diz confiar a ponto de lhe dar um cheque em branco usa um sorveteiro para esconder seu patrimônio. Ex-motorista, ex-segurança e ex-funcionário do gabinete do deputado Roberto Jefferson (PTB-RJ) e hoje dono de uma sorveteria de beira de estrada em Cabo Frio, no litoral norte do Rio de Janeiro, Durval da Silva Monteiro também é sócio de duas emissoras de rádio no interior fluminense

No segundo parágrafo, o jornalista revelou:

Durval, porém, nunca recebeu um tostão dos lucros das emissoras e seu padrão de vida está longe do que seria razoável para um empresário das comunicações. O fornecimento de energia de sua loja está cortado por falta de pagamento. Antes de vender sorvetes, Durval era camelô nas ruas de Três Rios, Rio de Janeiro, reduto eleitoral de Jefferson. Durval diz que ganhou a Rádio Matozinho FM, de Três Rios, de presente do deputado em reconhecimento aos serviços que prestou.

Em seguida, Nelito Fernandes destacou ainda:

No discurso que fez na Câmara dos Deputados no dia 17, para se defender da acusação de ser o chefe de um esquema de corrupção nos Correios, Roberto Jefferson, presidente nacional do PTB e um dos principais aliados do governo, afirmou que seus únicos bens são uma casa em Petrópolis e um escritório no Rio. Mas a incrível história relatada por Durval à *Época* revela o apelo a um truque clássico para esconder o patrimônio.

Enfurecido e descontrolado, Roberto Jefferson supôs que os ataques da imprensa tivessem sido arquitetados por José Dirceu e outros integrantes do governo Lula para, em seguida, abandoná-lo. Nas palavras do próprio Jefferson: "Estão evacuando o quarteirão para implodir a mim e o PTB." Somou-se a isso o fato de Jefferson ter tomado um calote milionário do PT. Os petistas prometeram R$ 20 milhões para o PTB, mas pagaram apenas R$ 4 milhões. Jefferson nunca recebeu um tostão dos R$ 16 milhões que faltavam. Enrolado por Dirceu, Delúbio e Genoino, o petebista era um fio desencapado em Brasília. Sabendo do barril de pólvora em que Jefferson se transformara, a solução encontrada por Dirceu para pagar o que devia ao petebista foi fazer uma engenharia financeira para captar dinheiro no exterior, mais precisamente em Portugal. Segundo Jefferson, empresas privadas, que tinham investimentos bilionários no Brasil, "doariam" os recursos. O intermediário seria o empresário Marcos Valério. Dirceu e Valério, à época, negaram ter feito a operação.

Para piorar o inferno astral de Jefferson, os jornais anunciaram a intenção de o então ministro da Justiça, Marcio Thomaz Bastos, fazer um pronunciamento à nação em cadeia nacional de rádio e televisão para mostrar que o governo não compactuaria com o esquema de corrupção nos Correios, no IRB e na Eletronorte, exatamente as três estatais em que Roberto Jefferson e o PTB assumiram os cargos mais importantes. Como última cartada, Roberto Jefferson tentou falar por telefone com José Dirceu, mas o ministro estava de malas prontas e com viagem marcada para a Espanha. O ex-deputado insistiu nos telefonemas e só conseguiu contato quando o petista embarcava para a Europa. Tarde demais. No livro *Nervos de aço*, Roberto Jefferson narrou o diálogo com Dirceu:

> ROBERTO JEFFERSON: Dirceu, você não devia estar viajando agora. A hora é horrível para você viajar. O ministro vai colocar essa bomba no colo da gente. É pra acabar com o PTB.
> JOSÉ DIRCEU: Calma.
> ROBERTO JEFFERSON: Estou calmo.

JOSÉ DIRCEU: Olha, nós temos que ver o lado do Silvinho [Silvio Pereira, ex-secretário-geral do PT] e do Delúbio [Soares, ex-tesoureiro do PT], Roberto. Vê lá o que você vai fazer.

ROBERTO JEFFERSON: Olha, Dirceu. Eu quero que o Silvinho e o Delúbio se danem. Na volta da sua viagem à Espanha, você terá uma surpresa. Vai com Deus, porque quando você voltar a notícia vai ser outra.

A temperatura no apartamento de Roberto Jefferson subiu após a ligação de Ecila Brasil. O petebista estava prestes a pôr em xeque a carreira de quase seis mandatos como deputado federal desde o governo do ex-presidente João Baptista Figueiredo (1979 a 1985). A paciência de Jefferson havia terminado.

— Honésio, me desgraçaram, cara. *O Globo* veio me destruindo. Eu vou contar aquela porra. Vou tirar o pino da granada e vou explodir essa bosta.

Curioso com a conversa, Manoel Rampini Filho quis saber o que significava "contar aquela porra". Honésio explicou:

— É corrupção do PT, bancada, deputados e o caramba.

Ao detalhar o mensalão para o grupo de amigos, Jefferson concluiu:

— O PT está fazendo isso, sistematicamente, há tempos.

O mensalão, realmente, não era uma novidade nos corredores do Congresso. O assunto ocupava as rodas de conversas dos parlamentares da Câmara e do Senado e também as dos jornalistas. Em diferentes momentos, já havia sido citado pelo deputado federal Miro Teixeira (Rede Sustentabilidade-RJ), pelo ex-prefeito do Rio Cesar Maia (DEM) e pelos ex-presidentes da Câmara João Paulo Cunha (PT-SP) e Severino Cavalcanti (PP-PE). Houve, inclusive, uma denúncia formal na Corregedoria da Câmara, em 24 de setembro de 2004. A investigação, porém, foi arquivada quatorze dias depois, sem ser investigada, porque Miro Teixeira, citado como fonte da denúncia, recuou e negou ter dito sobre o pagamento de mesada aos deputados. O mensalão veio a público pela primeira vez em uma reportagem do *Jornal do Brasil*, na mesma data da denúncia, que atribuía as informações a Miro Teixeira, ex-ministro das Comunicações de Lula. A reportagem do *JB* tinha as assinaturas dos repórteres Paulo de Tarso Lyra, Hugo Marques e Sérgio Pardellas, com o título "Miro denuncia propina no Congresso". O deputado mandou e-mail a João Paulo Cunha classificando como falsas as referências atribuídas a ele. O jornal respondeu a processo e teve de publicar um direito de resposta.

"Concluo que carece a denúncia feita de pressuposto básico para seu conhecimento e consequente abertura de sindicância, que é a indicação do nome do deputado a quem pudesse ser atribuído comportamento infringente de decoro parlamentar. Somos, assim, pelo arquivamento do expediente em causa da iniciativa do senhor deputado Miro Teixeira", dizia, à época, o parecer do corregedor, o então deputado federal Luiz Piauhylino (PDT-PE).

Em entrevista ao autor do livro em 3 de março de 2017, Miro explicou ter ouvido falar do mensalão pela boca de Roberto Jefferson em dezembro de 2003. O deputado explicou que os relatos do petebista foram relativos a cenas de corrupção e roubo de dinheiro público numa reunião em "esfera governamental" na presença de cinco ou seis pessoas, incluindo parlamentares da base aliada e integrantes do governo. Segundo Miro, nessa conversa com Jefferson, o petebista narrou a existência de um mecanismo de arrecadação e distribuição de dinheiro a deputados. Diante do fato, Miro revelou ter convidado Jefferson para ir com ele até o ex-presidente Lula para tratar do assunto. O presidente nacional do PTB recusou.

A conversa entre Miro Teixeira e Roberto Jefferson aconteceu na sede do PTB, em Brasília. O encontro teve a presença de José

Múcio Monteiro. O motivo da reunião foi uma possível filiação de Miro no partido de Jefferson — em 2003, o ex-ministro era do PT. Caso o acordo fosse fechado, Miro Teixeira teria carta branca para comandar a legenda no Rio de Janeiro e também direito a ocupar qualquer posto que quisesse no diretório nacional da sigla. As negociações não vingaram, mas o detalhe mais importante ficou para o final do papo, na despedida.

> **ROBERTO JEFFERSON:** Olha, no PTB, não tem mesada para deputado não, hein!
> **MIRO TEIXEIRA:** Espera aí. Que história é essa de mesada?
> **ROBERTO JEFFERSON:** Você não sabe não?
> **MIRO TEIXEIRA:** Não!
> **ROBERTO JEFFERSON:** Estão distribuindo dinheiro aí para deputados como mesada e no PTB nós não admitimos isso.
> **MIRO TEIXEIRA:** Olha, o que você está falando é tão grave que não é um risco para o Congresso apenas. É um risco para a democracia. Nós temos que falar isso para o presidente Lula. Nós, porque eu te acompanho, mas não pode ser eu a dizer. Você pode desmentir depois, e aí? Mas eu te acompanho, vou lá. Eu confio nisso aí que você está dizendo.
> **ROBERTO JEFFERSON:** Eu vou refletir.

Mais de um ano depois, quando Miro Teixeira não era mais ministro de Lula e havia assumido o mandato de deputado, Roberto Jefferson o reencontrou na Câmara. Pela segunda vez, Miro tentou convencê-lo a denunciar publicamente o mensalão. Daquela vez, no microfone da tribuna. Sem sucesso.

O grupo político de Roberto Jefferson, incluindo os amigos e a família, era contra ele denunciar o mensalão. Após a tensa e dramática conversa com Ecila Brasil, o debate para decidir se Jefferson

contaria ou não o que sabia continuou no sexto andar do apartamento funcional. Todos queriam convencê-lo a desistir da ideia.

— Deixa eu te falar uma coisa: a decisão que você está tomando
vai ferrar seu mandato, vai ferrar tudo! Você não se elege nem
mais para síndico do prédio — alertou Manoel Rampini Filho
num ato de desespero. — Meu irmão, esse mandato não é só seu.
É dos seus amigos, dos seus eleitores, da sua família — completou.

Sozinhos, Jefferson e Honésio leram juntos, na sala, as reportagens da edição de *O Globo*. O melhor amigo do petebista teve
papel fundamental na decisão:

> HONÉSIO PIMENTA: Roberto, eu comprei *O Globo*. Está aqui.
> ROBERTO JEFFERSON: E aí, Negão?
> HONÉSIO PIMENTA: Não dá mais para a gente argumentar.
> Não tem saída. Agora, tem que ser na briga. A Casa Civil está
> moendo. Não tem mais saída. São três semanas de matérias
> violentas em cima de você. Estou te estranhando com essa
> paciência. Vamos para o pau! Vai ficar esperando mais o quê?
> É a terceira matéria para te destruir. Não dá mais!
> ROBERTO JEFFERSON: Então, vamos embora, meu irmão!
> Vamos para a luta!

Naquele sábado à tarde, 4 de junho de 2005, a jornalista Renata Lo
Prete dirigia pela Avenida Ibirapuera, em São Paulo, quando o seu
telefone tocou. Era Roberto Jefferson. Os dois sempre conversavam
porque Jefferson era sua fonte quando ela editava a coluna "Painel",
da *Folha de S.Paulo*. No prefácio "A história vivida por dentro",
do livro *Nervos de aço*, Iris Walquiria Campos, coordenadora da
assessoria de imprensa de Jefferson, explicou que a escolha da
Folha para publicar a entrevista sobre o mensalão se deu "porque
desejávamos um veículo mais isento na cobertura jornalística".

Segundo ela, "queríamos espaço para o outro lado [da história dos Correios], que [a revista] *Veja* negara a Roberto Jefferson".

Na conversa telefônica com Renata Lo Prete, o petebista contou estar disposto a revelar o que sabia. E o motivo para tal decisão foram as reportagens de *O Globo*. Jefferson explicou ter entendido o mecanismo de bastidor que alimentou as matérias das páginas 3 e 4. Para ele, o governo estava mesmo "evacuando o quarteirão para implodir a mim e o PTB". A jornalista e Jefferson combinaram de se encontrar na mesma data de publicação das matérias do jornal, no dia 5, domingo, às 13 horas, no apartamento funcional da Asa Norte de Brasília.

Renata Lo Prete, de 53 anos, é uma das jornalistas mais respeitadas do Brasil. Começou a carreira como revisora, em 1985, no jornal *O Estado de S.Paulo*. Era recém-formada pela Escola de Comunicação e Artes da Universidade de São Paulo (USP). Em seguida, trabalhou no *Jornal da Tarde*. Em 1986, ingressou na *Folha de S.Paulo* e atuou em várias editorias. Em Nova York, foi correspondente bolsista da mesma empresa. Em 1998, ocupou o cargo de *ombudsman,* seção semanal da *Folha*, aos domingos, com textos autocríticos sobre as coberturas do noticiário, cumprindo três anos de mandato. Entre 2003 e 2012, Renata editou a coluna "Painel", um dos espaços de maior influência no jornalismo político diário do país. Contratada pela TV Globo, Renata é editora e apresentadora do canal por assinatura Globo News e aparece na bancada do *Jornal da Globo* nas ausências de William Waack. Em 2005, após o furo jornalístico com a série de entrevistas com Roberto Jefferson para a *Folha*, Renata conquistou o Prêmio Esso de Jornalismo, o mais importante da categoria.

— Eu já conversava com ele com regularidade bem antes de estourar o escândalo dos Correios. Como presidente de um partido da base, com acesso ao Planalto, ele era uma fonte relevante nos primeiros tempos de governo Lula. Poucas semanas antes de estourar o caso dos Correios, Lula jantou no apartamento do deputado e disse ao Roberto Jefferson que ele daria até um cheque em branco. O "Painel" deu em primeira mão essa história, que me foi relatada pelo Roberto Jefferson e que confirmei com um ministro que participou do jantar. O palácio jamais desmentiu. Com o caso dos Correios na praça, ele se tornou a bola da vez. Eu era uma entre muitos jornalistas que estavam tentando entrevistá--lo — contou Renata Lo Prete ao autor do livro.

O jantar ao qual Renata Lo Prete se refere na residência de Jefferson foi aberto para a imprensa. Fotógrafos e cinegrafistas não perderam a oportunidade de registrar o momento pouco provável e inesperado. Sentados num sofá vermelho, os convidados assistiram a uma apresentação de canto lírico da professora de música do petebista, a soprano Denise Tavares. Lula vestia um terno cinza, amarrotado, e parecia estar constrangido. Já Jefferson, de preto e marrom, continha o riso com a situação. De fato, Jefferson tinha poder e influência no governo. Por determinação do próprio ex--presidente, José Dirceu havia recuado de última hora de um acordo formal com o PMDB, o que aumentou o peso dos partidos médios, inclusive no noticiário. Após o início do governo Lula, só no PTB, PP e PL, o número de senadores e deputados pulou de 101 para 154.

No sábado, 4 de junho, Renata Lo Prete avisou ao então editor de Política da *Folha de S.Paulo*, Fernando Barros e Silva, que iria para Brasília fazer a entrevista. Em razão da importância do caso e do interesse despertado pelo que Roberto Jefferson teria a dizer, o editor avisou à direção do jornal. Ela viajou sozinha para a capital federal na manhã de 5 de junho de 2005, um domingo de sol forte e céu azul. No táxi, do caminho do Aeroporto Internacional Juscelino Kubitschek ao apartamento de Jefferson, Renata estava preocupada com o plantão de repórteres de diversos veículos de comunicação que funcionava na entrada do edifício havia dias, inclusive profissionais da própria *Folha*. Mas, para o espanto da jornalista, o local estava deserto. Era hora do almoço. Sorte a dela.

Renata Lo Prete foi recebida em casa por Roberto Jefferson e pelas assessoras de imprensa do ex-deputado e do PTB, as jornalistas Iris Walquiria Campos e Maria Teresa Silva. Em cima da mesa de jantar, havia três gravadores: o de Renata, o de Maria Teresa e o de Roberto Jefferson. Antes de apertarem o REC dos aparelhos, todos conversaram sobre as notícias dos últimos dias, como os desdobramentos do caso dos Correios e os sinais emitidos pelo governo. Jefferson estava absolutamente calmo. Não demorou a começar a primeira entrevista da série.

— Eu sempre soube que sairia dali com notícia. Pelas características do caso e dele, porque ele demorou a tomar a decisão de falar, porque ele estava fazendo isso pela primeira vez. Mas foi quando ele falou em "on" da mesada, que, nos bastidores da Câmara, era tratada como um dado da realidade desde pelo menos meados de 2003, que eu entendi que tudo tinha mudado radicalmente de patamar — afirmou Renata.

Em 6 de junho de 2005, mesmo dia em que a *Folha* chegava às bancas com a bombástica entrevista de Jefferson, o ministro da Casa Civil, José Dirceu, afirmava, em Madri, que o PT tinha plano de governo para doze anos. A revelação foi feita em um jantar com políticos e intelectuais na Sociedade Geral de Autores e Editores. Num extremo da mesa estava o socialista Felipe González ex-presidente da Espanha, e no outro, Dirceu. O escritor português José Saramago também era convidado.

JOSÉ DIRCEU: Felipe, você está à minha esquerda.
FELIPE GONZÁLEZ: Acho que não. Os governos precisam de um tempo para se consolidar. Eu antes acreditava na revolução, depois na reforma e agora na reforma épica.

JOSÉ SARAMAGO: Reforma ética? Eu não acredito no Estado.
FELIPE GONZÁLEZ: Épica, Saramago, eu disse épica.

Naquele momento, Felipe González mudou de assunto e perguntou a José Dirceu sobre a reeleição de Lula.

JOSÉ DIRCEU: Temos planos de governo para doze anos.

José Dirceu só se esqueceu de combinar com os russos — no caso, Jefferson. Logo após a publicação da primeira de uma série de entrevistas à *Folha de S.Paulo*, o petebista sofreu pressão imediata para parar com as acusações contra o governo Lula e os dirigentes do PT. Integrantes do próprio PTB tentaram segurar o "homem-bomba", como o ministro do Turismo de Lula, Walfrido dos Mares Guia, e os então deputados federais José Múcio Monteiro e Luiz Antônio Fleury Filho. Jefferson também foi procurado por Ciro Gomes, ministro da Integração Nacional do ex-presidente, e por Aldo Rebelo, que ocupava a pasta da Articulação Política. A resposta de Jefferson era uma só: "Agora, vamos acelerar. Não tem mais volta."

O presidente nacional do PTB estava ciente de que não poderia mais recuar e nem salvar o mandato. Por isso, continuou a atacar. Uma semana depois, deu outra entrevista à *Folha*. Dessa vez, foi mais específico nas acusações. Segundo Roberto Jefferson, o dinheiro desviado de estatais e/ou obtido ilegalmente com empresas privadas era repassado a políticos em malas. Jefferson revelou nomes, dirigentes partidários e parlamentares para desespero da cúpula do governo, do Congresso e, claro, do PT. Foi a primeira vez, por exemplo, que os holofotes foram jogados para cima de um personagem desconhecido do Brasil, mas que operava o mensalão no submundo da política: o empresário Marcos Valério, de Belo

Horizonte, citado por Jefferson como "o carequinha distribuidor dos recursos". E mais: o petebista também se autoincriminou. Admitiu ter recebido dos petistas através de caixa dois a primeira e única parcela no valor de R$ 4 milhões de um total acordado de R$ 20 milhões para o PTB. Com o governo nocauteado, a imprensa, que antes havia ignorado solenemente a denúncia sobre o esquema publicada nas páginas do *Jornal do Brasil*, caiu em cima da história. Acuado e disposto a tudo, Jefferson conseguiu, enfim, abalar a República.

A seguir, a íntegra da primeira reportagem da *Folha de S.Paulo*, de 6 de junho de 2005, segunda-feira, escrita por Renata Lo Prete.

PT dava mesada de R$ 30 mil a parlamentares, diz Jefferson

Roberto Jefferson cumpriu a promessa de que falaria. E falou muito. Em entrevista exclusiva à *Folha*, o presidente do PTB disse que na base das dificuldades que o governo enfrenta no Congresso estão problemas com o chamado "mensalão", uma mesada de R$ 30 mil que seria distribuída a congressistas aliados pelo tesoureiro do PT, Delúbio Soares. A prática durou até o começo do ano, quando o presidente Luiz Inácio Lula da Silva, segundo Jefferson, tomou conhecimento do caso, pelo próprio petebista.

Outros ministros, como José Dirceu (Casa Civil) e Antonio Palocci (Fazenda), haviam sido alertados antes do esquema — que beneficiaria pelo menos o PP e o PL. Jefferson está há três semanas no centro do noticiário pelas denúncias que atingem os Correios e o Instituto de Resseguros do Brasil, estatais que têm indicados do PTB em seus quadros. A crise decorrente das denúncias levou a um pedido de CPI que o governo pretendia enterrar nesta semana — agora, Jefferson diz que defende e quer a investigação.

Segundo ele, a cúpula do PTB rejeitou a oferta do mensalão, feita ainda em 2003, e, a partir de então, ele denunciou a prática a ministros e líderes do governo. "O Zé [Dirceu] deu um soco na mesa: 'O Delúbio está errado. Eu falei para não fazer.'"

Jefferson conta que, em janeiro deste ano, falou com Lula. "Presidente, o Delúbio vai botar uma dinamite na sua cadeira. Ele continua dando mensalão aos deputados." "Que mensalão?" Jefferson explicou. "O presidente chorou." E depois da conversa com Lula? "Tenho notícia de que a fonte secou. A insatisfação está brutal [na base aliada] porque a mesada acabou."

Chamado a explicar a lógica da mesada, Jefferson diz: "É mais barato pagar o exército mercenário do que dividir poder." O PT, no entender do deputado, "nos usa [aos partidos aliados] como uma amante e tem vergonha de aparecer conosco à luz do dia".

A entrevista publicada nas duas páginas que se seguem foi concedida por Jefferson em seu apartamento funcional em Brasília, na tarde de ontem. O deputado falou sempre de forma ponderada e em nenhum momento deixou de aparentar segurança e tranquilidade.

FOLHA: Na tribuna da Câmara, o sr. disse ter sido procurado por pessoas que lhe pediam para resolver pendências nos Correios, que teria se recusado a traficar influência e que interesses contrariados estariam na origem da denúncia da revista *Veja*. Por que o sr. não denunciou essas pessoas?

ROBERTO JEFFERSON: Não se faz isso. Se você for denunciar todo lobista que se aproxima de você, vai viver denunciando lobista.

FOLHA: O consultor Arlindo Molina, uma das pessoas que o procuraram para tratar dos Correios, afirma que, ao contrário do que o sr. disse no pronunciamento, o conhece há anos. Essa versão procede?

ROBERTO JEFFERSON: A entrevista dele está completamente equivocada, até nas datas. Eu o conheci em março de 2005. Não é verdade que nos conhecíamos antes disso.

FOLHA: O sr. fala em guerra comercial. Mas não está em curso nos Correios, também, uma guerra por espaço entre os partidos?

ROBERTO JEFFERSON: Não. Mas eu entendo o Fernando Bezerra [senador pelo PTB e líder do governo no Congresso] porque, na primeira matéria da *Veja*, está dito que ele indicou o Ezequiel Ferreira para a diretoria de Tecnologia dos Correios. Mas o Ezequiel nunca assumiu. Por que não mostraram quem está no cargo, se 60% daquela fita [a que registra a cobrança de propina] se refere às operações da diretoria de Tecnologia? Esconderam o atual, indicado pelo Silvio Pereira [secretário-geral do PT]. O Policarpo [Júnior, repórter da *Veja*] protegeu o PT.

FOLHA: Na contramão do que declarou à PF, o ex-presidente do IRB Lídio Duarte diz em gravação [divulgada pela *Veja*] que, enquanto esteve no cargo, foi pressionado a destinar mesada de R$ 400 mil ao PTB. O que o sr. tem a dizer?

ROBERTO JEFFERSON: É algo que ele terá de esclarecer à PF. Eu tenho dele uma carta em que ele nega ter dado a entrevista. Em carta à *Veja*, disse que não disse. Na PF, sob juramento, disse que não disse. Quem tem de decidir é a Justiça. Conheci o doutor Lídio no princípio de 2003, na casa do José Carlos Martinez [presidente do PTB morto em outubro daquele ano em acidente aéreo]. Sabendo que o PTB indicaria o presidente do IRB, ele veio para se apresentar. Tive excelente impressão. Depois da morte do Martinez, ele se distanciou completamente do PTB. Por volta de agosto de 2004, eu o chamei ao meu escritório no Rio e disse: quero que você me ajude, procurando essas empresas que trabalham com o IRB, para fazerem doações ao partido nesta eleição, porque estamos em situação muito difícil. Ele ficou de tentar. Em setembro, ele voltou a mim e disse: deputado, não consegui que as doações sejam "por dentro", com recibo; querem dar por fora, e isso eu não quero fazer. Eu falei: então não faça. Na conversa, o Lídio avisou que estava perto de se aposentar. Eu então avisei que iniciaria um processo para substituí-lo. Levei aos ministros José Dirceu [Casa Civil] e Antonio Palocci [Fazenda] o nome do doutor Murilo Barbosa Lima, diretor técnico do IRB. O nome ficou meses em aberto. A imprensa começou a dizer que havia dossiê contra ele. E o doutor Lídio, que dissera que iria se aposentar, se agarra com o doutor Luiz Eduardo de Lucena, que é o diretor comercial indicado pelo José Janene [líder do PP na Câmara], para ficar na presidência. Aí se instala uma queda de braço entre o PTB e o PP. O Palocci conversa comigo e diz o seguinte: Roberto, vamos fazer uma saída por cima. Nós temos o diretor administrativo, um homem de altíssimo gabarito, o Appolonio Neto, sobrinho do Delfim Netto, fez um dos melhores trabalhos de modernização do IRB. A gente passa o Appolonio como sendo do PTB, e ele sendo sobrinho do Delfim, que é do PP, e a gente resolve a situação. Eu falei: não sou problema, está dada a solução. O doutor Appolonio foi uma indicação salomônica do ministro Palocci.

FOLHA: O sr. considera correta, legítima, essa forma de partilha dos cargos do governo?

ROBERTO JEFFERSON: Você entrega aos administradores dos partidos que compõem o governo a administração do governo. O PT tem participação muito maior que a dos outros partidos da base. Tem 20% da base e 80% dos cargos. Mesmo o IRB: o PTB tem a presidência, mas todos os cargos abaixo são do PT. A Eletronorte: o presidente, doutor Roberto Salmeron, é um dos melhores quadros do PTB. Mas, de novo, toda estrutura abaixo é do PT. O diretor mais importante, o de Engenharia, é o irmão do ministro Palocci. O doutor Salmeron é uma espécie de rainha da Inglaterra. A ministra [Dilma Rousseff, das Minas e Energia] despacha com o irmão do Palocci. Tudo isso foi construído lá atrás, com o Silvio Pereira, o negociador do governo.

FOLHA: Qual é a sua relação com Henrique Brandão, da corretora de seguros Assurê?

ROBERTO JEFFERSON: Pessoal. Meu amigo fraterno há trinta anos. Era um homem pobre. Por seu mérito, transformou-se no maior corretor privado do Brasil. O Henrique é grande há muito tempo. Está em Furnas há doze, quinze anos.

FOLHA: De volta à gravação, o sr. rejeita a afirmação de que Henrique Brandão pedia contribuições em seu nome no IRB?

ROBERTO JEFFERSON: Nunca foi feito tal pedido. Volto a dizer: a única coisa que houve foi um pedido, feito por mim ao Lídio, de ajuda para o PTB na eleição. E eu compreendi as razões de ele não poder ajudar. Eu quero contar um episódio. Na véspera de eu fazer meu discurso no plenário da Câmara, havia uma apreensão muito grande dos partidos da base, em especial o PL e o PP, e do próprio governo. Dez minutos antes de eu sair para falar chega aqui, esbaforido, Pedro Corrêa (PE), presidente do PP: "Bob, cuidado com o que você vai falar. O governo interceptou uma fita de você exigindo do Lídio dinheiro para o PTB." Eu dei um sorriso e disse: "Pedrinho, se era essa a sua preocupação, pode ficar tranquilo, essa conversa nunca existiu. Não sou assim, nem o doutor Lídio é assim." Aí ele rebateu: "Mas pode ter sido seu genro [Marcus Vinícius Ferreira]." Eu falei: "Meu genro é um homem de bem. E eu vejo, Pedrinho, que você não tem convicção de fita nenhuma. Fica calmo que eu não vou contar nada do que eu sei a respeito de mensalão."

FOLHA: E o que o sr. sabe?

ROBERTO JEFFERSON: Um pouco antes de o Martinez morrer, ele me procurou e disse: "Roberto, o Delúbio [Soares, tesoureiro do PT] está fazendo um esquema de mesada, um mensalão, para os parlamentares da base. O PP, o PL, e quer que o PTB também receba. R$ 30 mil para cada deputado. O que você me diz disso?" Eu digo: "Sou contra. Isso é coisa de Câmara de Vereadores de quinta categoria. Vai nos escravizar e vai nos desmoralizar." O Martinez decidiu não aceitar essa mesada que, segundo ele, o doutor Delúbio já passava ao PP e ao PL. Morto o Martinez, o PTB elege como líder na Câmara o deputado José Múcio (PE). Final de dezembro, início de janeiro, o doutor Delúbio o procura: "O Roberto é um homem difícil. Eu quero falar com você. O PP e o PL têm uma participação, uma mesada, eu queria ver se vocês aceitam isso." O Múcio respondeu que não poderia tomar atitude sem falar com o presidente do partido. Aí reúnem-se os deputados Bispo Rodrigues (PL-RJ), Valdemar Costa Neto [SP, presidente do PL] e Pedro Henry (PP-MT) para pressionar o Múcio: "Que que é isso? Vocês não vão receber? Que conversa é essa? Vão dar uma de melhores que a gente?" Aí o Múcio voltou a mim. Eu respondi: "Isso desmoraliza. Tenho 22 anos de mandato e nunca vi isso acontecer no Congresso Nacional."

FOLHA: O sr. deu ciência dessas conversas ao governo?

ROBERTO JEFFERSON:No princípio de 2004, liguei para o ministro Walfrido [dos Mares Guia, Turismo, PTB] e disse que precisava relatar algo grave. Conversamos num voo para Belo Horizonte. "Walfrido, está havendo essa história de mensalão." Contei desde o Martinez até as últimas conversas. "Em hipótese alguma. Eu não terei coragem de olhar nos olhos do presidente Lula. Nós não vamos aceitar." E eu passei a viver uma brutal pressão. Porque deputados do meu partido sabiam que os deputados do PL e do PP recebiam. As informações que eu tenho são que o PMDB estava fora. Não teve mensalão no PMDB. Fui ao ministro Zé Dirceu, ainda no início de 2004, e contei: "Está havendo essa história de mensalão. Alguns deputados do PTB estão me cobrando. E eu não vou pegar. Não tem jeito." O Zé deu um soco na mesa: "O Delúbio está errado. Isso não pode acontecer. Eu falei para não fazer." Eu pensei: vai acabar. Mas continuou. Me lembro de uma ocasião em que o Pedro Henry tentou cooptar dois deputados do PTB oferecendo a eles mensalão, que ele recebia de repasse do doutor Delúbio. E eu pedi ao deputado Iris Simões (PTB-PR) que dissesse a ele: se fizer, eu vou para a tribuna e denuncio. Morreu o assunto. Lá para junho eu fui ao Ciro Gomes. Falei: "Ciro, vai dar uma zebra neste governo. Tem um mensalão. Hoje eu sei que são R$ 3 mi, R$ 1,5 mi de mensal para o PL e para o PP. Isso vai explodir." O Ciro falou: "Roberto, é muito dinheiro, eu não acredito nisso." Aí fui ao ministro Miro Teixeira, nas Comunicações. Levei comigo os deputados João Lyra (PTB-AL) e José Múcio. Falei: "Conte ao presidente Lula que está havendo o mensalão." Nessa época o presidente não nos recebia. Falei isso ao Aldo Rebelo, que então era líder do governo na Câmara.

FOLHA: A quem mais no governo o sr. denunciou a situação?

ROBERTO JEFFERSON: Disse ao ministro Palocci: "Tem isso e é uma bomba." Fui informando a todos do governo a respeito do mensalão. Me recordo inclusive de que, quando o Miro Teixeira, depois de ser ministro, deixou a liderança do governo na Câmara, ele me chamou e falou: "Roberto, eu vou denunciar o mensalão. Você me dá estofo?" Eu falei: "Não posso fazer isso. Vamos abortar esse negócio sem jogar o governo no meio da rua. Vamos falar com o presidente Lula que está havendo isso." Me recordo até que o Miro deu uma entrevista ao *Jornal do Brasil* denunciando o mensalão e depois voltou atrás. No princípio deste ano, em duas conversas com o presidente Lula, na presença do ministro Walfrido, do líder

Arlindo Chinaglia, do ministro Aldo Rebelo, do ministro José Dirceu, eu disse ao presidente: "Presidente, o Delúbio vai botar uma dinamite na sua cadeira. Ele continua dando mensalão aos deputados." "Que mensalão?", perguntou o presidente. Aí eu expliquei ao presidente.

FOLHA: Qual foi a reação dele?

ROBERTO JEFFERSON: O presidente Lula chorou. Falou: "Não é possível isso." E chorou. Eu falei: É possível sim, presidente. Estava presente ainda o Gilberto Carvalho [chefe de gabinete do presidente]. Toda a pressão que recebi neste governo, como presidente do PTB, por dinheiro, foi em função desse mensalão que contaminou a base parlamentar. Tudo o que você está vendo aí nessa queda de braço é que o mensalão tem que passar para R$ 50 mil, R$ 60 mil. Essa paralisia resulta da maldição que é o mensalão.

FOLHA: Isso não existia também no governo passado?

ROBERTO JEFFERSON: Nunca aconteceu. Eu tenho 23 anos de mandato. Nunca antes ouvi dizer que houvesse repasse mensal para deputados federais por parte de membros do partido do governo.

FOLHA: O que, em sua opinião, levou a essa situação?

ROBERTO JEFFERSON: É mais barato pagar o exército mercenário do que dividir o poder. É mais fácil alugar um deputado do que discutir um projeto de governo. É por isso. Quem é pago não pensa.

FOLHA: O que fez o presidente Lula diante de seu relato?

ROBERTO JEFFERSON: Depois disso [da conversa] parou. Tenho certeza de que parou, por isso está essa insatisfação aí [na base parlamentar]. Ele meteu o pé no breque. Eu vi ele muito indignado. Pressão, pressão, pressão, pressão. Dinheiro, dinheiro, dinheiro, dinheiro, todo mundo tem, todo mundo tem. Acho que foi o maior erro que o Delúbio cometeu. E o presidente agora, desde janeiro, quando soube, eu garanto a você [que o mensalão foi suspenso]. A insatisfação está brutal porque a mesada acabou. Serenamente eu já tenho o caminho traçado: não me preocupa mais o mandato, não vou brigar por ele. Só não vou sair disso como um canalha, porque não sou.

4. Os instintos mais primitivos

ROBERTO JEFFERSON: Eu tinha discurso de ódio em relação ao José Dirceu.
AUTOR: O senhor pensou em matá-lo?
ROBERTO JEFFERSON: Claro que sim, claro que sim. Eu queria pegar o cara. Não sabia de onde vinha isso tudo, mas passou.

PARA ROBERTO JEFFERSON, Dirceu era o mentor da trama desencadeada nos Correios. Apostava no envolvimento do petista no circo armado na gravação do vídeo estrelado por Maurício Marinho. No contra-ataque, acusou o rival de comandar o esquema de pagamento de propina a deputados. Duelou, ficou frente a frente com o oponente no Conselho de Ética da Câmara. Não achava suficiente. Jefferson queria mais. Pretendia acabar de uma vez por todas com a vida de Dirceu.

O desejo de Roberto Jefferson foi revelado ao autor do livro por entrevistados que conviveram com ele no período mais crítico. Em entrevista realizada no dia 15 de abril de 2017, um Sábado de Aleluia, na casa onde mora, em Comendador Levy Gasparian, o presidente nacional do PTB confirmou a versão. Mas lembrar do assunto o incomoda. O olhar fica perdido no vazio e no tempo quando questionado sobre um tema tão delicado. É como se um filme estivesse passando na cabeça. Ele pede para mudar a conversa. Avisa que o sentimento agressivo já passou, é pagina virada.

— Vamos falar de coisas boas. As coisas ruins ficaram no passado — disse.

Para entender o ódio de Roberto Jefferson por José Dirceu é preciso, primeiro, voltar à história da política brasileira. Exatamente em 1991, ano das denúncias de corrupção na Legião Brasileira de Assistência (LBA), órgão extinto do governo federal. A entidade era presidida pela ex-primeira-dama Rosane Collor, acusada de desviar US$ 2,6 milhões em recursos públicos destinados ao financiamento de programas de assistência. O caso foi incluído nas investigações da Polícia Federal, no ano seguinte, na CPI que apurava os negócios espúrios de Paulo César Farias, ex-tesoureiro de Fernando Collor de Mello na campanha eleitoral de 1989.

Deputado federal pelo PT e opositor de Collor, Dirceu queria convocar Rosane na CPI do PC para que ela explicasse o episódio. Além de esbravejar contra a ex-primeira-dama em entrevistas à imprensa, o petista produzira 180 requerimentos sobre suspeitas de irregularidades na LBA. Encontrou pela frente um truculento Roberto Jefferson, líder da tropa de choque do governo Collor, grupo que atuou na defesa do ex-presidente na comissão. Dirceu o acusou de atrapalhar a ida de Rosane à CPI. Um embate inevitável. Em um dos confrontos, Jefferson partiu para cima do petista aos gritos de que "não se faz política tentando atingir a família". Foi contido por outros deputados. No duelo, o petebista acabou derrotando Dirceu. Por trinta a três, os parlamentares decidiram não chamar Rosane. A situação se agravou com as acusações do petista contra Collor. Segundo Dirceu, o ex-presidente fazia parte das negociatas de PC Farias e do esquema de corrupção. Ele pedia o impeachment, mesmo sem provas naquele momento. Desde então se tornaram inimigos.

A partir daí, as brigas entre Jefferson e Dirceu na CPI não cessaram. Pior. Com os ânimos cada vez mais exaltados, os dois continuaram com a guerra. Dirceu afirmava aos quatro cantos de Brasília que Jefferson era a personificação de Collor e articulava ações na Câmara e no Senado, com apoio de aliados, contra o petebista. Em uma delas, orientou o senador Eduardo Suplicy a levantar a suspeita de que Jefferson, advogado criminalista por formação, teria recebido cerca de US$ 1 milhão para defender Collor na comissão. A confusão só foi interrompida com a chegada de um dos seguranças.

Em 1993, na CPI dos Anões do Orçamento, Dirceu voltou a agir. A comissão investigou 37 parlamentares por fraudes com recursos da União. No relatório final, houve pedidos para cassar dezoito políticos suspeitos. Jefferson foi incluído na lista após as acusações do senador José Paulo Bisol sobre a movimentação bancária e o patrimônio do petebista, que supostamente seriam incompatíveis com seus rendimentos. Bisol era integrante da turma de confiança de Dirceu. Jefferson chorou no depoimento. O caso foi arquivado por falta de provas. Apenas seis perderam o mandato.

O troco veio na campanha de 1994 para a Presidência. Roberto Jefferson acusou José Paulo Bisol, aliado de Dirceu, de participar de um esquema de corrupção no Rio Grande do Sul. À época, ele tinha saído do PT e ido para o PSB, do ex-governador de Pernambuco Miguel Arraes. Bisol era candidato a vice-presidente da República na chapa de Lula. Como Arraes disputava mais espaço na oposição com o PT, elaborou um dossiê anônimo contra Bisol, que renunciou o posto de vice, abrindo uma crise na aliança. No fim, Fernando Henrique Cardoso derrotou Lula.

A trégua temporária só aconteceu no segundo turno das eleições presidenciais de 2002, quando Roberto Jefferson e o PTB abraçaram a campanha do PT, assim como fizeram outros doze partidos. No meio do fogo cruzado entre Jefferson e Dirceu havia uma dupla de pacificação: Lula e José Carlos Martinez, então presidente nacional do PTB. O acordo deu certo: após três eleições perdidas, oito anos de oposição a Fernando Henrique Cardoso e 22 anos de existência do PT, Lula, enfim, chegara ao poder derrotando José Serra, do PSDB. Embora tenha apoiado Ciro Gomes no primeiro turno, Jefferson, o mais novo aliado dos petistas, nem esperou Lula pôr a faixa presidencial e já mostrou a que veio. Declarou, em 6 de dezembro do mesmo ano, que o PTB não aceitaria cargos no segundo escalão no governo. Apenas ministérios.

Iniciada nos primeiros anos da década de 1990, a batalha travada entre Jefferson e Dirceu estava prestes a explodir novamente. Os dois voltaram a se estranhar e tinham como cenário a cobiçadíssima Furnas Centrais Elétricas, do grupo da Eletrobras, com sede no Rio de Janeiro e vinculada ao Ministério de Minas e Energia. Fundada em 28 de fevereiro de 1957, a empresa possuía 4.904 funcionários, em 2016, e uma receita operacional bruta de R$ 20,4 bilhões. A estatal atua na geração, transmissão e comercialização de energia elétrica no Distrito Federal e nos estados de São Paulo, Minas Gerais, Rio de Janeiro, Paraná, Espírito Santo, Goiás, Mato Grosso, Pará, Tocantins, Rondônia, Rio Grande do Sul, Santa Catarina, Rio Grande do Norte, Ceará e Bahia. Há no seu parque gerador 25 usinas próprias ou em parceria com a iniciativa privada. Cada uma delas supre 17.303 megawatts de potência. São 25.563 km de linhas de transmissão e setenta subestações.

Ou seja: para o meio político, Furnas é a joia da coroa em repasses de dinheiro aos partidos da base aliada. A briga nos bastidores por nomeações em cargos de comando é constante. Fraudes em licitações, negociatas de caixa dois e desvio de recursos fazem parte do histórico da estatal. Em 2005, Jefferson admitiu ter negociado com Dirceu o pagamento de R$ 1,5 milhão por mês ao PTB nacional com recursos vindos de um esquema de corrupção que funcionou entre 2000 e 2004, nos governos de Fernando Henrique Cardoso e Lula. Em troca, o PTB abriria mão de indicar o diretor de Planejamento, Engenharia e Construção e o cargo continuaria sendo ocupado por Dimas Fabiano Toledo, nomeado na gestão de FHC e operador do esquema. Dimas, aliás, não era um estranho para Jefferson. Na campanha eleitoral de 2002, o petebista recebera R$ 75 mil das mãos do diretor de Furnas.

Na versão de Roberto Jefferson, publicada no livro *Nervos de aço*, o ex-presidente Lula reclamava da proximidade de Dimas Toledo com Aécio Neves, então governador de Minas Gerais pelo PSDB. Por isso, Lula queria tirá-lo de qualquer maneira da estatal. Mas, segundo Jefferson, Dirceu insistia em manter Dimas na diretoria de Furnas. Para convencer o petebista, o ex-ministro da Casa Civil o teria informado de que R$ 3 milhões mensais do esquema da estatal eram distribuídos entre políticos, partidos e executivos da empresa. Pelo acordo de Dirceu, o PT abriria mão do dinheiro e repassaria R$ 1,5 milhão ao PTB nacional.

— Isso representaria uma entrada significativa no partido (PTB), que estava numa situação financeira delicadíssima. Por isso, quando Dirceu propôs aquele acerto, aceitei. Além disso, era uma proposta feita pelo José Dirceu, o todo-poderoso ministro da Casa Civil do governo Lula — justificou Roberto Jefferson.

Jefferson teria ressaltado a Dirceu que "não queria ser problema e nem gerar uma crise" na aliança PT-PTB, apesar de estar sendo pressionado por Lula. Segundo o petebista, o ex-ministro "ficou satisfeito" e mandou Dimas Toledo o procurar:

— Isso foi no dia 13 de abril de 2005. Na mesma noite, fui ao teatro assistir a uma récita da cantora lírica Denise Tavares, minha professora. Quando voltei, Dimas Toledo estava me esperando na portaria do meu apartamento funcional em Brasília, por volta da meia-noite e meia. Entramos e ele me explicou como o esquema de Furnas funcionava. Em todos os seus depoimentos, Dimas Toledo confirmou que foi ao meu apartamento naquela noite. Mas negou o nosso diálogo sobre repasse de caixa dois e superfaturamento nos contratos de Furnas.

Jefferson contou a Dirceu a conversa com Dimas Toledo.

> JOSÉ DIRCEU: Então, nós nos acertamos por cima, sem problema.
> ROBERTO JEFFERSON: Eu não sou problema para você. Preciso do financiamento para o PTB. O que a gente acertar está acertado.

No mesmo mês de abril, numa reunião no Palácio do Planalto, Lula, que supostamente não saberia dos pagamentos, não gostou do acordo feito por Jefferson e Dirceu. O ex-presidente teria dito que ou Jefferson aceitava para o cargo o funcionário Francisco Spirandel, indicado pelo próprio PTB, ou demitiria Dimas Toledo de todo jeito. O encontro, conforme relatou Jefferson, teria ocorrido na manhã do dia 26 de abril de 2005, uma terça-feira, no gabinete de Lula:

> LULA: Roberto, por que você está demorando tanto? Eu não quero manter esse cara [Dimas Toledo] lá. Por que ainda não saiu a nomeação do PTB? Vamos nomear o Spirandel?
> ROBERTO JEFFERSON: Presidente, vamos manter o Dimas, é melhor.
> LULA: Pô, como é que é? Mas por quê? Vocês já estão fazendo acordo?
> ROBERTO JEFFERSON: Já!
> LULA: Que acordo é esse? Qual foi o acordo que vocês fizeram, porra?

ROBERTO JEFFERSON: Olha, presidente, eu conversei com o Zé [José Dirceu]...

LULA: Porra, vocês fizeram acordo para manter esse cara [Dimas Toledo] lá? Eu já disse que não quero! Por que você recuou, Roberto?

ROBERTO JEFFERSON: Muita pressão!

LULA: Mas já disse para tirar o Dimas. Aquele senhor está traindo o governo, está fazendo o jogo do governador de Minas Gerais (Aécio Neves), e eu não quero a permanência dele. Não quero esse cara lá. Se você não tirar, eu tiro e ofereço a outro partido. Tem que tirar!

ROBERTO JEFFERSON: Então está fechado. Vamos nomear o Spirandel.

LULA: Dirceu, nomeia o Spirandel. Peça à Dilma (Rousseff, ministra de Minas e Energia) para tomar as providências. O nome já foi aprovado em todas as instâncias, tem o meu apoio e tem o apoio de segmentos importantes do PT.

Presente no encontro com Lula, José Dirceu, sentado de frente para Jefferson e irritado, o fulminou com os olhos. Na saída da reunião, os dois discutiram:

JOSÉ DIRCEU: Porra, sacanagem a tua. Você poderia ter falado em favor do Dimas. Era importante manter o Dimas em Furnas. Você deveria ter batido o pé, Roberto. Se você pedisse [ao Lula], o Dimas ficava.

ROBERTO JEFFERSON: Ué, mas o presidente quer tirar o Dimas, o que eu posso fazer?

JOSÉ DIRCEU: Foi sacanagem tua!

Não ficaria barato. Dali em diante, Dirceu teria se vingado e articulado para que o esquema de corrupção dos Correios chegasse à imprensa tendo Jefferson como protagonista. A relação dos dois azedara de vez. Alvo das acusações envolvendo a estatal, Jefferson, pressionado, denunciou o mensalão. Preso em Curitiba pela Operação Lava Jato, Dirceu negou qualquer acordo com Jefferson em carta enviada ao autor desta biografia no dia 3 de março de 2017:

"A demissão de Dimas Toledo estava decidida por Lula, Dilma e por mim, e não tinha nada a ver com ele [Roberto Jefferson] ou com o PTB. Era página virada. Ele [Roberto Jefferson] inventou essa história para justificar a chantagem que ele mesmo fez sobre Dimas Toledo, prometendo para ele sua permanência no cargo. E fez a promessa sem nenhum mandato ou autorização — ou pior, competência legal e/ou política. Jamais tratei com o senhor Dimas Toledo sobre sua permissão ou demissão em Furnas. O problema é exatamente o contrário. Roberto Jefferson é quem queria manter Dimas Toledo [e negociou com ele sua permanência], mas ele já estava demitido por decisão de Dilma, então ministra de Minas e Energia, e do presidente Lula."

Em 26 de fevereiro de 2016, Roberto Jefferson foi indiciado pela Delegacia Fazendária da Polícia Civil do Rio por suspeita de crime de lavagem de dinheiro em Furnas. O inquérito, da delegada Renata Araújo, também denunciou outros suspeitos pelo mesmo crime e por corrupção ativa. Os autos foram enviados ao Ministério Público Estadual mais de dez anos depois do surgimento das primeiras denúncias do esquema, que ficou conhecido como "Lista de Furnas".

Além de Jefferson, há entre os investigados outros políticos, empresários e lobistas. De acordo com a delegada Renata Araújo, teriam sidos desviados da estatal cerca de R$ 54,9 milhões na contratação de empresas para a construção de usinas termoelétricas em São Gonçalo, na Região Metropolitana do Rio, e Campos dos Goytacazes, no Norte Fluminense. Para Renata, existem provas suficientes da existência de um esquema de arrecadação de vantagens indevidas e de que obras e serviços foram superfaturados para financiar campanhas eleitorais.

Por ter mais de 70 anos e ser coberto pela prescrição do crime, Dimas Toledo não foi indiciado. Entretanto, Dimas ainda aparecia, junto com Roberto Jefferson e outras nove pessoas, como réu no processo que corre na 35ª Vara Criminal do Rio referente a Furnas, com o número 0298194-87.2016.8.19.0001. Até a conclusão deste livro a ação tramitava. Além de Jefferson e Dimas, os outros réus são:

- **Nilton Antônio Monteiro:** Prestava consultoria à JP Engenharia, empresa envolvida no caso.
- **José Pedro Terra:** Lobista suspeito de ajudar a planejar o esquema de corrupção na estatal.
- **Pedro Pereira Terra:** Representante das empresas JP Engenharia e Semp Toshiba. Ambas teriam contratado Furnas para realizar a lavagem de dinheiro. Elas tinham outras três empresas de fachada, CE Corporation, ECB — Empresa de Consultoria Brasileira Ltda. e Intertel Comércio e Construção Limitada envolvidas no esquema.
- **Walter Annicchino:** Diretor Financeiro da empresa Qualiman. Acusado de receber dinheiro da Recap Construções e Empreendimentos Ltda., que teria favorecido a Qualiman.
- **Sérgio José Annicchino:** Lobista envolvido com empresas ligadas a Furnas. Acusado de integrar a quadrilha.
- **Dieickson Barbosa:** Funcionário da Semp Toshiba. Teria intermediado contatos com lobistas para facilitar a negociação de contratos.
- **Reinaldo Conrad:** Era funcionário da JP Engenharia. Responsável por fazer uma procuração que defendia os interesses da empresa junto à estatal.

- **Ademir Carnevalli Guimarães:** Lobista que tinha ligação com as empresas JP Engenharia e Semp Toshiba.
- **Airton Antônio Daré:** Fundador do grupo Bauruense Tecnologia e Serviços. Responsável pela empresa fornecedora de serviços a Furnas. Morreu de infarto em 2011.

Em março de 2006, o relator da CPMI dos Correios, deputado Osmar Serraglio, concluiu em seu relatório final que dois institutos de perícia atestaram a falsidade da chamada "Lista de Furnas". O documento apontou que o suposto autor da lista, Dimas Toledo, negara a autenticidade em depoimento à CPI. Além de apontar diversas incongruências, o relator ainda disse que o assessor político Nilton Monteiro, que entregou a lista à Polícia Federal, enfrentava diversos processos por falsificação material de documentos e estelionato. Mas três meses depois a mesma Polícia Federal confirmou a autenticidade da relação de mais de uma centena de políticos envolvidos num esquema de caixa dois durante a disputa eleitoral de 2002. No total, eles teriam recebido R$ 40 milhões.

Na conclusão das investigações e apesar dos indícios de veracidade, a Polícia Civil não incluiu os nomes desses políticos da "Lista de Furnas" nos indiciamentos por não ter autonomia para investigar autoridades com foro privilegiado. O caso também estava sendo apurado pela Operação Lava Jato até a conclusão deste livro.

* * *

A história do inimigo número um de Roberto Jefferson começou como líder estudantil nos anos 1960, no Partido Comunista Brasileiro (PCB). Como membro do grupo Dissidências-SP (DI-SP), José Dirceu foi preso numa ação que envolveu 215 soldados da

Força Pública e policiais do Departamento de Ordem Política e Social (DOPS) no auge da ditadura militar, em 12 de outubro de 1968, um sábado. Além de Dirceu, cerca de mil estudantes participavam do 30º Congresso da União Nacional dos Estudantes (UNE), no sítio Muduru, em Ibiúna, São Paulo. Com 22 anos e pinta de galã, o ex-ministro era presidente da União Estadual dos Estudantes (UEE) e um dos mais procurados pelos repressores. Os agentes o retiraram do meio da multidão e o colocaram em um carro, enquanto ele apenas sorria. Também foram detidos na operação, iniciada às 7h15 da manhã, Luís Travassos (presidente da UNE e morto num acidente de carro em 1982) e Wladimir Palmeira (presidente da União Metropolitana de Estudantes).

Dirceu ficou detido até o ano seguinte, quando teve sua nacionalidade cassada. O ex-ministro de Lula era um dos quinze presos políticos trocados pelo embaixador americano Charles Burke Elbrick, sequestrado em 4 de setembro de 1969, no bairro de Botafogo, na Zona Sul do Rio de Janeiro. Sem guarda-costas, Elbrick estava em seu Cadillac passando pela Rua Marques, indo de sua casa, na Rua São Clemente, para a embaixada americana, no Centro, quando foi abordado. Os sequestradores estavam em dois Fuscas (um azul e um bege) e uma Kombi. No veículo do americano, ficaram o motorista e um manifesto com duas exigências: a libertação do grupo e a publicação do pedido nos jornais. Pela primeira vez um diplomata virava refém de uma guerrilha. Um ano antes, em agosto de 1968, John Gordon Mein, colega de Elbrick, havia morrido na Guatemala ao reagir a uma tentativa de sequestro. Ligados ao Movimento Revolucionário 8 de Outubro (MR-8) e à Ação Libertadora Nacional (ALN), os sequestradores exigiam que Dirceu e os outros presos fossem levados para um outro país. Primeiro, ele seguiu para o México e, depois, para Cuba, onde estudou, trabalhou e recebeu treinamento militar.

Antes da prisão em Ibiúna, José Dirceu se parecia com os típicos estudantes vindos do interior. Em 1960, aos 14 anos, se mudou para São Paulo. Trabalhou como office boy. Em 1965, foi aprovado no curso de Direito da Pontifícia Universidade Católica (PUC-SP). Desde então, a sua vida mudou para sempre. Foi na universidade que Dirceu descobriu a política e o movimento estudantil.

Em seus anos de clandestinidade, Dirceu, nascido em 16 de março de 1946, fez cirurgia facial como uma tentativa de disfarce. Com 29 anos, em 1975, ele adotou outro nome: Carlos Henrique Gouveia de Melo, para viver em Cruzeiro do Oeste, no interior do Paraná. Na cidade, casou-se com Clara Becker, que, na época, não sabia da real identidade do marido. Ela soube apenas em 28 de agosto de 1979, quando foi sancionada a Lei da Anistia pelo então presidente da República, o general João Figueiredo. O casal teve um filho: José Carlos Becker de Oliveira e Silva, o Zeca Dirceu, deputado federal do PT pelo Paraná. Anos mais tarde, casou-se mais duas vezes. Além de Zeca, é pai de Joana e Camila.

Como Carlos, Dirceu viveu no município paranaense até o ano da anistia, que perdoou todos que cometeram os chamados crimes políticos a partir de setembro de 1961. De volta à legalidade em São Paulo e com a plástica desfeita, o mineiro de Passa Quatro foi apresentado a Lula por Frei Betto, também ex-preso político. Em 1980, ao lado de intelectuais, sindicalistas, artistas e militantes de esquerda participou da fundação do PT. Em 1986, elegeu-se deputado estadual. Quatro anos depois, assumiu, pela primeira vez, o mandato de deputado federal, sendo reconduzido à Câmara nas campanhas vitoriosas de 1994, 1998 e 2002. Em 1989, entretanto, começaram as primeiras denúncias. Naquele ano, o Tribunal de Contas do Estado acusou Dirceu de receber indevidamente salário integral, em 1984, quando era secretário-geral do PT e funcionário da Assembleia Legislativa. Mesmo estando ausente, em viagem ao exterior, o petista recebeu o vencimento integral assinando irregularmente o ponto e cometendo o crime de falsidade ideológica.

Nada que abalasse a carreira do ex-líder estudantil. O prestígio político de Dirceu iniciou a partir do governo de Fernando Collor de Mello. Em 1991, o então deputado federal petista participou das investigações das denúncias de desvio de dinheiro que levaram ao impeachment de Collor. Ao lado do então senador Eduardo Suplicy (PT-SP), Dirceu foi um dos autores do requerimento que levou à criação da CPI do PC. Com o mandato em evidência e destaque na imprensa, ele ganhou notoriedade e a confiança de Lula, e cresceu dentro do PT. Em 1995, assumiu a presidência do partido, posto no qual permaneceu até 2003. Dirceu comandou a vitoriosa campanha de Lula, em 2002, e a transição do governo, transformando-se no todo-poderoso do Palácio do Planalto. Decisões e nomeações tinham que ter o aval dele.

Braço direito de Lula, José Dirceu, já como ministro da Casa Civil, enfrentou a sua primeira crise por envolvimento com Waldomiro Diniz, ex-subchefe de Assuntos Parlamentares do governo e seu homem de confiança. Waldomiro apareceu num vídeo em que recebia propina do bicheiro Carlos Augusto Ramos, o Carlinhos Cachoeira. As imagens foram registradas pelo próprio Cachoeira. Em outra gravação, pedia dinheiro para campanhas eleitorais de 2002, ano em que Waldomiro ocupava a Loteria do Estado do Rio de Janeiro (Loterj). Entre os políticos citados por ele estavam Rosinha Matheus (ex-governadora do Rio e mulher de Anthony Garotinho, também ex-governador) e Benedita da Silva e Geraldo Magela, ambos do PT. Dirceu e Waldomiro se aproximaram durante a CPI do PC.

Em 1º de dezembro de 2005, Dirceu foi o primeiro parlamentar petista a ter o mandato cassado por denúncias de corrupção no caso do mensalão. Placar: 293 votos a favor e 192 contra, com oito abstenções, um voto branco e um nulo. A votação, secreta, foi iniciada às 21h56 do dia 30 de novembro, feita por cédulas depositadas em duas urnas. O rito começou depois dos discursos de acusação pelo relator do pedido de cassação no Conselho de Ética, Júlio Delgado (PSB-MG), e de defesa de José Dirceu. O petista deixou a Câmara antes de iniciar a contagem, portanto, antes de perder seu mandato. Ele acompanhou de casa a leitura dos votos e o resultado.

No longo pronunciamento, antes da cassação, o ex-ministro da Casa Civil se defendeu das acusações. Negou ter cometido irregularidades quando ocupava o cargo no Planalto e ter sido o responsável por comandar a distribuição da mesada aos colegas de plenário. Dirceu falou ainda sobre sua história de vida: "O que fiz na minha vida pública até hoje que ferisse o interesse público? Do que sou acusado? Sou acusado de ser o chefe do mensalão. A Câmara sabe que eu não sou chefe do mensalão. Cada deputado e cada deputada que está aqui sabe que isso não é verdade, que eu jamais propus para qualquer deputado ou deputada compra de voto."

Mesmo depois de ser cassado, José Dirceu continuou mandando e desmandando no governo e mais ainda na tropa do PT. Qualquer assunto tinha primeiro que passar por ele. Dirceu era cultuado pela militância e cacifado por Lula. Tanto é que, em 2009 e 2010, participou da articulação política para ajudar a levar Dilma Rousseff à Presidência da República. Em 2012, o STF o condenou por corrupção ativa. Ele recebeu pena de 7 anos e onze meses de prisão. Para o Supremo, Dirceu foi, sim, o autor das ordens de pagamento de propina a parlamentares em troca de apoio em votações no Congresso Nacional a favor do governo Lula. Mas o ex-ministro mostrava força: apoiadores organizaram uma "vaquinha" virtual que arrecadou dinheiro para pagar a multa de R$ 971 mil a que fora condenado. Nos eventos organizados pelo PT ou por simpatizantes, ouviam-se sempre os gritos de "Dirceu, guerreiro do povo brasileiro".

No mensalão, o STF o perdoou da pena com base no indulto natalino concedido pela ex-presidente Dilma Rousseff. Até ser preso na 17ª fase da Operação Lava Jato, da Polícia Federal, Dirceu cumpria o restante de sua pena do mensalão, contada a partir de 2013, em regime domiciliar, após ter ficado onze meses detido.

O ex-ministro da Casa Civil teve duas condenações na Operação Lava Jato. A primeira, em 18 de maio de 2016, a vinte anos e dez meses de prisão, pelo juiz Sérgio Moro, por corrupção passiva, lavagem de dinheiro e organização criminosa. Na sentença, Moro afirmou que Dirceu recebeu R$ 15 milhões em propina, provocando prejuízos para a Petrobras. Para os procuradores, ele era um dos líderes do esquema de corrupção na estatal, inclusive durante o processo do mensalão. Em setembro de 2017, o TRF aumentou a pena para trinta anos, nove meses e dez dias de reclusão. Até então, Dirceu respondia em liberdade com tornozeleira eletrônica.

Na segunda condenação, em 8 de março de 2017, Dirceu foi acusado de corrupção passiva e lavagem de dinheiro e recebeu uma pena de onze anos e três meses de reclusão em regime fechado. No processo, ele é apontado como destinatário de uma propina da empresa Apolo Tubulars para que ela fosse contratada pela Petrobras, com a intervenção do ex-diretor Renato Duque. De acordo com os procuradores, a empresa pagou R$ 7 milhões em propina, tendo o petista recebido cerca de 30% do valor. No total, as duas penas somam 42 anos de cadeia. Mesmo com a ficha criminal corrida, Dirceu jura ser inocente.

O ex-ministro concordou em conceder entrevista à biografia não autorizada de Roberto Jefferson. Ele estava preso em Curitiba quando o autor solicitou uma autorização à Polícia Federal, em 25 de outubro de 2016. No entanto, o coordenador de Comunicação da PF no Paraná, Paulo Silva, informou que "os custodiados na Polícia Federal somente recebem visitas de seus familiares ou advogados".

Diante da negativa da PF, o autor enviou 66 perguntas para Dirceu responder por meio de carta. A intermediação do contato e a transcrição foram feitas pelo advogado de defesa Aroldo Camillo. O petista, porém, não respondeu ao questionário por completo, preferindo escrever por bloco de assuntos. Jefferson, claro, foi alvo de ataques.

Abaixo, alguns trechos da carta de Dirceu, separados por tema:

Sobre Roberto Jefferson:

> Nunca tive relação pessoal ou de amizade com Roberto Jefferson. No governo Collor, era nosso adversário e não me lembro de qualquer relação com ele — um dos maiores defensores de Collor e seu governo. Apenas o conheci como deputado federal. Roberto Jefferson é um dos muitos deputados do PTB que se destacaram na Câmara. Sua notoriedade advém da defesa de Collor e, depois, da delação do chamado mensalão. Nunca teve importância maior na Câmara ou no PTB, que passou a comandar depois da morte trágica de José Carlos Martinez — na base da chantagem, da ameaça e de delações. Não tive nenhuma relação com Roberto Jefferson antes do governo Lula e, no PTB, ele era figura menor e secundária na relação com o governo. O interlocutor era — repito — Martinez, além de José Múcio, Carlos Wilson, Mares Guia — o principal — e Fleury.

Denúncia do mensalão feita por Jefferson:

Roberto Jefferson fez suas 'denúncias' porque ia ser preso e processado por suas atividades criminosas nos Correios, como, aliás, responde até hoje. Ele e outros. Ninguém do PT. Com a descoberta pela mídia de suas relações e atuação ilícitas em outros órgãos públicos, resolveu 'denunciar' os outros e procurar se safar das acusações gravíssimas. Inventou o 'mensalão'! [...] Por seus antecedentes, Roberto Jefferson não merecia confiança e nunca a teve. A relação dele com o governo era institucional e, repito, ele era personagem secundário no PTB e na relação com o governo. Toda a minha relação era direta com Mares Guia e Carlos Wilson, ministro do Turismo e presidente da Infraero, respectivamente, com o presidente do partido, Martinez, e o líder José Múcio.

Ameaças de Roberto Jefferson:

Sobre as ameaças de Roberto Jefferson — "meu ímpeto era bater nele" e "ele desperta os instintos mais primitivos" —, acredito que revela bem o personagem e seu nível, vamos dizer, intelectual e civilizatório, seus costumes e sua "moral". Mas a vida ensina e quem apareceu com o olho roxo foi ele, que até hoje não teve a dignidade de revelar o que aconteceu!

Correios:

É e era público e notório que éramos contra a instalação da CPI (dos Correios), cujo relatório, sem provas, me indiciou. Todos os partidos foram procurados publicamente por Aldo Rebelo, Eduardo Campos e por mim. Fizemos com todos e não só com o PTB [...] Lula solicitou ao presidente da Câmara, ao líder do PT e a todos mencionados por Roberto Jefferson uma investigação.

A pergunta a se fazer é: por que Roberto Jefferson não é julgado nos processos dos Correios e de Furnas? Sobre Roberto Jefferson e suas acusações, um último reparo: tudo que ele afirma tem a mesma veracidade que o relógio Rolex que ele me presenteou em nome do PTB e que eu doei ao programa Fome Zero dada a proibição legal de receber presentes de valor superior a 150 reais. Para ser leiloado, o relógio foi avaliado e se descobriu que era falsificado! Como é possível dar credibilidade e legitimidade a um personagem como Roberto Jefferson? Só mesmo nossa mídia e seus sócios maiores, o PSDB e o DEM, e, agora, o PMDB.

Condenação no processo do mensalão:

É público e notório que minha condenação foi injusta e sem provas [...] Fui julgado pelo STF ilegalmente. Não tinha foro privilegiado. Não era deputado. Fui cassado [...] Também não era ministro porque havia deixado o governo em 21-6-2005. Logo, em agosto de 2006, quando houve a aceitação da denúncia, não tinha foro. Não tive direito ao juiz natural. Daí minha demanda junto à CIDH (Comissão Interamericana de Direitos Humanos) da OEA, em Washington. Recebi praticamente a pena máxima. Fui absolvido do crime de formação de quadrilha e condenado por corrupção ativa — 7 anos e onze meses — que cumpri e já fui indultado. É evidente que a pena é absurda. Primário, bons antecedentes, advogado, nunca sequer havia sido investigado. Toda minha vida dediquei-me à luta contra a ditadura e ao PT. Com endereço, profissão, família, vida pública, sem nenhuma ilicitude na renda e no patrimônio (sofri uma devassa da Receita Federal à época). É evidente que, além de inocente, fui injustiçado com a pena máxima. Não tenho nenhum arrependimento. Não fugi à Justiça, cumpri a pena injusta. Durante os anos de 2006 a 2012 me defendi de peito aberto. Nunca me recusei a me defender porque era e sou inocente.

Furnas:

Primeiro, Roberto Jefferson responde por processo criminal por Furnas. Não eu. É um "conto" dele toda "estória" sobre Furnas. A demissão de Dimas Toledo estava decidida por Lula, Dilma e por mim, e não tinha nada a ver com ele (Roberto Jefferson) ou com o PTB. Era página virada. Ele (Roberto Jefferson) inventou essa história para justificar a chantagem que ele mesmo fez sobre Dimas Toledo, prometendo para ele sua permanência no cargo. E fez a promessa sem nenhum mandato ou autorização — ou pior, competência legal e/ou política. Jamais tratei com o senhor Dimas Toledo sobre sua permissão ou demissão em Furnas. O problema é exatamente o contrário. Roberto Jefferson é quem queria manter Dimas Toledo (e negociou com ele sua permanência), mas ele já estava demitido por decisão de Dilma, então ministra de Minas e Energia, e do presidente Lula.

Waldomiro Diniz:

[...] O caso Waldomiro Diniz aconteceu em 2001-02, antes da eleição de Lula, no governo de Garotinho, no Rio de Janeiro, de quem já éramos oposição. Não fui citado, não sou réu ou sequer testemunha nos processos. Não tive absolutamente nada a ver com as denúncias. Não passou de uma tentativa de me atingir porque Waldomiro Diniz era subsecretário de assuntos parlamentares da Casa Civil em 2004 (época da denúncia e não dos fatos) [...].

O enfrentamento de Jefferson e Dirceu teve seu ápice em 2 de agosto de 2005, terça-feira, em clima de final de Copa do Mundo. Os dois ficaram frente a frente no Conselho de Ética da Câmara para uma acareação sobre o mensalão e atraíram os olhares do Brasil. Um duelo verbal tenso, com insultos, à base de ironias e ódio. Enquanto o ex-ministro, na condição de testemunha, procurou minimizar sua influência no governo, no PT e nas relações com o empresário Marcos Valério, o petebista afirmou que seu adversário tinha conhecimento de todo o esquema de pagamento de propina a deputados.

Jefferson chegou mais cedo, às 14h52. Cumprimentou, pausadamente, quase todos os deputados do Conselho. Vestindo um terno cinza, camisa branca e gravata rosa, sentou-se, como prometera, na primeira fila do plenário, próximo aos seus advogados. Às 15h08, foi a vez de Dirceu aparecer com um terno azul-marinho e gravata azul. Acomodou-se à mesa e retribuiu os sinais de carinho. Num gesto de "força", levantou as duas mãos unidas, em formato de concha.

José Dirceu parecia impaciente. Apoiava-se, alternadamente, nos cotovelos. Enquanto o presidente do Conselho de Ética, deputado Ricardo Izar (PTB-SP), lia nota repudiando insinuações de um acordo entre oposição e governo, Dirceu suspirou por duas vezes num curto espaço de tempo, tentando controlar a tensão do ambiente. Nos corredores do Congresso, vários curiosos e espectadores estavam ansiosos e atentos para ver nos telões o duelo do ex-ministro com Jefferson.

Ao iniciar seu depoimento, às 15h35, Dirceu garantiu não renunciar ao mandato para escapar da cassação e dos oito anos de inelegibilidade, como fez na véspera o presidente do PL, Valdemar Costa Neto. Segundo o petista, caso deixasse o cargo, "não conseguiria olhar nos olhos dos deputados, da minha geração de 68, da militância do PT". Ele destacou ainda "lutar pela minha honra até o fim", acrescentando que "a única coisa que quero é Justiça".

Ao mesmo tempo, Jefferson tomava nota de tudo. E falou pela primeira vez sobre uma suposta negociação ilegal entre PT e PTB com a Portugal Telecom para acertar as contas entre os dois partidos relativas a dívidas de campanhas eleitorais. O petebista não revelou nomes, alegando que o faria mais tarde, por escrito. Contudo, vazaram informações de que o representante do PT seria Marcos Valério e o indicado do PTB, Emerson Palmieri, tesoureiro do partido. Na saída do depoimento na Procuradoria Geral da República, no mesmo dia, Valério confirmou ter viajado a Portugal no início de 2005 com Palmieri para conversar com a Portugal Telecom, mas negou se tratar de ajuda financeira.

De acordo com Marcos Valério, a empresa estaria interessada em comprar a Telemig Celular, controlada pelo banqueiro Daniel Dantas, do Banco Opportunity, em sociedade com os fundos de pensão e o Citigroup. A companhia mineira confirmou ter pago à DNA Propaganda, agência de Valério, R$ 112 milhões por contas de publicidade. Os portugueses acabaram não fechando negócio. No fim, Marcos Valério justificou a ida de Palmieri a Portugal: "Ele estava estressado." No Conselho, Jefferson e Dirceu bateram boca:

DIRCEU: É mentira!
ROBERTO JEFFERSON: Tratei de todos esses assuntos com Vossa Excelência, que nos deixava a todos à vontade para qualquer conversa, na antessala do presidente Lula.
DIRCEU: É mais uma das denúncias que ele traz de tempos em tempos, para procurar me denegrir.
ROBERTO JEFFERSON: Tratei sim, com o (banco) Opportunity, com a Brasil Telecom, com a Telmex, dei sempre a posição do governo.

Apesar do domínio de cena, dos jeitos teatrais e das provocações de Roberto Jefferson, Dirceu transpareceu serenidade no depoimento. Exceto no momento em que trocou farpas com a deputada Zulaiê Cobra (PSDB-SP). Quando o petista dizia que "nunca foi arrogante quando era ministro", arrancando risadas da plateia, a parlamentar completou em seguida: "O senhor nasceu arrogante." No contra-ataque, Dirceu deixou uma insinuação no ar: "A senhora não achava isso quando convivia comigo na universidade, quando era minha amiga." No fundo do plenário, o então deputado Fernando Gabeira (PV-RJ) cochichou com o colega Ivan Valente (PT-SP): "Hummm. Acho que os dois tiveram alguma coisa." Ao perceber os comentários maldosos dos parlamentares, Dirceu pediu desculpas.

Cada vez que era questionado por deputados se confirmava alguma acusação de Roberto Jefferson, o ex-ministro respondia "não". Dirigindo-se "ao povo brasileiro", Jefferson disse que Dirceu "treinou" os principais acusados no mensalão e o ironizou:

— Foi ele quem treinou o Silvinho (Pereira, ex-secretário-geral do PT), o Delúbio (Soares, ex-tesoureiro do partido) e o Marcos Valério. Não tem mensalão no Brasil. É conversa da imprensa. Todos os jornais mentem. Os gestos do Delúbio não são de conhecimento dele (Dirceu). As atividades do Marcos Valério, que foi doze vezes à Casa Civil, ele não as viu, não.

Jefferson, então, olhou para as câmeras e disparou:

— Você, que está em casa, acredita nisso? A Polícia Federal não contava para o homem mais importante do governo. O Coaf [Conselho de Controle de Atividades Financeiras], que controla essas movimentações financeiras, não informou ao chefe da Casa Civil. O general [Jorge] Félix [chefe do Gabinete de Segurança Institucional da Presidência], o delegado Mauro Marcelo [ex- -diretor-geral da Abin], amigo pessoal dele, não diziam.

Dirceu respondeu de imediato. Afirmou que seu adversário tinha esquema de arrecadação ilegal de dinheiro na Delegacia Regional do Trabalho (DRT), no Instituto Nacional do Seguro Social (INSS), nos Correios, no Instituto de Resseguros do Brasil (IRB), na Polícia

152

Rodoviária e em Furnas. Mas foi às 17h26 que Roberto Jefferson proferiu uma das frases eternizadas na política brasileira:

— Ministro José Dirceu, eu não quero aqui ferir a ética republicana e rememorar os diálogos que mantínhamos na Casa Civil. Eu não sei se outros senadores e deputados têm coragem de lhe dizer isso porque Vossa Excelência amedronta as pessoas [...] Muitas pessoas temem esse enfrentamento com Vossa Excelência. Eu não! Eu não! Pelo contrário. Ele gera em mim uma grande satisfação, uma grande satisfação. Tenho medo de Vossa Excelência, confesso aqui de público. Tenho medo de Vossa Excelência porque Vossa Excelência provoca em mim os instintos mais primitivos. E eu tenho medo. Tenho medo, sinceramente, das consequências dessas provocações que faz Vossa Excelência.

Em tom ameaçador, a declaração de Roberto Jefferson provocou espanto e surpresa dos deputados presentes na sessão. O petebista estava sério, olhando em direção a Dirceu. Ninguém no plenário imaginava "as consequências dessas provocações". Em 5 de agosto de 2012, um domingo, após receber alta médica, no Hospital Samaritano, no Rio, onde tratou um tumor no pâncreas, o petebista resumiu o confronto histórico com o inimigo:

— A minha luta era com o Zé Dirceu. Ele me derrubou, mas eu salvei o Brasil dele. Isso para mim é satisfatório. Ele [Dirceu] não foi, não é e não será presidente do Brasil. Caímos os dois.

Cinco anos depois, em entrevista ao autor do livro, Roberto Jefferson explicou o motivo de ter "inocentado" o ex-presidente Lula das acusações do mensalão e preferido centrar fogo contra José Dirceu. Jefferson usou a estratégia do jogo de xadrez para ilustrar a justificativa ao afirmar, à época, que Lula não sabia do esquema:

— Eu só não bati no Lula porque, se eu tentasse avançar para o Lula, dar um xeque-mate no rei, eu não conseguiria sustentar a briga. Eu derrubei o bispo [Dirceu]. Eu não conseguiria chegar ao rei nessa hora. Tem que ter estratégia. Eu imaginei isso se eu tentasse avançar para enfrentar o Lula. Quando vi que o Fernando Henrique não ia peitar o Lula, que ninguém ia peitar, por que eu ia peitar? Eu ia ser desacreditado e iam jogar para me desacreditar. O [juiz Sérgio] Moro não consegue prender o Lula até hoje com todo o desgaste que o Lula tem. Eu, naquela época, no auge do poder do Lula, ia peitá-lo? Não! Então, eu centrei fogo no lado que eu entendi que era mais frágil, que era o José Dirceu. Imaginei que o PT ia dar a cabeça dele e deu. Eu só não ampliei a luta para o Lula porque eu sabia que não ia conseguir sustentar.

5. O homem-bomba de olho roxo

AUTOR: E a granada? O senhor ia detoná-la durante a sessão da CPI?

ROBERTO JEFFERSON: É, mas passou.

AUTOR: O senhor foi de jipe [do Rio de Janeiro a Brasília] para não pegarem o senhor no aeroporto?

ROBERTO JEFFERSON: Já passou! Ficou no passado!

QUARTA-FEIRA, 24 DE AGOSTO DE 2005. Marcus Vinícius de Vasconcelos Ferreira, com apenas 32 anos, estava preparado para enfrentar a sabatina de cinco horas na CPMI dos Correios. Apontado à época como o "carregador das malas" de dinheiro de propina destinadas ao ex-sogro Roberto Jefferson, o então assessor da Eletronuclear, estatal comandada pelo PTB, havia se preparado intensamente durante três dias com os advogados da família para aquele momento. Ele ensaiou cada resposta a possíveis perguntas que lhe poderiam fazer. Qualquer contradição com o depoimento prestado por Jefferson quase dois meses antes era uma ameaça aos planos de ambos.

Para demonstrar segurança, Marcus Vinícius dispensou o sedativo Lexotan, relaxante usado por muitos depoentes nas sessões da CPMI. Jefferson, no entanto, não parecia estar tão tranquilo como o ex-genro. Afinal, no mesmo dia 14 de junho de 2005, quando depôs na Comissão de Ética da Câmara, data de seu aniversário de 52 anos, a residência de Marcus e de sua filha, Fabiana Brasil Francisco, em Petrópolis, na Região Serrana do Rio, fora alvo de uma operação da Polícia Federal. O casal morava numa casa dentro de um condomínio da Rua Dr. Hermogênio Silva, no bairro Retiro. Antes, por engano, os policiais estiveram na residência de um homônimo de Marcus Vinícius.

A operação de busca e apreensão da PF começou às 11 e seguiu até às 19 horas, com direito a apoio de um helicóptero. O procurador Bruno Acioli, um dos integrantes da força-tarefa do Ministério Público Federal, que, em 2008, denunciou Roberto Jefferson à Justiça, acompanhou os policiais federais. Na residência estavam Fabiana, o filho dela Bernardo, de 1 ano, e a ex-mulher de Jefferson, Ecila Brasil. Foram apreendidos documentos que pudessem servir de provas do envolvimento de Marcus Vinícius num suposto esquema de favorecimento da corretora Assurê nas operações do Instituto de Resseguros do Brasil (IRB).

O nome de Marcus Vinícius apareceu também nas investigações de corrupção nos Correios. Ele fora citado por Maurício Marinho, flagrado em vídeo recebendo propina quando era funcionário da estatal, como um de seus contatos no PTB, partido para o qual dizia arrecadar recursos em troca de vantagens em licitações. Eleito anos depois deputado estadual no Rio de Janeiro pela legenda e ex-funcionário da Assurê, Marcus Vinícius era sócio de uma das seguradoras credenciadas no IRB e também ligado a Henrique Brandão, que teria pressionado o ex-presidente do Instituto, Lídio Duarte, a repassar ao PTB uma mesada de R$ 400 mil, conforme apontaram os procuradores.

A ação dos policiais revoltou Roberto Jefferson. Inconformado com a ofensiva, o petebista acreditava ser uma manobra do governo para que o enfoque da crise fosse direcionado para ele.

Faltava apenas meia hora para o depoimento no Conselho de Ética da Câmara quando o petebista recebeu a notícia por Ecila da operação em Petrópolis. Até então ele refletia se existiriam chances de uma solução negociada com o governo. Na verdade, Jefferson ainda não estava disposto a meter o pé na porta para arrebentar. Mas, após esse telefonema da ex-mulher, Jefferson adotou a tática camicase e assumiu o mesmo espírito dos pilotos dos aviões japoneses na Segunda Guerra Mundial, que, carregados de explosivos, se atiravam contra os alvos inimigos.

— Foi uma operação rápida, feita na correria, para ver se eu me intimidava, se calava a boca. Meu netinho lá, e a Polícia Federal de metralhadora em punho. Saíram de mãos vazias. O objetivo era claro: fazer com que eu chegasse de cabeça baixa ao Conselho de Ética. Tenho plena convicção de que naquela operação havia a mão do governo tentando me acuar — disse Jefferson no livro *Nervos de aço*.

Por isso, apesar da aparente segurança de Marcus Vinícius para ser sabatinado na CPMI dos Correios, Roberto Jefferson permanecia com a pulga atrás da orelha. Em 23 de agosto de 2005, ou seja, na véspera de seu depoimento, Marcus foi ao apartamento funcional do ex-sogro, em Brasília, no início da noite. Jefferson estava na penumbra, sentado à mesa de jantar, sozinho, de frente para a janela. Ao lado, havia um revólver calibre 357 e uma granada. O petebista trouxera o arsenal dias antes do Rio de Janeiro em uma viagem de jipe para não chamar a atenção nos aeroportos.

> ROBERTO JEFFERSON: Se alguém te der voz de prisão [na CPMI dos Correios], eu vou explodir aquela merda. Se joga no chão. Não estão me chamando de homem-bomba? Eu vou explodir aquela merda. Não tem ninguém melhor ou pior que

você lá dentro. Você não fez nada a mais nem nada a menos que nenhum daqueles filhos da puta.

MARCUS VINÍCIUS: Meu irmão, calma! Eu estou preparado [para a sabatina].

O apartamento de Roberto Jefferson ficava a apenas 5 minutos do Congresso. Tomado pelo ódio, o petebista ligou imediatamente para o senador Delcídio do Amaral (PT-MS), presidente da CPMI dos Correios. O papo foi reto.

ROBERTO JEFFERSON: Presidente Delcídio, aqui é o Roberto. Amanhã, estão levando meu genro, Marcus Vinícius, pai dos meus três netos, para depor. Se algum babaca desses der voz de prisão, você deita no chão porque eu vou explodir a CPI.

DELCÍDIO DO AMARAL: Não, Roberto. Ele...

ROBERTO JEFFERSON: Estou dizendo ao senhor: se algum babaca fizer isso, vocês vão ver um homem-bomba em pessoa.

Coincidentemente ou não, no dia do depoimento de Marcus Vinícius na CPMI dos Correios, Delcídio do Amaral não presidiu a sessão. O trabalho ficou a cargo do então relator da comissão, Osmar Serraglio (PMDB-PR). Procurado pelo autor deste livro, Delcídio, investigado pela Operação Lava Jato, negou o diálogo com Jefferson por meio de sua assessoria. Porém, Delcídio não explicou o motivo de não ter participado da sessão daquele dia.

Na sabatina, Marcus Vinícius disse ter ouvido falar várias vezes no mensalão. Ele confirmou ainda que Roberto Jefferson pegou R$ 4 milhões negociados com o PT para pagar despesas de campanha em 2004, mas afirmou não saber para quem foi esse dinheiro. Treinado pelos advogados do ex-sogro antes de depor, Marcus Vinícius deu explicações que coincidiram com a segunda versão apresentada por Jefferson à CPI. Na primeira vez, o delator do mensalão disse que havia distribuído o dinheiro, mas recusara--se a dar nomes. Depois, afirmou que guardou os recursos. Marcus Vinícius negou ter ido aos Correios interceder junto à diretoria da estatal em favor de qualquer empresa.

— O Roberto me deu os parabéns. Era um jogo, um teatro de vampiros, como dizia Renato Russo. Aquilo tudo foi um teatro de vampiros. Você tem um relógio na sua frente, dão 15 minutos a você para cada resposta. Tem a estratégia — disse Marcus Vinícius em entrevista ao autor no dia 11 de abril de 2016.

Entre junho e julho de 2005, foram criadas nada menos que três Comissões Parlamentares de Inquérito (CPIs): a dos Correios (mista, formada por senadores e deputados), a dos Bingos e a da Compra de Votos (mista e chamada também de "Mensalão"). Na verdade, as CPIs tinham o objetivo de investigar basicamente a mesma coisa: as denúncias de corrupção envolvendo os petistas. A dos Correios, de longe, foi a que mais produziu provas contra os acusados. Em nove meses, após seu início em 9 de junho, apresentou um relatório final de 1.828 páginas detalhando a apuração que começou na estatal e se espalhou pelo Congresso e pelo governo.

A CPMI dos Correios processou pelo menos 20 milhões de registros bancários e 33,8 milhões de registros telefônicos. Mais de 68 mil contratos e 11,3 milhões de operações financeiras foram analisados. No total, setenta pessoas, entre deputados e funcionários de estatais, de ministérios e de bancos, sofreram afastamento dos cargos ou responderam processos em decorrência dos trabalhos realizados pela comissão. Houve ainda dezenas de depoimentos, além da realização de diligências e perícias. A abertura da CPMI teve como motivação a reportagem da revista *Veja* com denúncias sobre um esquema de corrupção na estatal.

A CPI dos Bingos (apelidada de CPI do Fim do Mundo) teve duração de quase um ano. No relatório final, com mais de 1.300 páginas, o então senador Garibaldi Alves Filho (PMDB-RN) sugeriu o indiciamento de 48 pessoas, entre elas, o bicheiro Carlinhos Cachoeira pelos crimes de formação de quadrilha, corrupção passiva, fraude em licitação e improbidade administrativa. Uma das principais acusações contra Cachoeira se referiu à renovação de contrato de forma irregular entre a empresa GTech e a Caixa Econômica Federal de gerenciamento de loterias estaduais. Foram colhidos mais de cem depoimentos e realizada até uma acareação com cinco acusados.

Apesar de confusa, a CPI dos Bingos apurou outros casos, como os assassinatos dos prefeitos Celso Daniel (Santo André-SP) e Toninho do PT (Campinas-SP). Essa comissão também foi fundamental para a queda de Antonio Palocci do comando do Ministério da Fazenda, acusado de envolvimento na quebra do sigilo bancário do caseiro Francenildo Santos Costa. Em depoimento à CPI, Francenildo afirmou ter visto Palocci em uma mansão no Lago Sul de Brasília onde eram realizadas festas para fechar negócios com empresários. A abertura da CPI teve como justificativa uma gravação divulgada em 2004, na qual o ex-assessor da Casa Civil, Waldomiro Diniz, apareceu extorquindo a máfia do jogo, no Rio de Janeiro, para financiar campanhas eleitorais.

Já a CPMI da Compra de Votos (ou do Mensalão), a mais fraca das três, chegou ao fim em 17 de novembro de 2005 sem ao menos ter sido aprovado o relatório final. O documento, lido pelo relator, deputado Ibrahim Abi-Ackel (PP-MG), foi considerado sem validade porque a leitura ocorreu um dia depois do prazo máximo para o funcionamento da comissão. Abi-Ackel conclui que houve pagamentos indevidos a parlamentares, mas preferiu não chamar o ato de mensalão sob o argumento de que nem todos foram mensais, sendo alguns semanais e até quinzenais. A entrevista de Roberto Jefferson à *Folha de S.Paulo*, denunciando o esquema, provocou o início da CPMI.

Ao todo, Jefferson prestou quatro depoimentos no Congresso Nacional em consequência das denúncias feitas por ele em 2005. Dois deles ocorreram no Conselho de Ética da Câmara, em 14 de junho e 2 de agosto, este último numa acareação com o ex--ministro da Casa Civil, José Dirceu. O petebista falou também na CPMI dos Correios, em 30 de junho, e na CPMI da Compra de Votos (do Mensalão), em 4 de agosto. Todos com cobertura e transmissão ao vivo de emissoras de televisão e de rádio, além de jornais, revistas e portais de notícias na internet. O Brasil e o mundo testemunharam o desempenho de um verdadeiro *showman* às avessas.

Para enfrentar os depoimentos, além da estratégia em si, Roberto Jefferson montou uma força-tarefa disposta a produzir dossiês recheados com informações negativas contra deputados com os quais o petebista debateria nas comissões. O grupo de Jefferson era basicamente formado pelos advogados Itapuã Prestes de Messias e Luiz Francisco Corrêa Barbosa, pelas assessoras de imprensa Iris Walquiria Campos, Maria Teresa Silva e Luiza Pastor, e por assessores parlamentares nomeados em seu gabinete. A tropa contava ainda com os amigos inseparáveis Norberto Paulo de Oliveira Martins, o Beto, e Honésio Pimenta. Todos ficaram debruçados sobre as biografias, pendências judiciais, prestações de contas de campanhas dos parlamentares e tudo mais que pudesse constrangê-los quando estivessem frente a frente com Jefferson. Além das pilhas e pilhas de documentos reunidos, havia áudios e fotos.

A tática foi a seguinte: o deputado que partisse para cima de Roberto Jefferson levaria o troco de imediato. A intenção era desqualificar e mostrar que o acusador também se utilizava de práticas obscuras, como a prática de financiamento de campanha por meio de caixa dois, por exemplo. Em um dos casos, Jefferson guardava um registro policial de um deputado, ex-petista e agora filiado ao PSOL, que batera na mulher. A equipe de Jefferson varava o dia, a noite e a madrugada analisando os perfis à base de pipoca e vinho. Com o material produzido em mãos, ele se isolava, em casa, para preparar os discursos e não falava com mais ninguém. Com exceção de Ana Lúcia, a esposa, cujo papel fundamental era mantê-lo equilibrado.

Os alvos dos dossiês eram parlamentares do PT, principalmente. Na mira de Jefferson, estavam os senadores Eduardo Suplicy, Saturnino Braga e Ideli Salvatti e o deputado Jorge Bittar. Os ataques dos quatro contra o petebista ocorriam via imprensa ou nos próprios depoimentos. Quando Jefferson falou à CPMI dos Correios, bateu boca com Ideli após ela ter lido o currículo de Maurício Marinho, procurando mostrar a sua relação com o petebista. Na mesma sessão, o ex-deputado provocou Bittar quando o petista lhe perguntou sobre acordos nas eleições de 2004. "Estou só esperando a sua vez. Estou ansioso", ameaçou. Jefferson também descontrolou o deputado Henrique Fontana ao citar denúncias de que o PT gaúcho recebeu dinheiro do jogo do bicho.

— Eu fui aos caras para morder. O Bittar estava mordendo. O Saturnino e a Ideli também. Eu me preparei para bater. Eles não entraram [na briga] não. Correram. Quando eu bati a mão em cima do dossiê, o Bittar saiu da reunião — contou Jefferson em entrevista ao autor no dia 15 de abril de 2017.

O primeiro desafio de Roberto Jefferson aconteceu no Conselho de Ética da Câmara, em 14 de junho. Em um dos episódios mais baixos da história do Congresso, o petebista revelou com riqueza de detalhes casos de corrupção no Executivo e no Legislativo. Abalado com a operação da Polícia Federal em Petrópolis, ele aprofundou as suas denúncias. Com gestos estudados e a frieza de advogado criminalista, Jefferson deu nome aos bois. Acusou os deputados do PL (Valdemar Costa Neto, Sandro Mabel e Bispo Rodrigues) e do PP (Pedro Corrêa, José Janene e Pedro Henry) de terem recebido o mensalão. E confessou dois crimes: o recebimento de R$ 4 milhões na campanha eleitoral de 2004 repassados, segundo ele, pelo PT, sem declarar à Justiça Eleitoral, e o uso de cargos públicos em estatais para recolher dinheiro para o PTB.

O centro das acusações de Jefferson ficou por conta do então ministro da Casa Civil, José Dirceu, e dos dirigentes do PT José Genoino, Delúbio Soares e Silvio Pereira. No plenário 2 da Câmara, porém, o ex-deputado isentou Lula de culpa sobre o pagamento de mesada a deputados. Sobre Dirceu, o petebista eternizou outra frase olhando para as câmeras de TVs como se estivesse conversando com o ex-ministro, levando o plenário ao delírio. "Zé Dirceu, se você não sair daí rápido, vai fazer réu um homem bom, inocente. Zé Dirceu, saia do governo, saia rápido!"

Em corredores e salas das comissões da Câmara, dezenas de pessoas se reuniram em torno dos telões instalados para transmitir o depoimento de Jefferson. Não foi diferente no Senado. O que mais se ouvia era: "É hoje o dia" ou "O dia vai longe". Com um esquema de segurança de dar inveja a um *pop star*, ele chegou ao Congresso por volta das 14 horas escoltado por dois carros da Polícia Legislativa e da Polícia Militar. De terno preto, camisa e gravata lilás, ele entrou por uma passagem discreta e foi direto para uma sala ao lado de onde iria falar aos parlamentares, ali permanecendo por 40 minutos.

A plateia estava lotada. Os setenta lugares disponíveis foram ocupados. Cerca de vinte deputados ficaram de pé. Foram 55 minutos de discurso ininterrupto e quase 6 horas de sabatina numa peça bem encenada por Jefferson. Os acusados reagiram indignados. O duelo do dia, que durou 35 minutos, foi com Sandro Mabel, inocentado de ter sido um dos deputados beneficiados com mesadas para votar projetos a favor do governo.

> **SANDRO MABEL:** Sou muito homem! Por isso, fico de pé para falar com o senhor. Se o senhor é macho para contar mentiras, eu sou macho para contar a verdade.
>
> **ROBERTO JEFFERSON:** Não é a mim que a deputada Raquel [Teixeira, do PSDB, que disse ter sido aliciada por Mabel para receber o mensalão] acusa.
>
> **SANDRO MABEL:** O nobre deputado faz teatro. Não vou aceitar. Vossa Excelência deveria ganhar o Oscar da mentira. O senhor quer dar uma de gostoso, bonitão. Comecei a trabalhar cedo, carregando sacos de farinha nas costas.
>
> **ROBERTO JEFFERSON:** Aos 14 anos, eu era boy de um escritório de advocacia e engraxava sapatos.
>
> **SANDRO MABEL:** O Brasil perdeu um bom engraxate e ganhou um mentiroso.

Enquanto isso, no Palácio do Planalto, as televisões dos gabinetes da Presidência ficaram sintonizadas no depoimento de Jefferson. Em um evento, ao lado de Dirceu, Lula anunciou que o dia 14 de junho "ficaria marcado na nossa memória", embora a declaração tenha sido uma referência ao lançamento do Fundeb. Dirceu, por sua vez, tentou demonstrar descontração diante da crise. Ele sorriu para fotógrafos e cinegrafistas. Cercado por seguranças, ignorou os pedidos de entrevistas. Na avaliação dos governistas, o depoimento de Jefferson foi considerado "seguro", mas sem provas.

Três dias depois do primeiro depoimento no Congresso, Roberto Jefferson surpreendeu o seu partido, o PTB. Mesmo após receber um manifesto de apoio dos dirigentes da legenda, ele pediu licença da Presidência. Chorando e com a bandeira do PTB nas mãos, Jefferson disse não querer envolver a sigla nas suspeitas de um suposto esquema de corrupção nas estatais. O então deputado passou a bandeira para as mãos de Flávio Martinez, empresário do Paraná e irmão de José Carlos Martinez, este morto em um acidente de avião em 2003.

Jefferson ficou ao lado da filha, Cristiane Brasil. Durante o encontro no diretório nacional do PTB, em Brasília, havia cartazes com os dizeres "PC Faria, Delúbio faz", uma referência ao tesoureiro da campanha de Fernando Collor. Foi chamado de "herói" na tribuna e arrancou lágrimas da cúpula do partido. Ele recebeu a bênção de políticos evangélicos e teve seu nome ligado a Getúlio Vargas, João Goulart e Leonel Brizola, ex-petebistas. No discurso, Jefferson declarou: "Venci a primeira batalha, mas não a guerra. Se eu for ferido mortalmente, esta bandeira sangra também."

Os momentos mais emocionantes estavam por vir. As atenções, agora, se voltavam para 30 de junho, data em que Roberto Jefferson sentaria na cadeira da CPMI dos Correios. Mas foi uma semana antes que aconteceu um dos maiores mistérios da política nacional e que ainda martela na cabeça dos brasileiros por mais de uma década. Afinal, quem teria dado o soco no olho esquerdo de Jefferson, provocando um enorme hematoma? O que realmente aconteceu dentro do apartamento?

Primeiro, vamos à versão oficial, contada por Jefferson. De acordo com o petebista, ele conversava com a amiga e deputada federal Laura Carneiro (PMDB-RJ) e a assessora de imprensa Luiza Pastor. No bate-papo, Jefferson e Laura começaram a falar sobre a autoria da canção "Nervos de Aço". Para provar que a música pertencia a Lupicínio Rodrigues, o ex-deputado foi até o quarto dos fundos para pegar uma caixa de CDs do cantor e compositor em cima de um armário de madeira sucupira. O petebista, então, subiu em uma pequena escada de alumínio para alcançar o objeto e se desequilibrou. Ele se agarrou ao móvel, que tombou, e, na queda, bateu o olho na quina.

Nocauteado, Jefferson desmaiou. Ele sofreu um choque provocado por uma crise glicêmica e foi socorrido por Laura e Luiza. Desesperadas, as duas chamaram o motorista da deputada, Josafá Ferreira Leite Neto, o Netinho, que aguardava na garagem, para apoiá-las enquanto elas ligavam para os médicos. A empregada Elza dormia em outro quarto e Jane Cleide Herculano de Siqueira, assessora parlamentar da deputada, estava com as duas na sala. Jefferson levou vinte pontos (doze na musculatura e oito externos no hematoma). O ferimento causou espanto em todos na CPMI dos Correios. Era difícil convencer os outros de que o episódio teria sido ocasionado por um acidente doméstico. Nem a mãe de Jefferson, dona Neusa D'Alva, acreditou no filho.

No dia do acidente, a esposa de Roberto Jefferson, Ana Lúcia, viajara ao Rio de Janeiro de carro para pegar documentos pessoais. Elza já havia ido se deitar. Quando Luiza se preparava para ir embora, Laura chegou com Jane ao apartamento por volta das 21h30 para se encontrar com o ex-deputado antes de embarcar no último voo, no Aeroporto Juscelino Kubitschek, também com destino ao Rio.

Cinco pessoas próximas a Jefferson, que pediram anonimato, contaram a história de que, de fato, o armário caiu sobre o ex-deputado. Mas a queda fora provocada por uma personagem até então desconhecida do público. Inconformada com a tentativa dele de acabar com o relacionamento extraconjugal, M., amante do petebista, teria discutido com ele. Na confusão, o móvel caiu em cima de Jefferson. Entretanto, todos os envolvidos no episódio (ou seja, as únicas testemunhas do fato) reafirmaram a versão contada por ele e negaram a presença de M. no apartamento.

Loira e com os olhos verdes, a moça de Brasília encantara Jefferson, namorador desde os tempos da juventude. Os dois se conheceram em uma reunião de líderes partidários na Câmara dos Deputados na década de 1990 e se apaixonaram. Ela gostava de chamar a atenção no jeito de se vestir. Usava colares, pulseiras e outras joias. As brigas eram constantes. Os escândalos, às vezes, ocorriam dentro do próprio gabinete do ex-deputado. O romance durou doze anos, entre 1995 e 2007, mesmo ele estando casado com Ecila, da qual se separou definitivamente em 2001, e, depois, com Ana Lúcia. Todos da família e nos corredores do Congresso sabiam das puladas de cerca do petebista.

M. sempre teve bom trâmite na Câmara e no Senado desde os anos 1980. Ela ficou conhecida como lobista na área de educação. Em 2011, a moça foi credenciada como representante da Associação Nacional dos Centros Universitários (Anaceu), que aparece registrada como uma das entidades de classe autorizadas pela Câmara para a atividade.

Em entrevista para a biografia, Roberto Jefferson admitiu ter tido um romance com M., mas ressaltou ter se relacionado com ela entre 1997 e 2002. Ele reforçou a tese de que o olho roxo fora apenas um acidente. E concluiu:

— Nessa época, em 2005, eu já não tinha mais namorada. Só tinha a Ana. Eu defini a minha vida com a Ana Lúcia.

M. negou ser a responsável pelo olho roxo e atuar como lobista. Mas, diferentemente de Jefferson, ela disse que o caso extraconjugal só terminou em 2007, dois anos após o episódio da queda do armário. Revelou ainda ter acompanhado Jefferson nos depoimentos prestados por ele no Congresso sobre o mensalão, mesmo na presença de Ana Lúcia, e ter pedido pessoalmente a deputados para que não votassem a favor de sua cassação.

— Eu respeito o que vivemos. Todo mundo sabe que fui mulher do Roberto. A minha relação com ele foi de amor — encerrou M.

Após o estrondo da queda do móvel, por volta das 22 horas, Jefferson foi encontrado debaixo do armário, desacordado, gelado, encharcado de suor e sangrando muito. Netinho conseguiu suspender o armário enquanto Laura e Luiza o socorriam. Elza, assustada, saiu do quarto e levou um copo de água com açúcar para ele beber por causa da hipoglicemia. A preocupação de Laura era que o caso vazasse para a imprensa e virasse manchete no dia seguinte. Os jornalistas e os integrantes da CPMI só souberam quando o petebista apareceu na sessão com o hematoma, já sem os pontos.

Para manter sigilo, Laura e Luiza desistiram de levá-lo a hospitais de referência em Brasília porque temiam a repercussão negativa. Preocupada, Laura buscou ajuda com o então deputado pelo PFL, Ronaldo Caiado (atual senador do DEM), que é médico. Como o parlamentar não poderia acudi-lo por causa de uma reunião agendada com trabalhadores da área rural, a deputada recorreu à amiga Gardene Aguiar, adepta de cirurgias plásticas, que indicou uma clínica particular da especialidade na Asa Sul.

Em 2005, Jefferson era o único morador do prédio. Parte dos parlamentares abrira mão dos apartamentos funcionais e preferia morar nos hotéis. O petebista não andava com seguranças 24 horas. A proteção da Polícia Legislativa ocorrera apenas nos momentos que antecederam os depoimentos dele no Conselho de Ética da Câmara e nas CPIs. Devido ao olho roxo, a equipe até sugeriu a ele pedir o adiamento da participação na CPMI dos Correios, mas o ex-deputado descartou.

Municiado com os dossiês, Jefferson tentou intimidar os parlamentares integrantes da CPMI. Olhando para a câmera e dirigindo-se ao "povo brasileiro", afirmou não haver campanha para deputado federal a um custo inferior a R$ 1 milhão ou R$ 1,5 milhão, embora os colegas tenham declarado à Justiça Eleitoral média de R$ 100 mil de gastos. O próprio petebista informou ao Tribunal Superior Eleitoral (TSE) ter gasto R$ 144.900, em 2002, mas admitiu ter mentido ao TSE. Naquele ano, os maiores doadores de Roberto Jefferson foram a fabricante de armas Taurus, com total de R$ 50 mil, e a empreiteira CBPO, com R$ 30 mil. Disse ainda que uma campanha para senador não custaria menos de R$ 2 milhões ou R$ 3 milhões, mas a média das prestações de conta era de R$ 250 mil.

Pelo que disse em seu depoimento, Roberto Jefferson parece não ter mentido apenas quando falou sobre a sua declaração de 2002. Basta ver a seguir as suas prestações de contas de eleições anteriores.

1994 (Primeiro ano em que os candidatos foram obrigados a prestar contas.)

Total arrecadado: R$ 340.565,35

PRINCIPAIS DOADORES

Inter Saúde Assist. Médica S/C Ltda. — R$ 1.000

Inter Clínicas Assist. Médica Ltda. — R$ 5.000

Oswaldo Cruz Assist. Médica S/C Ltda. — R$ 1.500

Medial Saúde S/A — R$ 2.000

Forjas Taurus — R$ 20.000

SEMEG (Serviços Médicos Guanabara) — R$ 6.000

Const. Ferreira Guedes S/A — R$ 10.000

CIA Brasileira de Cartuchos — R$ 15.000

CIA Druida de Desenvolvimento — R$ 25.500

W2 com Cine vídeo Ltda. — R$ 10.000

Construtora OAS Ltda. — R$ 10.000

1998

Total arrecadado: R$ 47.608,60

DOADORES

Forjas Taurus — R$ 30.000

OMINT Assist. Serv. Saúde Ltda. — R$ 2.000

Grupo Hospitalar RJ — R$ 5.000

SOLA Brasil Ind. Óptica Ltda. — R$ 2.000

Roberto Jefferson Monteiro Francisco — R$ 7.500

Real Metálico S/A Ind.com — R$ 1.108,60

2002

Total arrecadado: R$ 144.900,00 (entre espécie e cheque)

DOADORES

Forjas Taurus — R$ 50.000

Honésio Pimenta Pedreira Ferreira — R$ 4.900

Thiers R.J Azevedo — R$ 5.000

CBPO Engenharia — R$ 30.000 (cheque)

Publicato Propaganda e Serviços — R$ 10.000

Aliança Navegação e Logística Ltda. — R$ 10.000 (cheque)

Daudt Andrade e Castro Advogados — R$ 10.000 (cheque)

Medial Saúde S/A — R$ 20.000 (cheque)

S.I.M Serviço Ibirapuera de Medicina S/C — R$ 1.000 (cheque)

Interclínicas — Planos de Saúde S/A — R$ 4.000 (cheque)

O depoimento à comissão começou com mais de duas horas e meia de atraso em uma sala lotada e abafada. Fileiras de câmeras de TVs tumultuavam a área de imprensa e Jefferson teve de interromper a sua fala por um instante porque um tripé caiu na cabeça de uma repórter. Jefferson chegou ao plenário com uma maleta vermelha de rodinhas, levantando a suspeita de ter levado mais provas do mensalão, o que não ocorreu. Pessoas que assistiam à sessão especularam sobre a possibilidade de serem os R$ 4 milhões dados pelo PT para ajudar nas campanhas municipais de 2004. Mas dentro havia apenas os dossiês contra os integrantes da CPMI.

Jefferson acusou dirigentes do PT de terem montado um esquema maior que o de PC Farias no governo Collor. Lembrou que as contas do caixa do ex-presidente somaram R$ 65 milhões e que só pelas contas de Marcos Valério passaram R$ 45 milhões. Para o ex-deputado, o "carequinha (Marcos Valério) deixou de fora o que o PC Farias também deixou, o rabo".

— PC Farias é pinto perto do que se vê de corrupção no PT — declarou.

Raivoso, Jefferson revelou que Valério passou a pagar o mensalão aos deputados em uma agência do Banco Rural do Brasília Shopping quando sentiu dificuldades de fazer a operação nas dependências da Câmara.

— O senhor Marcos Valério, versão moderna e macaqueada do senhor PC Farias, sacava um milhão por dia nas contas do Banco Rural. Ou sacava em Minas Gerais ou no prédio do Brasília Shopping, no nono andar, onde muitos assessores dos que recebem o mensalão estão registrados na portaria. Subiam até o escritório do banco e recebiam R$ 30 mil, R$ 40 mil, às vezes, R$ 20 mil, até R$ 60 mil — destacou.

Com um terço nas mãos, ele falou pouco sobre as denúncias de corrupção contra os apadrinhados nos Correios, mas voltou a repetir que a Abin (Agência Brasileira de Inteligência), a pedido da cúpula do PT, providenciou o grampo em Maurício Marinho. Agressivo no depoimento, encarou deputados e senadores. Em uma resposta à senadora Ideli Salvatti (PT-SC), foi ríspido: "Ela não é melhor do que eu. Ninguém aqui é melhor do que eu. Vou questionar um por um e vamos ver se as práticas daqueles que querem levantar a voz contra mim são diferentes." Um dos momentos mais tensos do depoimento ocorreu com o deputado Henrique Fontana (PT-RS).

> **HENRIQUE FONTANA:** Vossa Excelência virou acusador depois de estar sob forte acusação. Quero quebrar o sigilo de Vossa Excelência. Seu partido é o mais santo?
>
> **ROBERTO JEFFERSON:** Nunca recebi colaboração de bicheiros. No meu partido não tem Cachoeirinha não! Essa fidelidade zoológica do seu partido é estranha. Não venha

me dar lição de ética e moralidade! Pelos fantasmas do PC passaram R$ 64 milhões e só nas contas de Marcos Valério já passaram 40 milhões.

Trechos do depoimento de Roberto Jefferson publicados por *O Globo*:

PT EVITA INVESTIGAÇÃO: "Um partido que até ontem fazia da acusação a sua afirmação de luta. Do libelo pessoal contra pessoas a escada para subir, do cadáver de homens, troféus a ostentar para a opinião pública. Duro é quando esses cadáveres começam a repousar no nosso colo e os fantasmas que eles representam a assombrar nossas bandeiras, nossas lutas."

ABIN/GRAMPO: "A Abin é a agência política que age a favor do governo e não da sociedade. Há seis meses infiltraram agentes nos Correios para investigar irregularidades licitatórias. A incompetência é tamanha que descobriram um petequeiro embolsando R$ 3 mil e não descobriram que o seu Marcos Valério, versão macaqueada do PC, sacava R$ 1 milhão por dia do Banco Rural ou no Edifício Varig."

TV GLOBO: "Só a TV Globo não sabe que o [Maurício] Marinho é um simples chefe de departamento. Quando vejo aquele moço de cabelos brancos, o senhor Bonner, dizendo que o ex-diretor Maurício Marinho... não é não! Ele é quarto escalão."

DELÚBIO X PC: "Se PC Farias, e fez, hoje Delúbio e Marcos Valério fazem e outros virão e farão também."

FRACASSO COMO POLÍTICO: "Eu não brilhei como político. Fui um fracasso porque trilhei um caminho contra a opinião pública. Eu rutilei como advogado, que serei até Deus me chamar ao seu convívio, se achar que eu mereço."

MENSALÃO: "Eu recebi a informação que, depois da denúncia do mensalão, assessores de parlamentares têm ido lá pegar R$ 30 mil, R$ 40 mil, desde que as malas pararam de chegar. Não sei se no presente, mas até bem pouco tempo, sim. Desconfie de quem diz nunca ter ouvido falar em mensalão. Ou se omite por medo ou recebe."

DIRCEU: "Todo o esquema de indicações era comandado pelo Zé Dirceu e o Silvio Pereira. O Silvio negociava e o Zé Dirceu batia o martelo. Tudo que eu negociei com o Genoino foi homologado por ele. Não só dinheiro para a campanha, nomeação para Furnas, tudo. Eu tive com ele conversas republicanas e não republicanas."

MARCOS VALÉRIO/PT: "Estive com o Marcos Valério duas vezes. Uma delas no PTB. Ele queria que eu transferisse depósitos no valor de R$ 600 milhões do IRB que ficam num banco na Suíça para o Banco Espírito Santo. Procurei o Genoino e disse: 'Zé, esse cara é doido!' E me disseram que podia confiar. Ele era o PC Farias."

FINANCIAMENTO DE CAMPANHA: "Não há eleição de deputado federal que custe menos de R$ 1 milhão, mas a média das prestações de contas é de R$ 100 mil. As declarações à Justiça Eleitoral não traduzem a realidade. Nem a minha, nem as dos senhores. Esse processo começa na mentira e deságua no PC Farias e nos outros tesoureiros, como o Delúbio e o Valério."

PT SE SUJOU: "O PT chafurdou no mesmo esquema de financiamento. Se sujou."

MANDATO: "Não vim aqui mendigar em favor do meu mandato. Saio do Congresso da maneira como entrei: pela porta da frente. Ninguém vai me botar com o rabo entre as pernas ou me acanalhar."

TUCANOS: O deputado Roberto Jefferson ficou mudo quando o deputado Henrique Fontana lhe pediu detalhes sobre o esquema de financiamento do PSDB.

Quatro dias após as declarações de Roberto Jefferson à CPMI dos Correios, a presença de dirigentes petistas em cargos de comando do partido ficou insustentável. O primeiro a cair, em 4 de julho de 2005, uma segunda-feira, foi Silvio Pereira. O secretário-geral do PT pediu afastamento depois de ser apontado por Jefferson como o gerente do mensalão. Encrencado também na Operação Lava Jato, ele ganhou o apelido de "Silvinho Land Rover", por ter recebido o carro de luxo de Cesar Roberto Santos Oliveira, vice--presidente do Conselho de Administração da GDK, empresa que mantinha contratos bilionários com a Petrobras. O caso veio à tona quando o ex-ministro José Dirceu admitiu que Silvinho, apesar de não fazer parte do Executivo, mantinha uma sala no Planalto para distribuir milhares de cargos do governo.

Naquele primeiro fim de semana de julho, a revista *Veja* publicou uma reportagem exclusiva revelando que o empresário Marcos Valério, operador do mensalão, fora avalista do PT de um empréstimo de R$ 2,4 milhões do banco BMG, em Belo Horizonte. Anteriormente, Valério afirmara não ter sido avalista do partido em nenhum empréstimo, mas registros do Banco Central comprovaram a transação. O empréstimo, feito em 17 de fevereiro de 2003, teve outros dois avalistas, além de Valério: Delúbio Soares, tesoureiro do PT, e José Genoino, presidente nacional da legenda.

Mas, segundo a revista, Valério não foi apenas avalista da transação. Em 14 de julho de 2004, ele pagou através da sua agência SMP&B uma das prestações da dívida, no valor total de R$ 349.927,53.

Logo em seguida, em 5 de julho de 2005, terça-feira, Delúbio Soares não aguentou a pressão. O petista licenciou-se do cargo de tesoureiro. Em carta, Delúbio se defendeu das acusações de Roberto Jefferson.

Carta à Comissão Executiva Nacional

As investigações em andamento na administração e no Congresso Nacional voltam-se contra mim.

Não temo, tenho a plena consciência de nunca haver transgredido os princípios éticos da prática política. Prova eloquente disso é meu reduzido patrimônio.

Conduzi com seriedade e honestidade os assuntos financeiros do PT durante o tempo em que exerci a Secretaria de Finanças e Planejamento.

Como não temo a investigação, estou tomando a iniciativa de colocar à disposição da CPI meus sigilos bancário, fiscal e telefônico.

Acredito que o partido seja maior do que qualquer um dos seus dirigentes. Para permitir a normal condução dos assuntos do PT, estou apresentando à Executiva Nacional meu pedido de licença, pelo tempo em que perdurar a apuração.

Delúbio Soares
Secretário de Finanças e Planejamento

Também em 5 de julho, o então líder do PMDB na Câmara, José Borba, para se defender da suspeita de ter recebido mensalão, divulgou nota afirmando que Marcos Valério participava diretamente da nomeação de cargos no governo federal. Borba foi acusado de ter estado no escritório do Banco Rural num shopping de Brasília, local revelado por Roberto Jefferson, no mesmo dia em que a conta corrente da SMP&B Comunicação, de Valério, sofreu um saque de 200 mil reais em dinheiro vivo.

No dia seguinte, Marcos Valério prestou depoimento à CPMI dos Correios por mais de treze horas e negou todas as denúncias. No entanto, o depoimento do empresário foi considerado pouco convincente, sobretudo porque ele sentou-se na cadeira da comissão amparado por um *habeas corpus* preventivo concedido pelo Supremo Tribunal Federal (STF), que deu a ele o direito de se eximir do compromisso de dizer apenas a verdade. Visivelmente nervoso, Valério confirmou ter sido avalista do empréstimo do PT junto ao BMG e de ter pagado dívida do partido. Sobre Jefferson, o empresário disse que não entregou R$ 4 milhões ao petebista e não negociou cargos com José Borba. Mas, em 7 de julho, sua ex-secretária Fernanda Karina, ao responder o interrogatório dos parlamentares, afirmou que o empresário pagava mensalão aos deputados.

Em 2017, Marcos Valério continuava preso. Condenado a 37 anos de reclusão por corrupção ativa, peculato, lavagem de dinheiro e evasão de divisas no processo do mensalão, ele fora detido em novembro de 2013. Investigado na Operação Lava Jato, Valério tem outras duas condenações. A primeira, em julho de 2015, a mais nove anos e seis meses de prisão pela Justiça Federal de Minas Gerais por duas ações de sonegação fiscal que totalizam R$ 55,9 milhões, a maior parte utilizada para abastecer os esquemas de desvio de dinheiro do mensalão do PT e do mensalão do PSDB. E a segunda, em abril de 2017, pela Justiça Federal do Rio de Janeiro, a mais dezoito anos e nove meses de prisão por crimes de corrupção ativa e formação de quadrilha. De acordo com o

Ministério Público, ele teria repassado propinas ao procurador da Fazenda Glenio Sabbag Guedes, condenado na mesma ação a 22 anos de detenção.

Em 4 de agosto de 2005, Roberto Jefferson continuou a maratona e depôs pela quarta vez no Congresso. Agora, na CPMI da Compra de Votos (ou do Mensalão). Nela, o petebista contou ter tentado um acordo com o PT para evitar a cassação do mandato. Segundo ele, as negociações estavam sendo conduzidas entre o ministro do Turismo de Lula, Walfrido dos Mares Guia, e Tarso Genro, que assumiu a presidência do PT por conta da crise. A ideia de Jefferson era buscar junto ao PT uma forma de legalizar o repasse dos R$ 4 milhões, de um total de R$ 20 milhões prometidos pelos petistas.

O recebimento de caixa dois foi o único crime reconhecido publicamente por Jefferson. Ele deu detalhes de como Marcos Valério entregou o dinheiro a ele na sede do PTB, em Brasília, em malas de rodinhas a pedido de Delúbio Soares. A quantidade de notas era tão grande que ele teve de guardar num cofre e num armário. O depoimento começou às 10h34 e se estendeu por todo o dia. Na versão de Jefferson, os recursos foram distribuídos a candidatos do partido para as campanhas de prefeito e de vereador nas cidades com mais de 200 mil eleitores, em 2004. As prioridades eram petebistas que disputariam as eleições em Nova Iguaçu, São João de Meriti e São Gonçalo (RJ), Juiz de Fora (MG), Belém (PA), Recife (PE) e Campo Grande (MS).

Mas a demora na transferência do dinheiro provocou mal-estar entre Jefferson e integrantes da bancada do PTB no Congresso e candidatos. Um dos deputados revoltados era Roberto Magalhães, de Pernambuco. Outro descontente, Joaquim Francisco, candidato à Prefeitura do Recife em 2004, chegou a ter autorização de Jefferson para fazer despesas de campanha, mas não viu a cor do dinheiro.

Entretanto, parte dos R$ 4 milhões foi distribuída a candidatos do PTB no Rio. No interior do estado, por exemplo, a partilha ficou sob responsabilidade de Manoel Rampini Filho, amigo de Jefferson. Ele repassou os recursos para petebistas de São José do Vale do Rio Preto, Areal, Sumidouro e Sapucaia, entre outros.

Mas o pulo do gato aconteceu na capital. Roberto Jefferson queria eleger a filha Cristiane Brasil pela primeira vez a todo custo e precisava de dinheiro. Dois homens do caixa-forte do PT, Silvinho Pereira e Delúbio Soares, então, entraram matando no Rio e destruíram a aliança do PTB com o PFL de Cesar Maia, candidato à reeleição. Jefferson largou Cesar e migrou com o PTB para a campanha de Jorge Bittar (PT).

A articulação de Jefferson na capital desencadeou mudanças no tabuleiro eleitoral no estado. Outra aposta do PT (leia-se Lula e José Dirceu) era Nova Iguaçu, na Baixada Fluminense, com Lindbergh Farias. O PTB havia lançado a candidatura de Fernando Gonçalves à prefeitura. Diante do acordo com o PT a favor de Bittar, o PTB tirou o pé do acelerador da campanha de Gonçalves, que chegou a liderar as pesquisas de intenção de votos. Resultado: Lindbergh acabou derrotando o adversário Mário Marques (PMDB) no segundo turno e Cristiane Brasil conseguiu uma vaga na Câmara de Vereadores do Rio, com 13.315 votos.

No depoimento à CPMI da Compra de Votos, Jefferson manteve os ataques a José Dirceu e ainda ao Banco Rural, dizendo não entender o motivo pelo qual o Banco Central não havia feito uma intervenção na instituição. Além disso, irritou deputadas e senadoras ao lembrar um episódio envolvendo o ex-presidente Itamar Franco com uma modelo no carnaval do Rio. O petebista criticou o ex-deputado Valdemar Costa Neto (PL-SP), chamado por ele de "galo mutuca". Acusado por Jefferson de integrar o esquema do mensalão, Valdemar renunciou ao mandato.

Como parte da estratégia, Roberto Jefferson voltou a inocentar Lula das irregularidades cometidas pelo governo. Em depoimento ao Conselho de Ética, Jefferson deu a entender que o ex-presidente teria participado de um acordo para que a Portugal Telecom fizesse aporte de recursos nos caixas do PTB e do PT. Na CPMI da Compra de Votos, porém, o petebista pediu desculpas e disse que o petista merecia um "cheque em branco". Numa entrevista ao *Fantástico*, da TV Globo, em Paris, exibida no dia 17 de julho de 2005, Lula afirmou que caixa dois eleitoral era "prática comum" e ocorria sistematicamente no Brasil.

Entre o depoimento de Jefferson à CPMI da Compra de Votos e a cassação do mandato, houve momentos importantes a seguir destacados por data:

9 de agosto: Marcos Valério depôs na CPMI da Compra de Votos. O empresário pediu perdão ao povo brasileiro por ter mentido. Ele negou o mensalão, mas confirmou ter feito seis empréstimos ao PT a partir de 2003.

11 de agosto: O publicitário Duda Mendonça falou espontaneamente à CPMI dos Correios. Segundo ele, Marcos Valério pediu para que abrisse uma conta num paraíso fiscal para receber o pagamento dos serviços prestados ao PT com dinheiro de caixa dois nas campanhas de 2002 e 2004.

12 de agosto: Em pronunciamento em cadeia nacional, Lula declarou, sem citar nomes: "Eu não tenho nenhuma vergonha de dizer ao povo brasileiro que nós temos que pedir desculpas. O PT tem que pedir desculpas. O governo, onde errou, tem que pedir desculpas."

16 de agosto: Emerson Palmieri, tesoureiro informal do PTB, alegou à CPMI da Compra de Votos que viajou para Portugal com Marcos Valério para testemunhar uma reunião com a Brasil Telecom em que seria pedida uma ajuda financeira para o PT e para o PTB.

16 de agosto: Jacinto Lamas, ex-tesoureiro do PL, contou que Valdemar Costa Neto usou dinheiro do partido para mobiliar a sua residência em Brasília. Lamas disse também que esteve em dois hotéis para receber dinheiro em nome de Valdemar.

23 de agosto: À CPI dos Bingos, Valdemar Costa Neto afirmou ter recebido R$ 6,5 milhões do PT, pagos em dezoito parcelas até janeiro de 2005, mas disse que o acordo entre PT e PL foi dentro da legalidade.

1º de setembro: A CPMI dos Correios e a CPMI da Compra de Votos aprovaram relatórios que sugerem a cassação dos seguintes deputados: Bispo Rodrigues (PL-RJ), João Magno (PT-MG), João Paulo Cunha (PT-SP), José Borba (PMDB-PR), José Dirceu (PT-SP), José Janene (PP-PR), José Mentor (PT-SP), Josias Gomes (PT-BA), Paulo Rocha (PT-PA), Pedro Correia (PP-PE), Pedro Henry (PP-MT), Professor Luizinho (PT-SP), Roberto Brant (PFL-MG), Roberto Jefferson (PTB-RJ), Romeu Queiroz (PTB-MG), Sandro Mabel (PL-GO), Valdemar Costa Neto (PL-SP), Vadão Gomes (PP-SP) e Wanderval Santos (PL-SP).

9 de setembro: Bispo Rodrigues renuncia ao mandato.

* * *

Apesar de ter virado Brasília de cabeça para baixo, derrubado o todo-poderoso José Dirceu e provocado a renúncia de deputados, a avalanche causada por Roberto Jefferson teve preço alto a pagar. A primeira fatura chegou em 14 de setembro de 2005. Eleito durante o governo Figueiredo, o petebista foi condenado a perder o mandato pelos próprios colegas da Câmara: 313 votos a favor e 156 contra, com treze abstenções, cinco votos em branco e dois nulos. Caiu o homem que abalou a República às 21h23.

O destino de Jefferson começou a ser traçado treze dias antes. Por unanimidade (14 a 0), parlamentares do Conselho de Ética da Casa decidiram mandar ao plenário a recomendação para cassar o presidente nacional do PTB por quebra de decoro. Além do relator Jairo Carneiro (PFL-BA), a composição era formada por Ângela Guadagnin (PT-SP), Chico Alencar (PT-RJ), Orlando Fantazzini (PT-SP), Ann Pontes (PMDB-PA), Benedito de Lira (PP-AL), Edmar Moreira (PL-MG), Gustavo Fruet (PSDB-SP), Josias Quintal (PMDB-RJ), Carlos Sampaio (PSDB-SP), Júlio Delgado (PSB-MG), Nelson Trad (PMDB-MS), Ciro Nogueira (PP-PI) e Robson Tuma (PFL-SP).

Como foi a votação dos integrantes do Conselho:

RELATOR JAIRO CARNEIRO: "O procedimento de Jefferson foi incompatível com a ética e o decoro parlamentar ao ofender com denúncias feitas de forma generalizada a honra de todos os parlamentares do PP e do PL e a dignidade e a imagem pública da Câmara."

ÂNGELA GUADAGNIN: "O Roberto Jefferson apontava o dedo e culpava as pessoas. Ele não aceita para ele a acusação que faz para os outros. Ele perdeu o direito à imunidade."

CHICO ALENCAR: "Jefferson é sócio dissidente de um grande esquema de corrupção. Houve uma festa para ele ontem. Será que ele cantou 'Meu mundo caiu'?"

ORLANDO FANTAZZINI: "Roberto Jefferson julgou a Casa pelo que ele é. Tentou jogar lama de forma generalizada. Que causa inglória dos advogados que o defenderam!"

ANN PONTES: "No depoimento de Jefferson, eu disse que desconhecia o mensalão. Nunca tinha ouvido falar disso, seja em banheiro ou no cafezinho do plenário, lugares onde, segundo ele, todos comentavam o assunto. Pareci a única ingênua na história."

BENEDITO DE LIRA: "Quando ele falou do mensalão, era como se a Câmara fosse um grande celeiro de futebol, de compra e venda de passe de jogador."

EDMAR MOREIRA: "O relatório do Jairo Carneiro é muito bom. É igual remédio. Vide bula e está tudo explicado."

GUSTAVO FRUET: "Roberto Jefferson participou do esquema embolsando R$ 4 milhões. Mas ele não cometeu o crime de difamação e injúria, pois muitas coisas que ele disse estão se confirmando."

JOSIAS QUINTAL: "Ao denunciar um esquema, ele praticou um ato virtuoso. Mas não me sinto confortável em absolvê-lo."

CARLOS SAMPAIO: "Jefferson cometeu atos que ferem o decoro parlamentar. Fez acusações genéricas e tentou desviar o foco da atenção."

JÚLIO DELGADO: "Ele atentou contra o decoro ao banalizar as ações, mas qualquer que seja a denominação, mensalão ou não, o repasse de recurso ilegal ocorreu."

NELSON TRAD: "Demos uma lição de ética com a grandeza do relatório. Lastimo o papel dos advogados de Roberto Jefferson, mas não estamos aqui para ouvir desaforos."

CIRO NOGUEIRA: (apenas disse sim no momento de votar).

ROBSON TUMA: (apenas disse sim no momento de votar).

A sessão, iniciada pouco depois das 16 horas, foi presidida pelo primeiro vice-presidente da Câmara, José Thomaz Nonô (PFL-BA). O presidente Severino Cavalcanti (PP-PE) passou o dia recluso, graças à divulgação pelo empresário Sebastião Buani, no mesmo dia da cassação de Jefferson, da cópia de um cheque endossado por Gabriela Kenia S. S. Martins, secretária de Severino. O saque de R$ 7,5 mil, de 30 de julho de 2002, apareceu como a prova da propina e da quebra de decoro. Buani, dono de um restaurante no Congresso, acusara Severino de pedir, em 2002 e 2003, mensalidade de R$ 10 mil para não fechar o local. O caso ficou conhecido como "mensalinho".

O Conselho de Ética da Câmara entendeu que Roberto Jefferson deveria perder o mandato de deputado por ter assumido tráfico de influência em estatais, ter admitido o recebimento de dinheiro de caixa dois repassado pelo PT e ter feito acusações sem provas do mensalão. O petebista não quis ficar no plenário para ver o resultado final. Ele seguiu direto para a sede do PTB, onde concedeu uma entrevista coletiva.

— Eu sabia que ia ser cassado. Só não sabia que ia ser por esse número cabalístico. São os trezentos picaretas do Lula mais o [número] 13 do PT — disse Jefferson numa referência à frase famosa de Lula dita em 1993 — "Há uma maioria de trezentos picaretas que defendem apenas seus próprios interesses" — e que inspirou a canção "Luís Inácio (300 picaretas)", composta por Herbert Vianna para a banda Os Paralamas do Sucesso.

Antes de sair, Jefferson e Dirceu se encontraram na fila de votação. O petebista se aproximou do ex-ministro e disse a frase: "Eu sou você amanhã." Pouco mais de dois meses depois, Dirceu também perderia o mandato. O petista ficou tão transtornado com a provocação do inimigo que se esqueceu de pôr a cédula no envelope e o seu voto foi considerado nulo porque poderia ser identificado.

Apesar de já saber o desfecho, Jefferson considerava incoerente e hipócrita a decisão do Conselho de Ética porque, em sua opinião, nenhum deputado consegue ser eleito no Brasil sem dinheiro de caixa dois para fazer campanha. O ex-deputado acreditou que ele e Dirceu foram vítimas de um processo político.

— Ele [José Dirceu] foi cassado por ter recebido uma diretora do BMG para acertar interesses, isto é, por ter favorecido, como ministro, uma instituição bancária, segundo o parecer de Júlio Delgado. Mas a representação contra Dirceu não tratava disso. Ele era acusado de chefiar o mensalão, e foi cassado por outro motivo — justificou Jefferson no livro *Nervos de aço*.

A mágoa e a decepção de Jefferson ficaram por conta justamente de parlamentares de partidos de oposição ao governo Lula, como PSDB e PFL. A orientação das lideranças das duas legendas era para que as bancadas votassem pela cassação do petebista. As informações de bastidores e das reuniões de integrantes das duas siglas chegavam até ele por meio de duas deputadas amigas: Zulaiê Cobra e Laura Carneiro, na época filiadas ao PSDB e PFL, respectivamente.

Roberto Jefferson teve os direitos políticos suspensos por oito anos a partir da data que terminaria o seu mandato, ou seja, em fevereiro de 2007. Então, ele só poderia disputar uma eleição depois de fevereiro de 2015. Como em ano ímpar não há eleição, Jefferson só teria a chance de se candidatar novamente nas eleições municipais de 2016, ano em que saíra da cadeia após ser condenado pelos ministros do Supremo Tribunal Federal no processo do mensalão.

Antes da votação no plenário, Jefferson fez um discurso emocionado de 41 minutos na última tentativa de reverter a cassação. Foi um show particular do petebista num momento histórico da política brasileira. Além dele, seus advogados falaram por 36 minutos e insistiram, sem sucesso, na tese de que o cliente não poderia perder o mandato devido à inviolabilidade de opiniões assegurada pela Constituição.

O relógio marcava 17h38 quando o petebista começou a falar. Impecável nas palavras do discurso de despedida, ele citou o nome de mulheres próximas, como a esposa, as filhas, a mãe, a avó e as assessoras. Em ato teatral, quis convencer o Congresso de que fora vítima de uma armação do PT e do governo, mas fracassou.

Na tribuna, Jefferson bateu em velhos desafetos, como Dirceu, e na imprensa, especificamente no Grupo Globo. Pela primeira vez, atacou Lula, acusou o governo de ser "o mais corrupto" de todos que conheceu e ainda arrancou aplausos de parlamentares contrários à sua cassação e de uma claque de trinta pessoas acomodadas nas galerias com camisas e cartazes com os dizeres "Eu acredito em Roberto Jefferson".

— O rei está nu. Se tiver que sair, saio de cabeça erguida. Tirei a roupa do rei e mostrei para o Brasil quem são os fariseus, o que é o governo Lula — declarou.

O clima de velório após a cassação do mandato, no apartamento de Jefferson, foi descrito por um vizinho do bloco I da 302

Casa onde Roberto Jefferson passou a infância, em Anta, distrito de Sapucaia, RJ. Registro de outubro de 2016.

O cemitério de Anta, outubro de 2016.

Mausoléu, no cemitério de Anta, onde estão sepultados os familiares de Roberto Jefferson.

O mausoléu das famílias Medeiros e Francisco.

Poemas no mausoléu das famílias Medeiros e Francisco.

Familiares de Roberto Jefferson sepultados no mausoléu do cemitério de Anta.

Os pais de Roberto Jefferson, Betinho e Neusa. Petrópolis, janeiro de 2016.

Cerimônia de casamento de Roberto Jefferson e Ana Lúcia. Três Rios, 29 de maio de 2015.

Roberto Jefferson em 24 de agosto de 1992, época em que fazia parte da tropa de choque de Collor.

Jefferson, em lua de mel com o governo, ao lado de Lula, Dirceu e o ex-ministro Walfrido dos Mares Guia em 2004.

Da esquerda para a direita: deputado Osmar Serraglio (PMDB-PR), senador Delcídio do Amaral (PT-MS) e deputado Roberto Jefferson (PTB-RJ) no depoimento à CPI dos Correios em 30 de junho de 2005.

Com a mulher, Ana Lúcia, Roberto Jefferson aguarda o mandado de prisão em Levy Gasparian, 17 de novembro de 2013.

Em 23 de fevereiro de 2014, em um passeio de Harley-Davidson, momentos antes de ser preso.

Em 6 de abril de 2016, Roberto Jefferson retorna ao Congresso após onze anos.

Jefferson reassume a presidência nacional do PTB em 14 de abril de 2016.

Em 17 de abril de 2016, Jefferson observa a filha Cristiane Brasil votar a favor do impeachment de Dilma Rousseff e homenageá-lo no discurso.

Norte, prédio onde morava o ex-deputado em Brasília. O redator publicitário Ricardo Serran Lobo ficou famoso, em 2005, ao criar o blog "Vizinho do Jefferson" (disponível em: <http://www.vizinhodojefferson.blogger.com.br>). Nele, detalhava a rotina vista por uma janela que ficava de frente para o imóvel do petebista.

"Bem diferente daquela outra festa no AP (apartamento) onde se falava alto, bebia-se e ria-se muito dos membros da CPMI dos Correios, a reunião de ontem estava mais para velório e acabou cedo, por volta de meia-noite e meia", postou o internauta, às 9h23, do dia 15 de setembro.

A "outra festa no AP" a que o blogueiro se referia aconteceu em 30 de junho, quando o deputado cassado depôs, com o olho roxo, à CPMI dos Correios. À noite, já em sua casa, ele recebeu assessores e amigos mais chegados que, de acordo com o vizinho, estavam felizes com o resultado do depoimento.

"Sabe jogo de futebol quando acaba? Os amigos se reúnem para um churrasco com cerveja e falam das jogadas. A comemoração de ontem foi assim, comentários sobre dribles e jogadas bem-sucedidas. Como resultado da tensão vivida, todos eles estavam empolgadíssimos com o bom resultado do depoimento na CPMI", dizia o texto do blogueiro postado no dia seguinte à "festa".

Com a agitação ao redor de Roberto Jefferson, o blog ganhou várias publicações de Ricardo Serran Lobo. As mensagens falavam sobre a cassação, a reunião entre amigos e correligionários, um protesto em frente ao apartamento de Jefferson, as aulas de canto, os exercícios físicos do político e até o plantão dos jornalistas diante de seu prédio, entre outros assuntos vistos pela "janela indiscreta".

"Durante a produção de fotos para a entrevista ao *Correio* [jornal *Correio Braziliense*] esta tarde o vizinho [Roberto Jefferson] apareceu na janela contando dinheiro e entregando parte dele ao segurança que estava ao seu lado. É pena que as lentes usadas na hora pelo repórter fotográfico Edilson não conseguiram dar um close nele... Rimos muito da situação, seria a imagem que melhor traduziria a existência do meu blog", escreveu Ricardo.

Doze anos após a cassação, Jefferson disse ter sentido um "grande alívio":

— Meu mandato se transformara num pesadelo. Eu compreendi que lutar por ele seria apostar no sofrimento. Optei pela saída honrosa, lutar até cair. Caí lutando, o que me deu uma grande sensação de vitória.

Trechos do discurso de Roberto Jefferson antes de ser cassado:

ACUSAÇÃO: "Duas CPMIs foram instaladas: a CPMI dos Correios e a CPMI do Mensalão. E o relator da Comissão de Ética diz que o mensalão não existe. Devo dizer ao relator que essa só contaram para você. Ter feito as denúncias para tirar de si mesmo o foco das acusações. Mesquinha a colocação, pequena, da altura de um homúnculo."

MAURÍCIO MARINHO: "Tentaram colocar no meu colo, plantaram um crime que eu não cometi na minha vida, uma relação espúria com o senhor Maurício Marinho, lá nos Correios, e tentaram, a partir do momento em que duas vezes consecutivas eu falei ao presidente Lula da existência do mensalão."

ABIN: "O senhor Lange, da ABIN, que gerou até aquela crise quando o diretor da ABIN disse que a CPI era de bestas-feras, disse que foi mandado para a CPI para investigar o PTB, lá nos Correios. Não encontrou nada, a não ser um boquirroto chamado Maurício Marinho, que, sem poder algum, ficava pegando R$ 3 mil, R$ 2 mil ali, R$ 5 mil ali, como ele confessa à Polícia Federal um total de R$ 20 mil."

CORREIOS: "Tentaram colocar no colo do PTB os escândalos praticados e cometidos nos Correios. E o relator tem coragem de dizer que eu quis tirar o foco de cima de mim mesmo. Oh! relator! Tive uma árdua tarefa, conversei, está ali o líder do governo, deputado Arlindo Chinaglia, que esteve comigo, lá em casa, e pediu-me que eu assumisse. Um delegado diligente faria um inquérito independente e nós encerraríamos a situação política. Não pediu em nome do governo, mas em nome pessoal."

MENSALÃO: "Quarta acusação que me faz o relatório: ter-se omitido em não revelar o mensalão assim que soube. O relator está de brincadeira. Fiz peregrinação. Ao José Dirceu, como ministro-chefe da Casa Civil, falei isso umas dez vezes. Falei ao Ciro. Depois nós descobrimos que o Márcio, secretário executivo do Ministério, tinha recebido do Marcos Valério R$ 500 mil para saldar contas de campanha. Mas falei ao Ciro, com lealdade. Ele disse: 'Eu não acredito nisso.' Falei ao ministro Miro Teixeira. Estava acompanhado do José Múcio. Conversei com eles: 'Isso vai dar zebra.' Falei com o presidente da República."

LULA: "Meu conceito do presidente Lula é que ele é malandro, preguiçoso. Não sei se já chegou da Guatemala. O negócio dele, ó, é passear de avião. Governar que é bom ele não gosta. E delegou. E esconderam essa cúpula debaixo da saia da chefe da Casa Civil, do Gushiken. O Zé Dirceu já mandaram para cá, e essa cúpula desonrou a confiança que lhe foi depositada pelo presidente Lula. Se ele não praticou o crime por ação, pelo menos por omissão."

JOSÉ DIRCEU: "[O presidente] escolheu o ministro José Dirceu como uma espécie de Mary Jeane Corner, o rufião do Planalto para alugar prostitutas, algo que ele entendia poder fazer na Câmara dos Deputados. Tratou esta Casa como se fosse um prostíbulo. Aliás, sempre conversou nesse sentido. As conversas com ele sempre começavam neste nível, as festas, para depois ficar na antessala do presidente, do jeito que ele queria conduzir, de maneira antirrepublicana."

DELÚBIO SOARES: "Disse ao próprio presidente: 'O Delúbio vai botar uma bomba debaixo da sua cadeira. Esse mensalão é um escândalo.' Eu nunca vi uma coisa igual na minha história parlamentar. Se o relator fica ofendido com a palavra mensalão, seus ouvidos pios se ofendem, chame do que quiser, bimensalão, trimestralão, o que quiser chamar, mas essas transferências constantes de recursos para alugar os partidos da base aliada tinha que acabar."

JOSÉ GENOINO: "Eu não sou como o Genoino, que vi aqui sustentando libelos gravíssimos contra os companheiros e, ontem, de rabinho entre as pernas: 'Não vi. Não li. Se assinei, não sei.' Mentindo descaradamente ao Brasil, lá na CPMI. O PT não tem projeto de governo. Eu quero dizer o PT nesse Campo Majoritário e nessa cúpula que assaltou o Brasil. Rato magro, hein? Quem nunca comeu mel quando come se lambuza. Rato magro. PC Farias é aprendiz de feiticeiro ante essa gente que assaltou o Brasil! Rato magro! Mas eu nunca bati no peito para dizer que sou o paladino da ética e o campeão olímpico da moralidade."

MARCOS VALÉRIO: "O Marcos Valério era empregado da Câmara? Trabalhava para nós? Trabalhava para os parlamentares? Não. Coagia em nome do governo e do partido do governo. Temos que atravessar a Praça, senhor presidente. Temos que ir ao Palácio do Planalto fazer a investigação que precisa ser feita. Essa é a resposta que o povo do Brasil quer de nós."

GUERRA DE TROIA: "Ao ler hoje o primeiro capítulo da Guerra de Troia, lembrei de Éris, a Deusa da Discórdia. O governo fez isso conosco na base aliada. Foi ao pomar, pegou um pomo, uma maçã, escreveu: a mais bela. Jogou entre nós, os partidos. E fez aqui na Casa o conflito, como se fôssemos o valhacouto de corruptos. Estamos numa guerra fratricida, sanguinária, entre nós, quando a corrupção está na praça do lado de lá. De lá partiu a corrupção. De lá."

DESPEDIDA: "Cumpri minha missão. Não arredo uma vírgula do que disse; não mudo uma palavra do que já falei, mas quero dizer aos meus companheiros e às minhas companheiras, deputados e deputadas, que essa luta, de maneira soez e sórdida, foi colocada entre nós. Queimam o Severino, o Maluf, o Roberto Jefferson, o Janene, o Pedro Corrêa, e não estamos puxando a barba do bode. Temos que puxar a barba do bode para mostrar onde está o DNA da corrupção que desgastou a imagem do Congresso Nacional."

6. A ficha caiu — o julgamento

ROBERTO JEFFERSON: Bernardo, o que você acha desse processo? Esse negócio de caixa dois, eleições, o que você acha? Eu posso ser preso? Vai dar problema?

BERNARDO CABRAL: Roberto, você acha que vai ser absolvido? Acha que vai ficar solto?

ROBERTO JEFFERSON: Eu penso isso.

BERNARDO CABRAL: Mas não vai acontecer. Você explodiu o partido mais forte do Brasil nos últimos anos, que é o PT, e o levou à derrocada. Levou à derrocada vários líderes importantes. Eles vão levar você também. O PT perderá muitas cabeças, mas levará a sua junto. Então, não pense você que será absolvido. Será preso! Não acredite em nada diferente disso.

A CONVERSA FRANCA com o amigo Bernardo Cabral, na sede da Confederação Nacional de Bens, Serviços e Turismo (CNC), no Rio de Janeiro, deixou Roberto Jefferson perplexo com seu futuro. Perder o mandato e ficar inelegível por alguns anos estavam nos planos. Ser condenado e preso, não. A pior consequência provocada pelas acusações do mensalão era inimaginável para o ex-deputado do PTB. Foi a partir do encontro com o companheiro dos tempos de Constituinte, realizado após a denúncia apresentada pelo Ministério Público Federal (MPF) contra quarenta envolvidos no caso, que o petebista começou a preparar o espírito para encarar a cadeia. A ficha havia caído.

Advogado, ex-senador, ministro da Justiça do governo Collor e deputado cassado pelo Ato Institucional número 5, em 1969, durante a ditadura militar, Bernardo Cabral ligou o sinal de alerta de Jefferson para a realidade difícil de acreditar. Aquele jogador sagaz, algoz da República, contraditório, com gestos teatrais e discurso afiado contra os inimigos na trincheira do Congresso, tomou um susto com o prenúncio desanimador. Mas não se rebelou. Decidiu aceitar qualquer que fosse o final da história a ser escrito por onze ministros do Supremo Tribunal Federal (STF).

— Entendi o seguinte: sou o responsável pelas minhas atitudes. Respondo pelos meus gestos, então, não tenho de reclamar das decisões. Fiz o que tinha de ser feito. Preparei-me para o momento em que isso fosse acontecer — declarou Roberto Jefferson ao autor do livro em 15 de abril de 2017.

O procurador-geral da República, Antônio Fernando Souza, denunciou Roberto Jefferson e outras 39 pessoas no escândalo do mensalão ao STF em 11 de abril de 2006, treze dias depois da aprovação do relatório final da CPMI dos Correios. Em 136 páginas entregues ao ministro do Supremo, Joaquim Barbosa, relator do caso, o procurador concluiu que os envolvidos praticaram crimes de formação de quadrilha, lavagem de dinheiro, evasão ilegal de divisas, corrupção ativa e passiva e peculato.

Segundo a denúncia do MPF, o esquema da organização criminosa se dividiu em três núcleos: político, financeiro e operacional, e os pagamentos das mesadas beneficiaram parlamentares de cinco partidos: PT, PTB, PP, PL (atual PR) e PMDB. Entre os denunciados pelo procurador, estavam os ex-ministros José Dirceu (Casa Civil), Luiz Gushiken (Secretaria de Comunicação) e Anderson Adauto (Transportes).

No documento, Antônio Fernando Souza destacou que todas as acusações de Roberto Jefferson "ficaram comprovadas", mas que o ex-deputado também foi um dos que receberam propina paga pelo PT em troca de uma aliança com o PTB. De acordo com o procurador, "a venda de apoio" ao governo, no entanto, fora inicialmente negociada com o ex-presidente nacional do PTB, José Carlos Martinez.

"Os parlamentares federais que receberam vantagem indevida foram José Carlos Martinez (falecido), Roberto Jefferson e Romeu Queiroz. Todos contaram com o auxílio direto na prática dos crimes de corrupção passiva do denunciado Emerson Palmieri. Os denunciados, cientes de que os montantes recebidos tinham como origem organização criminosa dedicada ao cometimento dos crimes contra a administração pública e contra o sistema financeiro nacional, engendraram mecanismos para dissimular a origem, natureza e destino dos valores auferidos", escreveu o procurador na página 114.

No total, conforme a denúncia, o PTB recebeu do esquema de Marcos Valério R$ 5,1 milhões, sendo R$ 4 milhões para Roberto Jefferson, R$ 1 milhão para José Carlos Martinez e R$ 102,8 mil para Romeu Queiroz. Após a morte de Martinez em 2003, as tratativas para o recebimento do dinheiro do PT passaram a ser estabelecidas por Jefferson, que assumiu o comando do PTB. Os R$ 4 milhões eram a primeira das cinco parcelas de R$ 20 milhões acordadas com os petistas. O dinheiro foi entregue por Marcos Valério na sede do PTB, em Brasília, a Jefferson e a Palmieri, em junho de 2004, em duas vezes: R$ 2,2 milhões e, em seguida, R$ 1,8 milhão em cédulas com fitas de identificação do Banco Rural e do Banco do Brasil.

"Em dezembro de 2003, Roberto Jefferson manteve contato com Romeu Queiroz, secretário do PTB, para que este retomasse os mecanismos estruturados durante a gestão de José Carlos Martinez para a obtenção de recursos financeiros. Romeu Queiroz procurou o então ministro Anderson Adauto, o qual manteve entendimentos com Delúbio Soares, que se prontificou a retomar as transferências através da empresa SMP&B (de Marcos Valério), o que de fato ocorreu [...] Registre-se que o denunciado Anderson Adauto [...] tinha pleno conhecimento do esquema de compra de apoio político pelo PT, razão pela qual intermediou o acerto criminoso (corrupção) com os deputados federais Roberto Jefferson e Romeu Queiroz do PTB", afirmou Antônio Fernando Souza na página 115.

O mensalão movimentou ao todo R$ 141,3 milhões, dinheiro proveniente de bancos e de contratos públicos. Na denúncia do procurador, o Rural é apontado como fonte de um empréstimo, em 2003, de R$ 3 milhões para o PT e mais R$ 29 milhões para duas agências de Marcos Valério. Segundo Antônio Fernando Souza, esses empréstimos foram fraudulentos. Já o BMG destinou R$ 29,2 milhões para as empresas de Valério e um de seus sócios, e outros R$ 2,4 milhões para o PT.

Dos recursos vindos de contratos, R$ 73,8 milhões pertenciam ao Fundo Visanet, alimentado com recursos do Banco do Brasil e de bancos privados. Entre 2003 e 2004, o Banco do Brasil autorizou o repasse do dinheiro do fundo para a DNA, agência de Marcos Valério, por meio de acordo de publicidade junto à instituição financeira. O procurador concluiu na denúncia que essa quantia nunca foi usada para propaganda e, mesmo assim, o banco permitiu que ela fosse desviada.

A DNA se apropriou ilegalmente também de outros R$ 2,9 milhões na execução de um contrato de publicidade com o Banco do Brasil. No relatório do procurador, o dinheiro seria referente ao chamado "bônus de volume", que são as comissões recebidas dos meios de comunicação que vincularam anúncios da instituição. Neste caso, a DNA teria desviado os recursos para o esquema em vez de repassá-los ao banco.

Do montante dos R$ 141,3 milhões, Marcos Valério e suas empresas receberam R$ 135,9 milhões, que, de acordo com o procurador, foram distribuídos ao PT (Delúbio Soares, João Paulo Cunha, Luiz Carlos da Silva, Paulo Rocha e João Magno), PTB (Roberto Jefferson, Romeu Queiroz e José Carlos Martinez), PP (José Janene, Pedro Corrêa e Pedro Henry), PL (Valdemar Costa Neto, Anderson Adauto e Bispo Rodrigues) e PMDB (José Borba), além do publicitário Duda Mendonça (R$ 9,8 milhões), da sua sócia Zilmar Fernandes (R$ 1,4 milhão) e do ex-diretor do Banco do Brasil, Henrique Pizzolato (R$ 336 mil).

Em suas alegações finais, entretanto, Antônio Fernando Souza identificou apenas os beneficiários de R$ 32 milhões do total de R$ 141,3 milhões e não esclareceu onde foi parar o restante do dinheiro. Em 2005, no auge do escândalo, Marcos Valério apresentou às autoridades uma relação de repasses de R$ 56 milhões que disse terem ido para os cofres do PT. Além disso, o operador do mensalão disponibilizou uma lista de empréstimos de R$ 55 milhões obtidos no Rural e no BMG para justificar a origem dos recursos que havia movimentado. Mas as investigações revelaram que houve fraude na contabilidade das empresas de Valério.

O procurador também incluiu no relatório final o caixa dois do PSDB. Segundo ele, o esquema utilizado pelo PT fora copiado de um sistema de financiamento partidário criado por Marcos Valério em 1998, durante a campanha de Eduardo Azeredo ao governo do Estado de Minas Gerais.

"Para a exata compreensão dos fatos, é preciso pontuar que Marcos Valério é um verdadeiro profissional do crime, já tendo prestado serviços delituosos semelhantes ao Partido da Social

Democracia Brasileira (PSDB) em Minas Gerais, na eleição para governador do hoje senador Eduardo Azeredo, realizada em 1998."

Ao apresentar a denúncia, o procurador não investigou várias pessoas que apareceram como beneficiárias dos repasses de Marcos Valério para se concentrar em líderes partidários que, anos depois, se tornaram réus no processo do mensalão. Também não foram examinados contratos que as agências de Valério tinham com os Correios, o Ministério do Esporte e a Eletronorte porque Antônio Fernando Souza encontrou indícios suficientes de corrupção ao analisar contratos com o Banco do Brasil. Em 2011, o principal inquérito da Polícia Federal foi concluído pelo delegado Luiz Flávio Zampronha, que sugeriu ao procurador continuar com as investigações.

Seis meses após a denúncia do procurador-geral da República de que a cúpula do PT praticou crimes e a confirmação da existência do mensalão, o ex-presidente Lula conseguiu ser reeleito no segundo turno com 58.295.042 votos contra 37.543.178 de Geraldo Alckmin, do PSDB. A vitória havia sido confirmada às 19h12 de 29 de outubro de 2006 quando 85,75% das seções já tinham divulgado o resultado. Às 20h30, Alckmin ligou para Lula, reconhecendo a derrota. No primeiro discurso, o petista, investigado pela Operação Lava Jato, afirmou não ter mais "o direito moral, ético e político de cometer erros daqui para frente".

Até a consulta ao amigo Bernardo Cabral, Roberto Jefferson, advogado criminalista com atuação em mais de duzentos processos, previu apenas enfrentar um processo de crime eleitoral após ter admitido receber R$ 4 milhões do PT não declarados à Justiça Eleitoral. Ou seja: uma ação que dificilmente o levaria à prisão. Jefferson manteve a conversa e o prognóstico de Cabral sob sigilo e meses antes do julgamento do mensalão, em 2012, ainda mostrava-se confiante publicamente.

— Pensei que teria problemas com os recursos não declarados. Porque, no duro, foi o que aconteceu com a minha relação com o PT. Foi financiamento das eleições de 2004 para prefeitos e vereadores. Mas como o processo começou a tomar um vulto muito tenso, ficar muito áspero, houve o momento em que eu procurei o Bernardo Cabral, que, na época, era assessor jurídico da CNC — afirmou Jefferson em entrevista ao autor deste livro.

Mesmo com um horizonte nada animador, o petebista decidiu não fazer delação premiada enquanto o processo tramitava. Embora tivesse a convicção de que participava, na verdade, de um enfrentamento político contra o governo Lula e dirigentes do PT, ele preferiu não colaborar com a Justiça para ter redução da pena a que foi condenado. Por isso, Jefferson se irrita quando o chamam de "delator do mensalão". Na sua teoria, o termo só caberia a quem oficializasse a denúncia em troca do benefício. Mas, no dicionário, o substantivo masculino "delator" significa: "denunciante, quem faz denúncias, responsabilizando alguém por um crime", exatamente a atitude do presidente nacional do PTB, em 2005.

Um ano, quatro meses e 27 dias após a denúncia do procurador Antônio Fernando Souza, em 28 de agosto de 2007, o STF, enfim, abriu processo e os quarenta acusados viraram réus. Relator do caso no Supremo, Joaquim Barbosa admitiu, à época, que a Corte não tinha estrutura para investigar os envolvidos num prazo razoável. Dias depois da abertura da Ação Penal 470, o ministro Ricardo Lewandowski chegou a afirmar que o STF votou com "a faca no pescoço".

Em 2008, Silvinho Pereira assinou um acordo com a Procuradoria-Geral da República para não ser mais processado. Para isso, ele teria de fazer 750 horas de serviços comunitários em até três anos e deixou de ser réu. José Janene, ex-deputado do PP, morreu em 2010. Em 2011, nas alegações finais, a Procuradoria pediu ao STF que condenasse 36 dos 38 réus restantes. Ficaram de fora o ex-ministro Luiz Gushiken e Antônio Lamas, irmão do ex-tesoureiro do PL, Jacinto Lamas, por falta de provas.

Joaquim Barbosa só conseguiu entregar o seu relatório final de 122 páginas em 20 de dezembro de 2011, pouco mais de quatro anos e três meses depois de o Supremo aceitar a denúncia do Ministério Público Federal. No documento, Barbosa lembrou que os réus declararam não ter cometido os crimes apontados pelo procurador-geral da República, mas destacou que o ex-tesoureiro do PT Delúbio Soares admitiu crime eleitoral. O material seguiu para as mãos de Lewandowski, revisor do caso.

"O réu Delúbio Soares admite a prática de caixa dois de campanha, conduta que preenche o tipo penal do art. 350 do Código Eleitoral, cuja pena é de até cinco anos de reclusão", escreveu Joaquim Barbosa.

Pressionados a dar uma resposta à sociedade por causa da ameaça de prescrição dos crimes, os ministros do STF enfrentaram uma crise. Em troca de ofícios, o presidente do Supremo, Carlos Ayres Britto, cobrou de Ricardo Lewandowski a liberação do processo até 25 de junho de 2012 para respeitar os prazos legais de intimação dos advogados. Considerando a cobrança inusitada, o revisor da Ação Penal 470 reagiu com novo ofício no qual afirmava nunca ter atrasado nem adiantado julgamentos para não "instaurar odioso procedimento de exceção".

De acordo com Carlos Ayres Britto, corria-se o risco de não haver tempo suficiente para que os prazos fossem seguidos antes do dia 1º de agosto de 2012. O julgamento, então, seria adiado para 6 de agosto. No dia seguinte, 26 de junho, sete meses após a entrega do relatório de Joaquim Barbosa, Ricardo Lewandowski anunciou que seu voto estava pronto, liberando o processo para começar a ser julgado pelo STF.

* * *

Finalmente, em 2 de agosto de 2012, o mensalão começou a ser julgado no STF. Com grande complexidade jurídica e difícil de entender, a apreciação dos onze ministros foi até então a mais importante da história do Supremo desde quando o país voltou à democracia, em 1985. No caso de Fernando Collor e de PC Farias, os magistrados colocaram no banco dos réus um governo derrotado, caído, já com o ex-presidente afastado. Desta vez, não. Além de o esquema de mesada no Congresso ter sido mais relevante, Lula ainda fora reeleito. Em contrapartida, figuras do alto escalão da política receberam condenações e acabaram atrás das grades.

No dia anterior ao julgamento, Roberto Jefferson recebeu mais uma notícia ruim em meio ao momento tenso em que já vivia. Descobriu que seu tumor no pâncreas era maligno depois dos resultados dos exames realizados no Hospital Samaritano, em Botafogo, no Rio, onde estava internado há quatro dias por causa da operação de retirada de parte do órgão. Em São Paulo, simpatizantes e filiados do PTB fizeram uma vigília na presença de representantes do candomblé, católicos e pentecostais.

Foram mais de 250 horas de sessões no Supremo, 50 mil páginas de processo judicial, com mais de seiscentos depoimentos, e sete anos de tramitação. O mensalão envolveu teses jurídicas complicadíssimas, casos de crimes de lavagem de dinheiro e de corrupção ativa e passiva, e discussões acaloradas de quais os procedimentos a serem adotados, por exemplo. Estava em jogo não apenas defender o futuro dos acusados, mas, sim, um embate entre diferentes visões de como o Brasil pratica e deveria praticar a moralidade pública e o direito de defesa. Quando os debates no plenário do STF começaram, ficou claro que essas dificuldades se estendiam aos próprios ministros.

Havia mais um adicional a tudo isso: o STF transmitiu ao vivo o julgamento pela TV Justiça e pela internet e ainda disponibilizou o sinal via satélite a todas as emissoras do país e do exterior. O mundo acompanhou de perto a atuação dos magistrados. Ao todo, foram quinhentas solicitações de credenciamento para jornalistas, sendo que apenas 65 profissionais tiveram autorização para ficar dentro do plenário. Os demais acompanharam da sala de imprensa. Advogados, ministros e réus deram entrevistas coletivas do lado de fora, nos intervalos e no fim das sessões. Os brasileiros puderam acompanhar o tempo todo o destino dos acusados.

De responsabilidade da Secretaria de Comunicação do STF, a TV Justiça iniciou suas atividades em 11 de agosto de 2002 e, no meio do julgamento do mensalão, completou dez anos de existência. A Lei nº 10.461/2002, que criou a emissora, é de autoria do ministro Marco Aurélio Mello. No início, houve resistências já que outros magistrados não queriam se expor, principalmente durante divergências em plenário. Antes do surgimento da TV Justiça, em setembro de 1992, o então presidente do Supremo, Sydney Sanches, permitiu a primeira transmissão ao vivo de um julgamento: a do mandado de segurança impetrado pelo ex-presidente Fernando Collor no início do processo de impeachment.

A opinião pública teve acesso direto a fontes primárias de informações sobre o mensalão. Termos jurídicos nunca antes ouvidos pela população tiveram de ser explicados didaticamente para ficar fácil a compreensão. A Fundação Getúlio Vargas (FGV) ganhou um papel fundamental. A escola de Direito do Rio de Janeiro recebeu convites dos jornais *O Globo* e *Folha de S.Paulo* para fazer com que leitores, telespectadores, ouvintes e internautas pudessem entender o que estava se passando no Supremo e, a partir daí, participar, interagir. O trabalho contou com uma força-tarefa organizada por professores e alunos, com a coordenação do diretor da instituição e professor de Direito Constitucional, Joaquim Falcão. Artigos, entrevistas explicativas e debates on-line foram produzidos pela FGV.

— Começaram a falar do mensalão nos bares, em todos os lugares. Naquele período, a coisa ficou tão popular que as pessoas sabiam mais os nomes dos ministros do Supremo que os dos jogadores da seleção brasileira — avaliou Joaquim Falcão em entrevista ao autor do livro em 13 de dezembro de 2016.

É preciso abrir um parêntese e relembrar um dos episódios cruciais para afastar a possibilidade de o STF rejeitar a denúncia do procurador-geral da República, Antônio Fernando Souza. Em 23 de agosto de 2007, exemplares de *O Globo* foram para as bancas com uma manchete-bomba na primeira página. Ministros da mais alta instância da Justiça brasileira combinavam votos por e-mail na sessão em que era analisado o trabalho do Ministério Público Federal contra os acusados do mensalão do PT.

O repórter fotográfico Roberto Stuckert Filho flagrou com sua lente conversas eletrônicas entre Cármen Lúcia e Ricardo Lewandowski, as quais, segundo *O Globo*, demonstravam que eles poderiam rejeitar a denúncia. Dois dias antes, a repórter Carolina Brígido alertou sobre as consultas que os ministros faziam em sites durante as sessões. Na redação da sucursal de Brasília, o coordenador de Fotografia, Sérgio Marques, orientou Roberto a registrar as telas dos computadores dos magistrados. Ao analisar as imagens, os jornalistas perceberam que ali havia uma combinação de votos.

O flagrante causou mal-estar na Corte e mudou os rumos do processo, como admitiu depois o ministro Lewandowski. O trabalho, que também contou com a participação dos jornalistas Alan Gripp e Francisco Leali, venceu o Prêmio Esso de Jornalismo em 2007, o mais importante da categoria. Roberto Stuckert Filho, anos depois, tornou-se fotógrafo oficial da ex-presidente Dilma Rousseff. Ele é irmão de Ricardo, fotógrafo oficial de Lula. Seu pai, também Roberto, foi o fotógrafo do ex-presidente João Figueiredo.

Uma semana depois da publicação de *O Globo*, uma reportagem da *Folha de S.Paulo*, do dia 30 de agosto de 2007, revelou uma conversa telefônica, às 21h35, de Ricardo Lewandowski, no restaurante Expand Wine Store by Piantella, na Asa Sul, em Brasília. Nela, o magistrado reclamou da interferência da imprensa no resultado do julgamento que decidiu pela abertura de ação penal contra os acusados do mensalão. O título do texto era: "Tendência era amaciar para Dirceu, diz ministro do STF."

— A imprensa acuou o Supremo — avaliou Lewandowski para um interlocutor de nome Marcelo. — Todo mundo votou com a faca no pescoço — completou.

Segundo a reportagem, o ministro afirmou:

— A tendência era amaciar para o Dirceu.

Ricardo Lewandowski foi o único a divergir do relator, Joaquim Barbosa, quanto à imputação do crime de formação de quadrilha para o ex-ministro da Casa Civil e deputado cassado José Dirceu, descrito na denúncia do procurador-geral da República, Antônio Fernando Souza, como o "chefe da organização criminosa". Flagrado por uma jornalista da *Folha*, o telefonema durou cerca de 10 minutos.

A denúncia do procurador estava prestes a ser recusada. Os fatos divulgados pelos dois jornais colocaram a independência do Supremo em xeque diante da opinião pública. A pressão só aumentou para a aprovação do julgamento.

Trechos das conversas flagradas pelo jornal *O Globo*

Os ministros Ricardo Lewandowski e Cármen Lúcia conversam pelo computador durante a exposição do procurador-geral da República, Antônio Fernando Souza, sobre a denúncia do mensalão. Os magistrados concluíram que a sustentação do procurador impressiona.

11h57 — Lewandowski: Coerência é tudo na vida!

12h04 — Cármen Lúcia: Lewandowski, conforme lhe disse, ele está começando pelo final, indicando os fatos de trás para frente...

12h06 — Lewandowski: Tem razão, mas isso não afasta as minhas convicções com relação àqueles pontos sobre os quais conversamos. Ele está — corretamente — "jogando para a plateia".

12h07 — Cármen Lúcia: É, e é tentativa de mostrar os fatos e amarrar as situações para explicar o que a denúncia não explicou...

12h08 — Lewandowski: Tem razão, trata-se de suprir falas (sic) "posteriori".

12h08 — Cármen Lúcia: É isso.

12h43 — Lewandowski: Cármen: impressiona a situação do PGR.

12h45 — Cármen Lúcia: Muito, acho que seria conveniente — pelo menos para mim — que a gente se encontrasse no final do dia talvez com os meus meninos e o Davi ainda que durante meia hora. Eles estão ouvindo e poderíamos ouvi-los para ver o sentimento que, dominando-os, estão dominando toda a comunidade. Não sei, é como você disse, todo mundo vai estar cansado. Mas acho que seria muito conveniente.

12h45 — Lewandowski: Cármen: a sustentação do PGR impressiona.

12h46 — Lewandowski: Cármen, não sei não, mas mudar à última hora é complicado. Eu, de qualquer maneira, vou ter de varar a noite. Mas acho que podemos bater um papo aqui mesmo... Minha dúvida é quanto ao peculato com coautoria ou participação, mesmo para aqueles que não são funcionários públicos ou não tinham a posse direta do dinheiro.

12h48 — Cármen Lúcia: Exatamente, também acho que há dificuldade, mas não dá mais para o que eu cogitei e lhe falei... Realmente, ou fica todo mundo ou sai todo mundo...

O STF concluiu o julgamento do mensalão em 13 de março de 2014, pouco mais de um ano e sete meses após seu início. Com a condenação de 25 dos 38 réus, o Supremo realizou ao todo 69 sessões. Dos onze ministros, o relator Joaquim Barbosa, magistrado ao qual Roberto Jefferson chamou de "crápula" quando estava preso, foi o que mais se destacou e ganhou popularidade. Recebeu homenagens e prêmios.

Assim como o juiz da Lava Jato Sérgio Moro, Barbosa ficou conhecido como símbolo do combate à corrupção no país. Após o julgamento, recebeu convites para se filiar a partidos políticos. Além disso, institutos de pesquisa o incluíram entre os nomes de possíveis candidatos à Presidência da República. Em contrapartida, Barbosa, hoje aposentado do STF, foi bastante questionado pelo seu desempenho nas sessões por governistas, petistas e simpatizantes de Lula.

Lula e o PT, aliás, se surpreenderam com o trabalho de Joaquim Barbosa diante do julgamento do mensalão. Não esperavam tanto rigor na condução do processo. Afinal, fora o ex-presidente quem o indicara para o lugar do ex-ministro José Carlos Moreira Alves. Barbosa, um jurista negro (o primeiro da história do tribunal), teve o apoio de entidades que lutavam em defesa dos direitos humanos, entre eles o preconceito racial. Apesar de no início de atuação proferir votos favoráveis ao governo, Barbosa passou a ser considerado um dos ministros mais independentes já em 2004.

Joaquim Barbosa dividiu o plenário com outros dez colegas de toga: Carlos Ayres Britto (então presidente), Ricardo Lewandowski (o revisor), Celso de Mello, Marco Aurélio Mello, Gilmar

Mendes, Cezar Peluso, Cármen Lúcia, Dias Toffoli, Luiz Fux e Rosa Weber. No mensalão, a Corte entendeu que houve desvio de dinheiro e fraude em empréstimos bancários para abastecer o esquema de corrupção a deputados que votassem projetos de interesse do governo Lula.

No julgamento do mensalão, três sessões foram consideradas marcantes para a biografia de Roberto Jefferson. A vigésima nona, aberta em 27 de setembro de 2012, uma quinta-feira. Nesta data, o STF condenou o ex-deputado por corrupção passiva por seis votos a zero. Na trigésima, realizada em 1º de outubro de 2012, os ministros complementaram a votação. O placar final para este crime foi ampliado para 10 a 0, uma verdadeira goleada contra os advogados de defesa de Jefferson. No mesmo dia, os magistrados também condenaram o petebista por lavagem de dinheiro. Outra derrota acachapante para Roberto Jefferson: 8 a 2.

Após as duas sessões decisivas, cabia a Jefferson apenas aguardar o *grand finale* de um drama que durava anos. No horizonte, já era possível imaginar a próxima parada do ex-deputado: a prisão. Restava saber o cálculo da pena imposta pelo Supremo. Em 28 de novembro de 2012, na quadragésima nona sessão, os ministros deram o veredito: sete anos e catorze dias de detenção em regime semiaberto mais pagamento de multa de R$ 840.862,54 (valores corrigidos pela inflação). O petebista teve a pena atenuada, a pedido de Joaquim Barbosa, por ter colaborado com o processo e indicado nomes de envolvidos, embora Jefferson não tenha feito delação premiada.

— Não me rebelei ou me revoltei. Era a consequência da luta — disse Jefferson em entrevista ao autor deste livro.

A sessão de 27 de setembro foi aberta às 14h48 e encerrada às 20h10. Os ministros Gilmar Mendes, Luiz Fux, Rosa Weber, Dias Toffoli e Cármen Lúcia condenaram por corrupção passiva, além de Roberto Jefferson, os deputados Valdemar Costa Neto, Bispo Rodrigues, Romeu Queiroz, Pedro Corrêa e José Borba, o assessor parlamentar João Cláudio Genu e o tesoureiro do PL, Jacinto Lamas.

No plenário, Gilmar Mendes classificou de "inventiva" a tese dos advogados dos réus de que eles teriam cometido o crime de caixa dois e não de corrupção. O ministro mostrou convicção ao dizer que o dinheiro movimentado teve como destino o pagamento de parlamentares que votaram em projetos favoráveis ao governo Lula. Em seu voto, Cármen Lúcia fez um apelo: "Eu não gostaria que o jovem brasileiro desacreditasse da política pelo erro de um ou de outro."

Na sessão de 1º de outubro, realizada entre 14h37 e 19h25, os ministros do STF concluíram o julgamento dos réus condenados por corrupção passiva e votaram os casos dos acusados de lavagem de dinheiro. Neste crime, foram considerados culpados, além de Jefferson, os sócios da corretora Bônus-Banval, Breno Fischberg e Enivaldo Quadrado; Jacinto Lamas; João Cláudio Genu; o secretário do PTB, Emerson Palmieri; o assessor do PL, Antônio Lamas; e os então deputados Valdemar Costa Neto, José Borba, Pedro Henry, Pedro Corrêa, Romeu Queiroz e Bispo Rodrigues.

Já na sessão de 28 de novembro, que começou às 14h18 e acabou às 19h37, os magistrados definiram as penas dos deputados: Roberto Jefferson, Emerson Palmieri e João Paulo Cunha. Para o ministro Joaquim Barbosa, "Jefferson prestou sempre colaboração fundamental, em especial ao informar os nomes de outros autores da prática criminosa". Marco Aurélio Mello seguiu no mesmo tom e afirmou que o petebista "acabou prestando um grande serviço a essa pátria no que escancarou as mazelas existentes". Para Ricardo Lewandowski, a colaboração de Jefferson "foi zero".

Roberto Jefferson acompanhou boa parte das sessões do julgamento dos condenados no mensalão dentro do Hospital Samaritano ao lado da mulher Ana Lúcia, de familiares e de amigos, enquanto tratava o tumor no pâncreas. Quando não estava internado por causa de complicações provocadas pelo pós-operatório, o ex-deputado se dividia entre dois endereços: o da atual residência, no município de Comendador Levy Gasparian, interior do Rio, e o de um apartamento alugado no 11º andar do condomínio de luxo Golden Green, na Barra da Tijuca.

Jefferson tinha prazer em passar o tempo assistindo ao desempenho de seus advogados no plenário do STF. Nos momentos das falas da defesa, o ex-deputado pegava o controle remoto e subia o volume da televisão. Fazia questão de que todos na casa também prestassem atenção. Durante uma gravação da TV Folha em 19 de agosto de 2012, em uma entrevista para a repórter Andréia Sadi, Jefferson comentou a participação de Luiz Francisco Corrêa Barbosa.

— Eu não entendo a defesa do Barbosa como desclassificadora (sic) do mensalão. Têm pessoas que leem [o processo] e entendem muito superficialmente. É um belo advogado! — afirmou o petebista.

Enquanto Roberto Jefferson, à época, dizia que Lula não sabia da existência do mensalão, Luiz Francisco Corrêa Barbosa não poupou o ex-presidente quando ficou frente a frente com os ministros do Supremo.

— Não só sabia como ordenou o desencadeamento de tudo isso. Sim, ele [Lula] ordenou [o mensalão]. Aqueles ministros eram apenas executivos dele. Deixaram o patrão fora da acusação. Deixaram, não! O procurador-geral da República deixou. Por que fez isso? Vossa Excelência que tem que informar — berrava Barbosa na defesa.

Em 3 de julho de 2013, o petebista nomeou o advogado Marcos Pedreira Pinheiro de Lemos como seu novo representante no processo. Dois meses antes, Luiz Francisco Corrêa Barbosa deixara o caso depois de Roberto Jefferson discordar publicamente dos termos da defesa produzidos por Barbosa. Em seu blog, o ex-deputado publicou um texto com o título "Lula não estava lá". Nele, escreveu que o ex-presidente não teve relação com o esquema do mensalão.

Roberto Jefferson ainda tentou recorrer às condenações. Mas, em 15 de agosto de 2013, o Supremo negou por unanimidade o recurso do ex-deputado. Os ministros analisaram os chamados embargos de declaração apresentados pela defesa. Jefferson argumentou que não sabia que os R$ 4 milhões recebidos eram ilícitos e que, durante o julgamento, não ficou provada a sua participação no esquema de pagamento de mesada.

Ao contrário de José Dirceu e de outros petistas condenados, Roberto Jefferson não criou site nem fez campanha pela internet para arrecadar dinheiro e pagar a multa estipulada pela pena. Preferiu organizar a "vaquinha" entre familiares, amigos, políticos e empresários. Por um motivo simples: o PTB não tinha e não tem militância suficiente como o PT, capaz de doar recursos. Logo após a sentença, Jefferson cogitou em vender a sala 604 do prédio da Avenida Franklin Roosevelt, 194, no Centro do Rio de Janeiro, onde funciona seu escritório de advocacia. O imóvel estava avaliado em R$ 450 mil. Mas o petebista não precisou se desfazer do bem.

Em dois meses, Roberto Jefferson conseguiu quitar a dívida com a Justiça. Pelo menos cinquenta pessoas ajudaram o ex-deputado a juntar a quantia necessária. Entretanto, ao contrário do que prometera, ele não divulgou a lista com os nomes e os CPFs dos doadores que depositaram o dinheiro em sua conta numa agência do Banco do Brasil, em Brasília. À época, Jefferson até escreveu uma nota em seu blog para explicar como seriam os trâmites para quem quisesse contribuir.

Quem ficou responsável por recolher a "sacolinha" foi Norberto Paulo de Oliveira Martins, de 57 anos, primeiro-secretário-geral do PTB e seu melhor amigo. Ex-estudante de Economia, Beto, como é conhecido, não se formou na profissão. Carioca da Tijuca e pai de dois filhos, ele conheceu Roberto Jefferson em 1985. Beto trabalhava na fábrica de envelopes do pai, mas, quando brigaram, foi indicado a Jefferson pelo fazendeiro Paulo Motta, assessor do ex-deputado. Amante de carnaval, Beto é "unha e carne" do bicheiro Aniz Abraão David, o Anísio da Beija-Flor.

Desde quando soube do valor da multa a pagar, Roberto Jefferson tinha esperança de receber uma boa quantia de um antigo amigo: o senador Fernando Collor de Mello. Líder da tropa de choque contra o impeachment do ex-presidente no Congresso, Jefferson não viu um centavo do dinheiro de Collor pingar em sua conta no Banco do Brasil. E não foi por falta de pedidos. Com o pires na mão rodando pelo Brasil, Norberto, orientado por Jefferson, procurou Collor, ex-integrante do PTB. Ele chegou a ir ao gabinete do senador, mas não obteve sucesso. Em um dos encontros, Collor deu aquela enrolada básica para se esquivar da "vaquinha".

NORBERTO: Senador, vamos conversar?
COLLOR: Me deixa sair da sala do Benito (Gama, ex-presidente nacional do PTB) que eu sento na sua sala para a gente conversar.
NORBERTO: Tá bom!

Minutos depois...

> NORBERTO: E aí, senador?
> COLLOR: Eu não posso te atender agora. Me ligaram do Senado e eu tenho uma reunião lá.

A conta do Banco do Brasil era controlada por Roberto Jefferson. Depois, quem a administrou foi a mulher Ana Lúcia. Manoel Rampini Filho e a esposa dele, por exemplo, doaram R$ 30 mil. Já Honésio Pimenta desembolsou R$ 25 mil. Advogado criminalista e deputado estadual por São Paulo, Antônio Carlos de Campos Machado liderou, segundo Jefferson, a lista com a maior doação, mas o valor não foi divulgado.

O pagamento ocorreu em 10 de abril de 2015. Ao receber a confirmação de que havia atingido o valor, por volta das 15h45, Jefferson disparou mensagens agradecendo a ajuda. Além da filha Cristiane Brasil, também contribuíram o deputado Benito Gama, o ex-senador Sérgio Zambiasi e o ex-genro e deputado estadual Marcus Vinicius.

A íntegra da nota do blog de Roberto Jefferson antes da "vaquinha":

Como já disse aqui no blog, estou vendendo o escritório de advocacia que há anos mantenho no Rio de Janeiro, no Centro, como forma de arrecadar parte dos recursos necessários para pagar a multa que me foi imposta pelo STF. Para complementar o total necessário, reativei conta pessoal que tinha no Banco do Brasil, e que está a partir de agora disponível para os amigos, correligionários e demais interessados em oferecer sua contribuição. Lembro que, para garantir o caráter de transparência e lisura neste processo, enviarei ao STF a lista com o nome e o CPF dos que contribuírem, por isso, peço que os depósitos sejam identificados. Estaremos recebendo contribuições na seguinte conta: Banco do Brasil, agência 1003-0, conta corrente 36343-X, em nome de Roberto Jefferson Monteiro Francisco. Agradeço desde já pelo apoio e compreensão de todos.

O ex-ministro da Casa Civil, por sua vez, arrecadou, em dez dias de campanha no site "Apoio Zé Dirceu", R$ 1.083.694,38, valor que superou o da multa de R$ 971.128,92. Ao todo, 3.972 petistas e simpatizantes participaram. Na lista, estavam o ator José de Abreu, o cineasta Luiz Carlos Barreto e a jornalista Rose Nogueira, do grupo Tortura Nunca Mais.

— Doei por solidariedade, como amigo e companheiro dele. Condenaram Dirceu sem provas — disse Barreto em entrevista ao jornal *O Globo* no dia 19 de março de 2015.

Rose seguiu o mesmo tom:

— Doei dinheiro pelo abuso que foi aquela condenação. Não sei se ele tinha ou não o dinheiro para pagar, e isso não importa. Ele é inocente e está sendo feito de bode expiatório mais uma vez.

O site que coletou dinheiro para José Dirceu afirmou que a campanha fora um protesto contra as condenações dos integrantes do PT no processo do mensalão. Além de Dirceu, o ex--presidente do PT, José Genoino, e o ex-tesoureiro Delúbio Soares fizeram campanhas para arrecadar recursos. A família de Genoino conseguiu R$ 761,9 mil, pagou a multa de R$ 667,5 mil e doou um excedente de R$ 94,4 mil para Delúbio. Já o ex-tesoureiro recebeu pouco mais de R$ 1,1 milhão, pagou R$ 466,8 mil e transferiu R$ 372 mil para o ex-presidente da Câmara João Paulo Cunha e R$ 143 mil para José Dirceu, também condenados e presos. A diferença, de R$ 154,8 mil, não repassou a outros petistas.

Artigo publicado no blog de Ancelmo Gois, em *O Globo*:

28 de novembro de 2012

Roberto Jefferson: herói e vilão

Por Fernando Leal*

Se "herói ou vilão?" era a pergunta que muitos faziam quando se referiam ao papel de Roberto Jefferson no processo do mensalão, o Supremo hoje dirimiu a dúvida. E foi claro: as duas coisas.

Jefferson já havia sido condenado pelos crimes de corrupção passiva e lavagem de dinheiro. Na sessão de hoje, ao definir as penas das condenações pelos dois crimes, a Corte, de um lado, fixou a pena em base acima do mínimo legal, reprovando os motivos do delito e reconhecendo o papel destacado do presidente do PTB no esquema de apoio político reconhecido pelo tribunal.

Por outro, contudo, ampla maioria da Corte reconheceu ser inegável, como disse o ministro Joaquim Barbosa, que o processo não teria sido instaurado e o esquema revelado sem as declarações do ex-deputado. O ministro Marco Aurélio chegou a afirmar que Jefferson teria prestado "um grande serviço a esta pátria", ao escancarar as mazelas políticas nacionais naquele tempo.

Sem as denúncias do réu, provavelmente o mensalão e os demais crimes reconhecidos ao longo do julgamento da Ação Penal 470 não teriam sido descobertos. Como "prêmio" pela colaboração, portanto, as penas de Roberto Jefferson foram reduzidas em um terço. Mas não sem um aspecto curioso: a decisão foi tomada sem a aparente concordância do próprio beneficiado, que chegou a dizer que não queria ter sua pena reduzida pela colaboração.

---

* Fernando Leal é doutor e mestre em Direito Público e um dos autores do livro *Mensalão — Diário de um julgamento* (editora Elsevier).

OS CONDENADOS

Roberto Jefferson: Ex-deputado cassado. Condenado a sete anos e quatorze dias de prisão, mais multa de R$ 840 mil por corrupção passiva e lavagem de dinheiro.

José Dirceu: Ex-ministro da Casa Civil e ex-deputado cassado. Condenado a dez anos e dez meses de prisão, teve a pena reduzida para sete anos e onze meses ao ser absolvido do crime de formação de quadrilha, mais multa de R$ 971 mil. Também respondeu por corrupção ativa.

José Genoino: Ex-presidente do PT. Condenado a seis anos e onze meses, teve a pena reduzida para quatro anos e oito meses após ser inocentado do crime de formação de quadrilha, mais multa de R$ 667,5 mil. Também respondeu por corrupção ativa.

Delúbio Soares: Ex-tesoureiro do PT. Condenado a oito anos e onze meses de prisão, teve a pena reduzida para seis anos e oito meses após ser inocentado do crime de formação de quadrilha, mais multa de R$ 466,8 mil. Também respondeu por corrupção ativa.

Marcos Valério: Empresário e operador do mensalão. Condenado a quarenta anos, um mês e seis dias de prisão, teve a pena reduzida para 37 anos, cinco meses e seis dias após ser inocentado do crime de formação de quadrilha, mais multa de R$ 3,29 milhões. Também respondeu por corrupção ativa, lavagem de dinheiro, peculato e evasão de divisas.

João Paulo Cunha: Ex-presidente da Câmara. Condenado a nove anos e quatro meses de prisão, mais multa de R$ 360 mil por corrupção passiva, lavagem de dinheiro e peculato.

Ramon Hollerbach: Publicitário e ex-sócio de Marcos Valério. Condenado a 29 anos, sete meses e vinte dias de prisão, teve a pena reduzida para 27 anos, quatro meses e vinte dias após ser absolvido do crime de formação de quadrilha, mais multa de R$ 3,9 milhões. Também respondeu por corrupção ativa, peculato, lavagem de dinheiro e evasão de divisas.

Henrique Pizzolato: Ex-diretor do Banco do Brasil. Condenado a doze anos e sete meses de prisão, mais multa de R$ 1,3 milhão por lavagem de dinheiro, peculato e corrupção passiva.

Vinícius Samarane: Ex-vice-presidente do Banco Rural. Condenado a oito anos e nove meses de prisão, mais multa de R$ 598 mil por lavagem de dinheiro e gestão fraudulenta.

José Roberto Salgado: Ex-diretor do Banco Rural. Condenado a dezesseis anos e oito meses de prisão, teve a pena reduzida para catorze anos e cinco meses após ser absolvido do crime de formação de quadrilha, mais multa de R$ 926 mil. Também respondeu por lavagem de dinheiro, gestão fraudulenta e evasão de divisas.

Valdemar Costa Neto: Ex-deputado federal (PR-SP). Condenado a sete anos e dez meses de prisão, mais multa de R$ 1,08 milhão por corrupção passiva e lavagem de dinheiro.

Jacinto Lamas: Ex-tesoureiro do PL (atual PR). Condenado a cinco anos de prisão, mais multa de R$ 260 mil por corrupção passiva e lavagem de dinheiro.

Pedro Corrêa: Ex-deputado do PP. Condenado a sete anos e dois meses de prisão, mais multa de R$ 1,13 milhão por corrupção passiva e lavagem de dinheiro.

José Borba: Ex-deputado do PMDB. Condenado a dois anos e seis meses de prisão por corrupção passiva. A pena foi convertida em trezentos salários mínimos, gerando uma multa de R$ 390 mil.

Romeu Queiroz: Ex-deputado federal do PTB-MG. Condenado a seis anos e seis meses de prisão, mais multa de R$ 858 mil por corrupção passiva e lavagem de dinheiro.

Cristiano Paz: Ex-sócio de Marcos Valério. Condenado a 25 anos, onze meses e vinte dias de prisão, teve a pena reduzida para 23 anos, oito meses e vinte dias por ser absolvido do crime de formação de quadrilha, mais multa de R$ 2,4 milhões. Também respondeu por corrupção ativa, peculato e lavagem de dinheiro.

Simone Vasconcelos: Ex-funcionária de Marcos Valério. Condenada a doze anos, sete meses e vinte dias de prisão, teve a pena reduzida para dez anos, onze meses e vinte dias após ser absolvida do crime de formação de quadrilha, mais multa de R$ 263,9 mil. Também respondeu por corrupção ativa, lavagem de dinheiro e evasão de divisas.

Rogério Tolentino: Advogado. Condenado a oito anos e cinco meses de prisão, teve a pena reduzida para seis anos e dois meses após ser absolvido do crime de formação de quadrilha, mais multa de R$ 312 mil. Também respondeu por corrupção ativa e lavagem de dinheiro.

Kátia Rabello: Ex-presidente do Banco Rural. Condenada a dezesseis anos e oito meses de prisão, teve a pena reduzida para catorze anos e cinco meses após ser absolvida do crime de formação de quadrilha, mais multa de R$ 1,5 milhão. Também respondeu por lavagem de dinheiro, gestão fraudulenta e evasão de divisas.

Pedro Henry: Ex-deputado federal do PP-MT. Condenado a sete anos e dois meses de prisão, mais multa de R$ 932 mil por corrupção passiva e lavagem de dinheiro.

Bispo Rodrigues: Ex-deputado federal (PL-RJ). Condenado a seis anos e três meses de prisão, mais multa de R$ 696 mil por corrupção passiva e lavagem de dinheiro.

Emerson Palmieri: Ex-tesoureiro informal do PTB. Condenado a quatro anos de prisão, foi inocentado do crime de corrupção passiva e trocou o tempo da pena pelo pagamento de quinze salários mínimos, mais multa de R$ 228 mil. Também respondeu por lavagem de dinheiro.

Breno Fischberg: Ex-sócio da corretora Bônus-Banval. Condenado a cinco anos e dez meses de prisão, teve sua pena reduzida para três anos e oito meses após ser inocentado do crime de formação de quadrilha, mais multa de R$ 572 mil. Também respondeu por lavagem de dinheiro.

Enivaldo Quadrado: Ex-sócio da corretora Bônus-Banval. Condenado a três anos e seis meses de prisão, mais multa de R$ 360 mil por lavagem de dinheiro. Entretanto, não chegou a cumprir pena, que foi convertida em restrição de seus direitos temporariamente.

João Cláudio Genu: Ex-tesoureiro do PP. Condenado a quatro anos de prisão, mais multa de R$ 260 mil por corrupção passiva e lavagem de dinheiro.

7. Encontros com o passado

SEBASTIÃO DE OLIVEIRA FERREIRA, de 74 anos, é coveiro há quase três décadas no cemitério municipal de Anta, segundo distrito do município de Sapucaia, no interior do Rio de Janeiro. Morcego, apelido dado por Roberto Jefferson, cuida do local como se fosse a própria casa. Casado e pai de três filhos, o senhorzinho de cabelos e bigode grisalhos, e roupa surrada, suja de tinta, é o responsável por vigiar o templo sagrado do ex-deputado: o mausoléu das famílias Medeiros e Francisco.

O túmulo é imponente. Começou a ser construído em 2006 e ficou pronto em 2011. Foi erguido com granito cinza e tem grade de acesso preta, destacando-se dos demais jazigos. O mausoléu, projeto idealizado pelo petebista, possui ainda uma estátua com a imagem de Nossa Senhora de Sant'Ana e pode ser visto de longe por quem passa pela rodovia BR-393 (antiga Rio-Bahia), que corta a cidade. Nas paredes, há diversas fotografias e placas com poesias em homenagem aos catorze parentes mortos enterrados ali.

— Eu enterrei quase todos ao longo dos anos — disse o coveiro.

Morcego e Roberto Jefferson cresceram juntos. Na infância, o ex-deputado, nascido em Petrópolis, passava as férias escolares nas ruas de Anta, onde até hoje moram os descendentes dos Medeiros e Francisco, famílias dos avós e bisavós paternos do petebista. Desde os primeiros anos de vida, Jefferson se apaixonou pelo lugar, que ganhou a condição de distrito em 1891. Viveu histórias inesquecíveis e a escolheu para viver a eternidade. Literalmente.

Os mortos das famílias Medeiros e Francisco estavam divididos em dois túmulos, mas Roberto Jefferson quis uni-los. Por isso resolveu construir o mausoléu. O ex-deputado sempre vai ao cemitério e até já planejou seu enterro no local, que possui duas grandes gavetas para abrigar os caixões dos parentes. Com a ajuda de Morcego, acompanhou pessoalmente as exumações dos corpos e as transferências, inclusive da empregada e babá de seu pai, Maria Aparecida de Andrade, a Nega Maria.

— Os ossos da Maria estavam todos dentro de uma meia de elástico em outro túmulo. Comprei uma caixa preta de acrílico e pus junto de nossa família. Papai escreveu um verso lindo para ela e pusemos lá [no mausoléu] — contou Jefferson.

O mausoléu é vigiado por Morcego e Nathalie de Oliveira Francisco, de 28 anos, prima e afilhada de Roberto Jefferson. Os dois ficam com as chaves do portão. O ex-deputado gosta de cuidar dos mortos. Quer perpetuar a união dos Medeiros e Francisco. Preocupado em preservar o lar eterno, ele também reformou o cemitério. Pagou do próprio bolso as obras de infraestrutura do local, como pintura, asfaltamento do chão de terra batida, iluminação e instalação de corrimãos.

Na verdade, o mausoléu construído no cemitério de Anta por Roberto Jefferson é uma homenagem feita à avó paterna Marina Medeiros Francisco, a Petiza, falecida em 1º de setembro de 1994. Foi ela quem ensinou ao neto o culto aos antepassados. Mas, para entender o laço afetivo tão forte de Jefferson com o segundo distrito de Sapucaia, é preciso, primeiro, viajar ao passado.

Os pais do ex-deputado, Roberto Francisco, o Betinho, e Neusa D'Alva do O'Monteiro, se conheceram em Petrópolis, em 1946, um ano depois do fim do governo de Getúlio Vargas. Descendente de libaneses e açorianos, Betinho se apaixonara por Neusa, filha e neta de portugueses e italianos, ainda nos tempos de escola. Os dois eram muito jovens. Ele tinha apenas 15 anos e ela, 12.

Nascido em Anta no dia 31 de abril de 1931, Betinho chegou para estudar em Petrópolis aos 12 anos, sozinho, em abril de 1943. Foi recebido por um tio e três primos. Ao longo desses anos, o Brasil passava por transformações profundas, como a implantação do Estado Novo por Getúlio Vargas, em 1937. Nesse período, os meios de comunicação sofriam com a censura da ditadura imposta pelo governo, que também reprimia a atividade política. Em contrapartida, o país vivia momentos transformadores em relação às leis trabalhistas e aos direitos do trabalhador. Foram criados, por exemplo, a CLT (Consolidação das Leis do Trabalho), o Código Penal e o Código de Processo Penal, além da carteira de trabalho e do salário mínimo.

No Rio de Janeiro, o cargo de interventor federal no estado pertencia a Ernâni do Amaral Peixoto, que se tornara genro de Getúlio Vargas em 1939. Recém-chegado a Petrópolis, Betinho ganhou uma bolsa de estudos justamente por intermédio de Amaral Peixoto. O político participava da inauguração de uma escola em Areal, no interior do Rio, quando viu o menino de 12 anos, pai de Roberto Jefferson, fazendo um discurso. Encantado com o desempenho do garoto, Amaral Peixoto o ajudou a se matricular de graça no internato do extinto colégio Plínio Leite.

Em 27 de novembro de 1986, já senador pelo PDS (partido criado a partir da Arena, que dava sustentação ao governo militar), Amaral Peixoto ganhou uma surpresa. Naquele dia, ele fazia um discurso de despedida do Congresso quando foi surpreendido por Roberto Jefferson, então deputado federal em primeiro mandato. O encontro dos dois emocionou e arrancou lágrimas dos presentes.

— Eu disse a ele: "Eu sou a consequência do seu gesto. Se não fosse o senhor, meu pai não teria conhecido a minha mãe em Petrópolis e eu não estaria aqui hoje" — relembrou Jefferson em entrevista ao autor deste livro.

Enquanto Betinho frequentava o Plínio Leite, Neusa estudava no Instituto Carlos Alberto Werneck, também em Petrópolis. A mãe de Roberto Jefferson teve uma educação rígida e era vigiada de perto pelos pais. Mas isso não impediu Betinho de segui-la diariamente num percurso de quase 1 quilômetro entre a casa dela e a escola. As investidas na moça começaram a aumentar nos fins de semana. Não demorou muito para a proposta de namoro acontecer no principal cinema da cidade da serra fluminense durante a sessão de 17 de agosto de 1946.

Neusa estava acompanhada dos irmãos, e Betinho sentou-se na única cadeira vaga ao seu lado. Na tela, era exibido o seriado *Os perigos de Nyoka*, lançado quatro anos antes, nos Estados Unidos, pela Republic Pictures. Sucesso na década de 1940, o filme ganhou quinze episódios e contava as aventuras de Nyoka, personagem estrelado pela atriz e modelo americana Kay Aldridge. A heroína lutava contra vilões enquanto procurava por seu pai que se perdera em uma expedição na África. A história foi inspirada no romance *Jungle Girl*, de Edgar Rice Burroughs.

Betinho e Neusa começaram a namorar às escondidas, mas, aos poucos, ele foi conquistando a simpatia e a confiança de Djalma do O'Monteiro e de Maria Bianchi Fernandes, pais de sua futura esposa. A tática para conquistar os sogros foi simples. Betinho ensinava matemática para um dos irmãos de Neusa na casa da família. Apesar da resistência no início, o relacionamento logo ganhou o aval de Djalma e Maria. A partir daí, as "brigas" só ocorriam nos jogos entre Flamengo e Botafogo. O pai de Neusa torcia pelo rubro-negro e o futuro genro, pelo time alvinegro.

No primeiro ano do antigo colegial, Betinho disputou e ganhou o primeiro concurso de oratória do Plínio Leite. Quando saiu de Anta para estudar em Petrópolis, já sabia de cor e salteado 1.700 sonetos de poetas brasileiros, portugueses e espanhóis. Sempre foi um amante da poesia. Por mais de trinta anos, presidiu a União Brasileira de Trovadores. Tinha o dom da palavra no sangue. Talento herdado pelo filho político que tanto chamou a atenção do país em discursos proferidos de cima da tribuna da Câmara dos Deputados, em Brasília, por mais de duas décadas, e nas cadeiras nas quais se sentou nos depoimentos às CPIs que investigaram o escândalo do mensalão.

Habilidoso com a escrita, o pai de Roberto Jefferson decidiu ganhar um dinheiro extra ainda moleque. Ele redigia cartas para os colegas de internato que queriam se comunicar com os pais ou com as namoradas que moravam em outros estados. Trabalho semelhante ao da personagem Dora, interpretado pela atriz Fernanda Montenegro, no filme *Central do Brasil*. A grana o ajudava a complementar o orçamento de casa e a comprar o que mais gostava: comida árabe.

Betinho morou no internato até os 15 anos. Depois, foi viver em uma pensão e começou a trabalhar como bancário, de manhã e à tarde, e a fazer contabilidade à noite. Foi professor de matemática e português. Casou-se aos 18 anos com Neusa, em 29 de junho de 1951. Construiu uma família numerosa, com sete filhos. Até 2017, antes de falecer, Betinho tinha 31 netos e 23 bisnetos. No passado, assumiu ainda a tutela de irmãos, primos e sobrinhos que precisavam estudar em Petrópolis. Como professor, ministrava dezesseis aulas por dia para conseguir sobreviver.

Dedicado à área educacional em boa parte da vida, o pai de Roberto Jefferson foi diretor de várias escolas. Em 1955, com apenas 24 anos, assumiu o comando do Serviço Nacional de Aprendizagem Industrial (Senai) quando os cursos ainda funcionavam dentro de galpões velhos. Com cinco anos na administração, conseguiu construir a sede própria da instituição em Petrópolis, onde morou em um apartamento funcional com a esposa Neusa e os sete filhos.

Betinho aproximou o Senai da indústria. A unidade começou a fabricar peças que até então tinham de ser exportadas pelos empresários da região. Para dar destaque aos trabalhos executados pelos alunos do Senai, ele promovia desfiles de caminhões nos feriados de 7 de setembro. Nas carrocerias dos veículos, o público podia ver os objetos criados pelos estudantes. Era uma festa.

A política sempre influenciou os Medeiros e Francisco. João Medeiros (avô materno de Betinho e bisavô de Roberto Jefferson) foi prefeito de Sapucaia. Ibrahim Antônio Francisco, o Buzico, (pai de Betinho e avô de Jefferson) se elegeu vereador na mesma cidade pelo PTB. O tio Hermenegildo também, mas no município vizinho de Paraíba do Sul. Os debates acalorados aconteciam na casa de Buzico, em Anta, e reunia políticos da época. A leitura diária do jornal *Correio da Manhã* era obrigatória nas conversas. As crianças cresceram nesse ambiente. Jefferson, ainda menino, conheceu Amaral Peixoto em uma das idas dele à residência do avô.

Com a efervescência eleitoral, Betinho decidiu arriscar. A convite do então prefeito de Petrópolis, Cordolino José Ambrósio (1951-1955), o pai de Jefferson disputou as eleições de 1962 para vereador e venceu, assumindo o mandato entre 1963 e 1966, no período da ditadura militar no Brasil. Ambrósio foi deputado estadual e senador. Entre os dias 1º e 4 de maio de 1964, ano em que presidia a Assembleia Legislativa do Rio, assumiu o governo do estado após a cassação de Badger da Silveira e do vice-governador João Baptista da Costa. Irmão do ex-governador Roberto Silveira, morto em um acidente aéreo, Badger era aliado do ex-presidente

João Goulart e perdeu o mandato com o golpe militar. Ambrósio foi sucedido pelo general Paulo Francisco Torres.

Eleito pelo PTB, Betinho tinha proximidade com os militares, embora diga não ter apoiado a ditadura. Com o surgimento do bipartidarismo, que extinguiu partidos políticos como UDN, PSD, PSB e o próprio PTB, ele transferiu-se para a Arena a pedido de Cordolino José Ambrósio. Durante o mandato, o pai de Roberto Jefferson apresentou 48 projetos de leis na Câmara de Petrópolis. Conseguiu aprovar 44, dois deles relativos a homenagens ao então tenente-coronel Antônio Ferreira Marques e ao capitão Nilton de Albuquerque Cerqueira, que aparecem no relatório final da Comissão Nacional da Verdade (CNV), de 10 de dezembro de 2014, entre os 377 acusados de terem cometido crimes na ditadura. Ambos receberam de Betinho o título de "cidadão petropolitano" pelos "relevantes serviços prestados ao município".

O tenente-coronel Antônio Ferreira Marques foi homenageado por meio do projeto número 1.912, de 27 de maio de 1964, um mês e 26 dias depois de o ex-presidente João Goulart ser deposto quando os militares assumiram o governo. General de divisão, ele ocupou a chefia do Estado-Maior do II Exército, de 1974 a 1976. Além disso, comandou a 1ª Região Militar, de 1978 a 1980, e o III Exército, em 1980 e 1981. Assumiu ainda a chefia do Estado-Maior do Exército, entre 1981 e 1982. Para a CNV, Antônio, morto em 2004, estava entre "os responsáveis pela gestão de estruturas e condução de procedimentos destinados à prática de graves violações de direitos humanos".

— Sempre foi um homem corretíssimo. Nunca esteve em Petrópolis para prejudicar ninguém — justificou Betinho em entrevista ao autor deste livro.

Já Nilton de Albuquerque Cerqueira, atual general reformado, tornou-se "cidadão petropolitano" pelas mãos de Betinho em

5 de agosto de 1964, por meio do projeto número 1.960. Nilton era coronel do Exército quando chefiou a 2ª Seção do Estado--Maior da 6ª Região Militar, de 1971 a 1973. Neste período, liderou a Operação Pajussara, desencadeada na Bahia e que provocou a morte, em 1971, do ex-capitão do Exército Carlos Lamarca, guerrilheiro e líder do Movimento Revolucionário 8 de Outubro (MR-8), organização clandestina que fazia oposição à ditadura militar.

Em 1981, Nilton de Albuquerque Cerqueira assumiu o comando da Polícia Militar do Rio de Janeiro e chegou a ser denunciado à Justiça pelo atentado a bomba no Riocentro, em 30 de abril daquele ano, mas a ação penal foi arquivada. O local era palco para shows em comemoração ao Dia do Trabalho. Enquanto 20 mil pessoas assistiam aos espetáculos, o artefato explodiu dentro de um Puma marrom metálico, matando dois militares do Exército. Nilton também foi deputado federal e secretário estadual de Segurança Pública do Rio no governo Marcelo Alencar (1995-1998).

No dia 29 de julho de 2014, Nilton de Albuquerque Cerqueira não permitiu que a imprensa acompanhasse seu depoimento à CNV. Ele informou apenas "não ter nada a declarar" sobre os episódios do Riocentro e da Operação Pajussara. Os integrantes da comissão fizeram dez perguntas relativas à sua participação em fatos ocorridos durante a ditadura militar e a relatórios assinados pelo próprio militar sobre esses casos. Mesmo assim, ele manteve--se calado o tempo todo.

Em 1963, Betinho presenciou na Praça Dom Pedro II, em Petró-polis, um tiroteio envolvendo Nilton de Albuquerque Cerqueira. O pai de Roberto Jefferson estava com um amigo indo almoçar na casa do delegado Léo da Gama Moret. No caminho, viu quando Nilton atirou em um sargento identificado como Mariano. Nilton e o capitão do Exército, Edson Monnerat, passeavam no local quando foram surpreendidos. Mariano baleou Edson na cabeça e tentou fugir, mas foi alcançado pelo tiro de Nilton.

Nilton de Albuquerque Cerqueira foi inocentado pela morte de Mariano, alegando legítima defesa e defesa de terceiros. Betinho teve de prestar depoimento por ter testemunhado o crime. À polícia, o pai de Jefferson explicou que Nilton não teve culpa. Os dois se conheceram naquele período de investigação do episódio.

— O tiroteio aconteceu em plena Praça Dom Pedro! O sargento Mariano estava descontrolado. Poderia ter atingido mais alguém. Não morreu mais gente por sorte — lembrou Betinho.

O pai de Roberto Jefferson explicou a homenagem a Nilton:

— Decidi homenageá-lo por causa do seu currículo como militar. É uma pessoa séria, correta.

Por pressão de Neusa, Betinho abandonou a carreira política. Ela queria que o marido ficasse mais tempo com a família. Dona de casa dedicada, não achava justo o marido se envolver na nova profissão e a deixar criar os filhos sozinha.

Djalma, pai de Neusa, foi lutador amador de boxe. Natural de Alvares, veio para o Brasil ainda criança. Trabalhou como gerente de uma barbearia e não demorou a prosperar como comerciante. A família era proprietária de ourivesarias no Rio de Janeiro e tinha muito dinheiro. Entre as propriedades, havia uma fazenda em Teresópolis, na Região Serrana do Rio, onde Djalma conheceu e se apaixonou pela camponesa Maria Bianchi Fernandes, mãe de Neusa e avó materna de Roberto Jefferson. Por causa do casamento com Maria, Djalma fora deserdado pelos pais ricos.

Neusa, nascida em 14 de fevereiro de 1934, gostava de jogar vôlei com as amigas na escola. Ela participava de competições contra equipes de outros colégios de Petrópolis. Seu avô paterno, Joaquim do O'Monteiro, está entre os imigrantes portugueses que fundaram o Vasco da Gama, em 21 de agosto de 1898. Além disso, quatro tios da mãe de Roberto Jefferson foram atletas de remo do Flamengo.

Aos 10 anos, Neusa afirmou ter visto espíritos em casa pela primeira vez. Já adulta, começou a se dedicar aos estudos do espiritismo. A mãe Maria era médium e o pai Djalma foi um dos criadores de um centro espírita em Petrópolis. Neusa conseguiu converter o marido Betinho à religião kardecista. Entretanto, Roberto Jefferson se tornou católico praticante por influência dos avós paternos desde a infância. Ele frequenta missas a cada quinze dias e procissões, em Anta, além de ser devoto ferrenho de Nossa Senhora de Sant'Ana e de Nossa Senhora de Fátima.

Quando se casou com Betinho, a filha de português e de italiana incorporou a cozinha libanesa no cardápio familiar por causa do marido. Os dois gostavam de casa cheia e mesa farta. Nos fins de semana, Neusa cozinhava de oito a dez pratos diferentes para parentes e convidados. A exemplo do filho Roberto Jefferson, Neusa descobriu, em 2000, ter um tumor no pâncreas e sobreviveu.

Apesar de morar e trabalhar em Petrópolis, Betinho fazia questão de levar a esposa e os sete filhos para passar as temporadas de férias escolares em Anta. Roberto Jefferson, os pais e os irmãos Ângela Maria, Ricardo, Elizabeth, Rosane, Ronaldo e Neusa Maria (falecida em 18 de outubro de 2015) viajavam em um caminhão Chevrolet ano 1956, azul e branco, batizado de Martha Rocha — homenagem à modelo eleita miss Brasil dois anos antes e que perdeu o título de Miss Universo por ter duas polegadas a mais no quadril que sua adversária, a americana Miriam Stevenson.

Ricardo adorava ficar na cabine junto com o pai Betinho. Roberto Jefferson preferia pegar estrada na carroceria ao lado da mãe e das irmãs. No trajeto, todos se deliciavam com lanches preparados por Neusa: ovos cozidos, sanduíches de pão de leite com queijo, acompanhados de suco de morango ou framboesa.

No caminho, a família enfrentava poeira e lama e cruzava com fazendas, carros de boi, boiadas e cavaleiros. A aventura inflava os pulmões de Jefferson de prazer.

O destino dos viajantes era a casa dos avós paternos Buzico e Petiza, que se casaram em 1929 e selaram a terceira união entre as famílias Medeiros e Francisco. Padrinhos de Roberto Jefferson, os dois o batizaram no dia 6 de setembro de 1953, quando o ex-deputado tinha pouco mais de 2 meses de vida. A cerimônia aconteceu na Igreja de Nossa Senhora de Sant'Ana, em Anta, e foi sacramentada pelo padre Wilson Wermelinger.

As melhores lembranças da infância de Roberto Jefferson foram registradas em Anta. A chaminé da padaria, o cheiro de comida no fogão a lenha, o som dos trens na estação e os fogos de artifícios das festas da padroeira Nossa Senhora de Sant'Ana atraíam a atenção do garoto nascido às 00h25 de 14 de junho de 1953, no Hospital Santa Teresa, em Petrópolis, com 4,5 quilos. À tarde, Nega Maria, que por setenta anos cozinhou na casa dos avós de Jefferson, torrava o café e, depois, o moía. Era o ápice para o menino, que comia pão quente com manteiga da cooperativa de Anta e bolo de milho.

Apesar de morar em Petrópolis, Roberto Jefferson vivia intensamente em Anta. O ex-deputado fora criado no convívio dos avós, dos tios e dos primos. Com o tio Haroldo, por exemplo, Jefferson aprendeu a torcer pelo Botafogo. Ele, o irmão Ricardo e Haroldo adoravam brincar de cobranças de pênaltis. Na adolescência, Jefferson conseguiu o emprego na empresa Kibon graças ao tio Odir, cujo salário o ajudou a pagar os estudos do curso de Direito. Já o tio Nadinho o ensinou a ler e a escrever, além de fazê-lo participar de competições de leitura e oratória com os primos. Do tio Zé do Buzico, surgiu o amor de Jefferson pelo canto.

O cuidado maior de Roberto Jefferson era com o tio Márcio, pai da prima Nathalie. Antes de morrer, a avó Petiza fez com que o neto assumisse um "compromisso sagrado": o ex-deputado deveria cuidar de Nathalie como se fosse uma filha caso algo acontecesse com Márcio, que tinha saúde frágil ocasionada por problemas renais e cardíacos. Ele morreu em 2008 e teve os restos mortais transferidos para o mausoléu dos Medeiros e Francisco, no cemitério de Anta.

O avô Buzico sempre foi um admirador de um ex-presidente dos Estados Unidos, Thomas Jefferson. Em homenagem a ele, deu o nome de Jefferson a um de seus dez filhos, o caçula, que morreu de meningite ainda bebê, aos 4 meses. Cristão, a tensão de Buzico era com o islamismo. Seus pais, Tanus Francis e Latif Queralla, bisavós paternos de Roberto Jefferson, chegaram ao Brasil com medo da guerra no fim do século XIX para tentar a sorte e criar raízes num país desconhecido. Na fuga, o casal deixou duas filhas (Frônia e Barsita) em Beirute. Eles temiam a perseguição religiosa provocada pelos muçulmanos, que sequestravam e saqueavam navios americanos nos mares do Caribe ou do Mediterrâneo, ao norte da costa da África.

Para combater os inimigos, Thomas Jefferson criara a Marinha de Guerra e derrotou os adeptos do Islã, em 1805. Poeta, comerciante e vereador de Sapucaia na década de 1940, Buzico admirava o ex-presidente dos Estados Unidos por esse feito. Por temer o confronto, Tanus e Latif decidiram trocar de nomes e, com a nova identidade brasileira, passaram a se chamar Antônio Francisco e Rosa Turca. Quando nasceu, o ex-deputado fora registrado em cartório como Roberto, em homenagem ao pai, e como Jefferson, em referência ao tio morto.

Vindos do Líbano, Antônio e Rosa se estabeleceram, inicialmente, em Barbacena, Minas Gerais. Em seguida, se mudaram para Anta. O negócio da família era o comércio, apesar da dificuldade de falar português. Na lojinha, o casal vendia de tudo, incluindo roupas, tecidos, alimentos e quinquilharias. Religioso, Antônio passava parte do dia envolvido com as orações. Já Rosa, habilidosa no trato com a matemática, percorria as ruas vendendo mercadorias no lombo de um burro para ajudar no sustento dos filhos e fazia os cálculos do faturamento da própria cabeça.

Pouco depois da chegada dos Francisco em Anta, os Medeiros, naturais de Açores (arquipélago e território autônomo da República Portuguesa), desembarcaram no distrito. João Jacintho de Medeiros Sobrinho e Maria Teixeira de Araújo Medeiros, também bisavós paternos de Roberto Jefferson, tiveram cinco filhos. Fazendeiro, João se elegeu vereador e prefeito da cidade, introduzindo na família as primeiras noções de política e vida pública.

Até 2017, as famílias Medeiros e Francisco, juntas, eram compostas por cerca de oitocentas pessoas. Em Anta, ainda moram pelo menos cinquenta parentes de Roberto Jefferson, entre primos, sobrinhos e tios. O ex-deputado visita o local e os ajuda sempre que precisam. Jefferson é um dos maiores apoiadores do evento mais aguardado na região: a festa de Nossa Senhora de Sant'Ana, realizada no dia 26 de julho. Moradores, visitantes e fiéis têm à disposição barraquinhas com comidas típicas e apresentações culturais. O show pirotécnico é por conta do ex-deputado.

Roberto Jefferson tem um carinho especial pela Igreja de Nossa Senhora de Sant'Ana, avó de Jesus Cristo. Ele doou a imagem da santa para o templo e bancou uma série de reformas no local. Construída em 1850, a igreja ficava de frente para o rio Paraíba do Sul e para a antiga estação ferroviária. Entre 1967 e 1968, o pároco Tarciso França pediu para demoli-la porque já não comportava mais os fiéis que compareciam em grande número às missas. Após a derrubada, uma nova igreja começou a ser construída. Desta vez, de frente para a praça principal de Anta.

Ao lado da igreja, existe uma ladeira que inspirou a canção "Sá Marina", escrita por Tibério Gaspar e musicada pelo pianista Antônio Adolfo. A letra conta a história de uma paixão platônica de Tibério por uma mulher quando ele tinha apenas 12 anos. A moça chamava-se Brasilina e era desejada pelos homens e odiada pelas mulheres. "Sá Marina" foi gravada por Wilson Simonal, em 1964. Mas grandes cantores também a interpretaram como Márcio Lote, Stevie Wonder, Sérgio Mendes, Elis Regina e Ivete Sangalo. Tibério Gaspar morreu em 15 de fevereiro de 2017, aos 73 anos, no Rio.

— Brasilina era loira dos olhos verdes, uma pessoa muito linda. Desejada por todos os homens da cidade e, obviamente, odiada pelas mulheres. Quando ela passava, era uma bateção de portas, janelas, cuspiam na calçada. Mas ela seguia em frente e a mulherada tinha que aturá-la porque ela era poderosa e vitaminada. Brasilina era amiga do padre, do prefeito, do delegado. Não tinha jeito. O padre a adorava. Nas festinhas religiosas, ela montava barraquinhas para ganhar dinheiro e vendia rapidamente todas as prendas — contou Tibério Gaspar em entrevista à rádio EBC, em 16 de maio de 2015.

Sá Marina

Descendo a rua da ladeira
Só quem viu, que pode contar
Cheirando a flor de laranjeira
Sá Marina vem pra dançar

De saia branca costumeira
Gira o sol, que parou pra olhar
Com seu jeitinho tão faceira
Fez o povo inteiro cantar

Roda pela vida afora
E põe pra fora esta alegria
Dança que amanhece o dia pra se cantar
Gira, que essa gente aflita
Se agita e segue no seu passo
Mostra toda essa poesia do olhar

Deixando versos na partida
E só cantigas pra se cantar
Naquela tarde de domingo
Fez o povo inteiro chorar

E fez o povo inteiro chorar

Botafoguense, Roberto Jefferson brincava de futebol com o tio Haroldo, mas preferia mesmo as serestas e declamações de poesias na praça. Embora não atraísse a atenção de Jefferson, o esporte era a sensação dos Medeiros e Francisco. Membros das famílias dos avós e bisavós paternos de Jefferson faziam parte da base do time amador do Antense Futebol Clube, a maior atração dos fins de semana em Anta durante as décadas de 1960 e 1970. Com a camisa vermelha e as letras AFC do lado esquerdo do peito, igual à do América do Rio, o Antense disputava os campeonatos municipais. Nos jogos em casa, Sapucaia parava para assistir às partidas.

Os Medeiros e Francisco organizavam feijoadas para dar as boas-vindas aos visitantes. O clima entre os atletas e os moradores era de confraternização, com histórias inesquecíveis. Uma delas data de 17 de setembro de 1960, um sábado. Demósthenes Francisco, centroavante e artilheiro do Antense, se casou, mas foi vetado para comparecer à lua de mel. No dia seguinte, domingo, havia a decisão do campeonato contra o Jamapará, do quarto distrito de Sapucaia. O Antense goleou por 4 a 1, com dois gols de Teninha, como o ídolo era conhecido.

Teninha era primo de primeiro grau de Betinho, pai de Roberto Jefferson, e morreu aos 85 anos em 16 de agosto de 2016. O filho dele, Leonardo Gianotti Francisco, de 55 anos, é advogado e professor de história. Em seu acervo particular guardado em casa, há mais de trezentas fotos e documentos históricos de Anta e do Antense. Em 1990, a Federação de Futebol do Estado do Rio de Janeiro registrou o clube dos Medeiros e Francisco como futebol amador.

— A nossa família sempre teve jogadores que tocavam o futebol. Era uma coisa importante. Vinham times de fora para jogar aqui e a gente sempre oferecia um almoço para os times — lembra Leonardo Gianotti Francisco em entrevista ao autor em 21 de outubro de 2016.

Anta servia de passagem de tropeiros para Minas Gerais no fim do século XIX. Com o passar dos anos, fazendeiros começaram a construir casas até a região ser chamada de Vila de Anta. A partir de 1875, com a chegada da estrada de ferro, Anta, até então um vilarejo, prosperou devido ao escoamento da produção de cana-de-açúcar, café e algodão. Com a construção da usina hidrelétrica de Furnas, no rio Paraíba do Sul, na divisa dos estados do Rio e de Minas, o traçado foi alterado e os trens não passam mais pelo distrito. A estação virou um centro cultural.

A Usina de Simplício começou a funcionar em junho de 2013. O enchimento do reservatório principal e do circuito hidráulico do empreendimento (um conjunto de canais, túneis e reservatórios que se estende por 30 quilômetros entre a barragem de Anta e a usina) ocorreu durante trinta dias, entre fevereiro e março daquele ano.

Em contrapartida ao impacto ambiental, Furnas construiu uma ciclovia de 9 quilômetros em Anta. Em 14 de agosto de 2016, um domingo de Dia dos Pais, Betinho e o filho Roberto Jefferson participaram da cerimônia que deu nome ao local de Epaminondas Francisco, o Nonondas, primo de Jefferson. Emocionados, os dois discursaram. Nonondas morreu em 2006, aos 76 anos, após um acidente de carro. Por coincidência do destino, o ex-deputado foi denunciado à Justiça pelo Ministério Público estadual do Rio, em 2017, por um suposto esquema de corrupção em... Furnas.

A histórica casa dos Medeiros e Francisco fica entre as ruas Manoel Solino e Domingos Vieira, em frente a um coreto, na Praça Lino Moreira Pacheco, mas foi vendida. Na entrada de Anta, às margens da BR-393, há uma réplica do animal posta por Nonondas como símbolo do distrito, que passou por três grandes enchentes em 1947, 1957 e 2015. O espaço próximo à ladeira da Igreja de Nossa Senhora de Sant'Ana é ponto de encontro da maioria dos moradores. Nas eleições, parentes e amigos de Roberto Jefferson sempre se uniram ali para pedir votos para ele e para os candidatos apoiados pelo ex-deputado.

Apesar das boas lembranças da infância e da família, Anta também serviu de cenário para um trauma. Roberto Jefferson sofreu um grave acidente de carro na BR-393, na altura do quilômetro 146, numa Sexta-feira Santa, a poucos metros do cemitério onde construiu o mausoléu. Como nasceu no dia 14 de junho (14/6), Jefferson costuma dizer que o fato marcou o seu segundo nascimento. Aos 13 anos, o ex-deputado estava sentado no banco traseiro do Aero Willys preto, quatro portas.

Quem dirigia o veículo era o professor de inglês, Eldis Anacleto dos Santos, amigo de Betinho e que trabalhava no Colégio Werneck. Também viajavam no carro o professor Valmir Souto da Cruz e o irmão de Jefferson, Ricardo. Eles haviam acabado de almoçar carne de porco e cabrito na casa de Buzico com a família. O carro derrapou depois que Eldis perdeu o controle na curva e

237

bateu com a lateral em um caminhão que vinha no sentido contrário — a rodovia é de mão dupla. Com o impacto, o Aero Willys teve as portas e um pedaço da capota arrancados.

Um dos ganchos da carroceria do caminhão usado para amarrar as cordas cravou no ombro esquerdo de Roberto Jefferson, o arremessando para fora do veículo. Inconsciente, o ex-deputado ficou pendurado, quase sendo esmagado por uma das rodas. Foram 150 pontos por todo o corpo: mãos, tórax e rosto. Sangrando muito, Jefferson ainda abriu os olhos e viu que estava debaixo do caminhão. A partir daí, só se recorda de ter acordado no hospital. Ele carrega a cicatriz no ombro até hoje.

— Eu nasci de novo naquela curva. Foi um renascer — lembrou.

Por tudo que Anta representa em sua vida, Roberto Jefferson resolveu dedicar-se à construção de encontros com o passado. O mausoléu é uma parte disso. Placas com poesias, trovas e preces escritas por Buzico, Betinho e outros membros dos Medeiros e Francisco servem de homenagens aos antepassados. Um desses versos, de Nadinho, tio de Jefferson, descreve o sentimento da família pelo distrito:

Minha casa em Anta

Minha casa é gostosa, de verdade.
Aqui, me sinto alegre e satisfeito.
Uma doce emoção me envolve o peito,
e o coração soluça uma saudade...

Não há casa, talvez, no lugarejo,
onde se goze essa felicidade,
onde ficaremos à nossa vontade...
Se há, me digam, pois, daqui, não vejo.

*Por aqui, passam muitos e importantes
homens de fama, que nos trazem instantes
de conversas felizes e animadas.*

*Vivemos, nessa versatilidade,
tratando a todos, com muita amizade,
pois são pessoas adiamantadas.*

* * *

O afeto e a união familiar, tão apregoados por Roberto Jefferson, contrastam com a personalidade de temperamento difícil, explosivo e, às vezes, violento. Ele e os seis irmãos foram educados para reagir. É aquela velha história do "eu não levo desaforo para casa". Ao mesmo tempo que transmitia delicadeza nas serestas realizadas na praça de Anta ao som do violão do tio Alan, nas poesias e nas aventuras amorosas, Jefferson colecionava confusões. Batia e apanhava.

Uma das brigas que marcaram a adolescência de Jefferson aconteceu quando ele tinha 16 anos. O ex-deputado e o irmão Ricardo se envolveram em um quebra-pau generalizado durante uma festa de formatura organizada com os colegas do Colégio Werneck, de Petrópolis, onde estudaram. No evento, realizado em um clube, os dois trocaram socos e pontapés com outros jovens que beberam demais e entraram sem ser convidados.

O confronto começou depois que um grupo de rapazes barrados conseguiu entrar na festa e tentou dançar com as meninas do baile, todas acompanhadas pelos namorados. Jefferson, Ricardo e os amigos da escola não concordaram com o assédio. Não houve tempo para conversa. No quebra-quebra, mesas e cadeiras voaram.

O salão ficou destruído. O ex-deputado tomou uma garrafada de cerveja na cabeça e desmaiou na hora. Como o país ainda vivia sob a ditadura militar, soldados da Polícia do Exército foram chamados para dar segurança e acalmar os ânimos.

Jefferson precisou ser carregado por Ricardo, sangrando e desacordado, para fora do clube. Enquanto se recuperava da pancada, ele e o irmão avistaram o agressor, que já caminhava para ir embora. Os dois correram atrás do pivô da confusão. Quando o alcançaram, iniciou-se a sessão de espancamento no meio da rua. Após ser surrado por Jefferson e Ricardo, o rapaz foi jogado dentro de um rio.

Entre muitos episódios de agressões, um deles ocorreu dentro da própria família. Durante uma discussão, Jefferson pegou uma faca e bateu com o cabo em Ricardo, abrindo a cabeça do irmão. O sangramento foi inevitável. Para corrigir a travessura do filho, Neusa fez o mesmo: tacou o objeto na cabeça de Jefferson, que também sofreu um corte profundo. Resultado: a mãe levou os dois irmãos para o Hospital Santa Teresa para costurar os buracos.

Na Câmara, Betinho votava contra os projetos de lei que propunham aumento das passagens de ônibus. Roberto Jefferson e os irmãos sofriam retaliações de funcionários das empresas e as brigas eram constantes. Ao reconhecerem os filhos do vereador, os motoristas não paravam no ponto. Às vezes, quando conseguiam embarcar, eram vítimas de constrangimentos. Como vingança, Jefferson construía cassetetes de madeira numa marcenaria ao lado da escola e agredia os rodoviários.

O petebista foi uma criança levada e bagunceira. Uma das brincadeiras era andar de bicicleta pela BR-393 até uma destilaria para passar o dia bebendo cachaça. Ao contrário do proprietário do local, que degustava e cuspia, Jefferson provava e engolia. No fim, ele voltava para casa completamente bêbado. Mas, em vez de pedalar, caminhava para curar o porre e, assim, não tomar uma surra da mãe Neusa. O irmão Ricardo era a principal testemunha das artimanhas do ex-deputado.

Roberto Jefferson também gostava de trapacear nos jogos de carteado com a família. Quando todos se reuniam à mesa para iniciar a jogatina, na maioria das vezes com um pôquer ou uma canastra, os olhares se concentravam nos movimentos rápidos do petebista. O "roubo" no baralho e nas brincadeiras que envolviam tabuleiros era comum para o jovem petropolitano.

No colégio, Jefferson, filho de professor, tinha um desempenho mediano. Não era considerado o CDF da turma, mas não carregava o peso de ser o pior aluno. Gostava de português, matemática, geografia e história. Odiava as aulas de língua estrangeira. O ex--deputado fez o antigo maternal (educação infantil) no Colégio Estadual Cardoso Fontes, no bairro Bingen, em Petrópolis. Depois, foi transferido para o tradicional e extinto Colégio Werneck. Ele ficou por treze anos na instituição, período em que cursou os ensinos fundamental e médio. Roberto Jefferson adorava participar de concurso de oratória e de levar as filhas dos professores e as amigas de sala de aula para estudar no seu quarto.

Jefferson não tem o que reclamar da vida. Sempre projetou, buscou e construiu tudo o que quis. Nunca teve dúvidas de qual profissão iria seguir, por exemplo. O sonho era advogar. Realizou, ao se formar com 26 anos. Depois, pôs na cabeça que queria se eleger deputado (estadual ou federal, não importava) para manter a tradição do pai, do avô e do bisavô. Conseguiu, em 1982, aos 29 anos, por quase seis mandatos, até ser cassado.

Começou a trabalhar bem novo, aos 14 anos, como office boy num escritório de advocacia em Petrópolis, onde ficou por quatro anos. Os cinco advogados que trabalhavam no local viraram desembargadores no Estado do Rio: Miguel Pachá, Lúcio Vasconcellos de Oliveira, Antônio Izaías da Costa Abreu, Marlan de Moraes Marinho e Antônio Ricardo Binato de Castro. Jefferson carregava processos de um lado para o outro e vivia enfurnado em cartórios. Mas o serviço ia além: o jovem também servia cafezinho e levava os sapatos dos funcionários para engraxar.

O primeiro casamento foi prematuro, aos 20 anos, com a então estudante de história Ecila Brasil, em 16 de junho de 1973. Para ganhar dinheiro e pagar o curso de Direito, Jefferson deixou Petrópolis e foi morar na capital. Com a ajuda do tio Odir, conseguiu emprego em uma multinacional fabricante de picolés e sorvetes, a Kibon. Ocupou a vaga de auxiliar de pessoal. De manhã, frequentava a Universidade Estácio de Sá. À tarde, seguia para a empresa. Com boa caligrafia, bom português e sedutor na interlocução, Jefferson ganhou a simpatia dos chefes. A rotina durou seis anos.

A carreira de Roberto Jefferson nos tribunais começou em 1978, ano em que a ditadura militar caminhava lentamente para o fim após a extinção do AI-5 pelo governo de Ernesto Geisel. Além da vitória do general João Baptista Figueiredo à Presidência da República no colégio eleitoral, surgia a figura de Luiz Inácio Lula da Silva, que liderou a primeira greve dos metalúrgicos da história do Brasil, em São Bernardo do Campo (SP), com a paralisação dos trabalhadores da fábrica da Scania. O período ficou conhecido como o início do Novo Sindicalismo. À época, Jefferson ainda estagiava no Quarto Tribunal do Júri do Rio de Janeiro.

Jefferson encarou o primeiro caso antes mesmo de se formar. Ele defendeu um proprietário de terras acusado de tocaiar e matar um homem que invadira uma área particular no bairro de Santa Cruz, na Zona Oeste do Rio. Como não havia testemunhas do crime, mas apenas indícios, o posseiro foi absolvido por falta de provas sem exigir muito esforço do jovem e inexperiente advogado. Desde então, Jefferson atuou em quase duzentos júris antes de se dedicar à política.

Após ser cassado, em 14 de setembro de 2005, Jefferson voltou a advogar. Quase dois meses depois de deixar a vida pública, voltou às origens de criminalista, em 11 de novembro de 2005, uma sexta-feira. Ele aceitou trabalhar de graça como assistente de acusação da promotora Clarissa Cubis de Lima no julgamento do homicídio de uma garota de 12 anos no município de Vera, de 11 mil habitantes e a 486 quilômetros de Cuiabá. O convite foi feito pelo amigo Ricarte de Freitas, então deputado federal pelo PTB. Jefferson não exercia a profissão havia quinze anos.

Tratava-se do assassinato de Keyla Alba, morta a tiros na noite de 24 de novembro de 2001, dentro da própria casa. Constava nos autos do processo que o alvo dos tiros deveria ser o seu pai, Augusto Alba, vereador em Vera. Augusto teria divergências políticas com a ex-prefeita Izane Konerat, irmã do agricultor Vilmar Taffarel, acusado pelo Ministério Público de ser o mandante do crime. No depoimento, Taffarel negou a acusação.

A cidade parou para assistir ao julgamento. Quatro mil pessoas acompanharam num telão instalado no ginásio de esportes por ordem do juiz Wendel Karielli. Jefferson foi recebido como celebridade. Posou para fotos e distribuiu autógrafos à população. Apesar do pouco tempo para se preparar, o ex-deputado chegou confiante afirmando que o assassinato de Keyla era semelhante à *Crônica de uma morte anunciada*, um clássico do autor colombiano Gabriel García Márquez. Segundo os moradores, Jefferson esteve no cemitério em que Keyla fora enterrada para "se inspirar".

Nos dias de julgamento, Roberto Jefferson estava acompanhado da assessora de imprensa Maria Teresa Silva e da mulher Ana Lúcia Novaes, que o incentivava com acenos, beijinhos e piscadas de olhos. Nos debates finais, Jefferson tentou convencer os jurados com um discurso pregando a união do município. Disse que cabia a eles o destino de Vera: condenar o réu e acabar com o ódio dos moradores ou inocentá-lo e manter a cidade dividida em duas partes rivais.

A tática não deu certo. Por quatro votos a três, o júri absolveu Vilmar Taffarel, na madrugada de 12 de novembro de 2005, sábado, depois de 22 horas de trabalho. Após o resultado, confidenciou que se surpreendeu com a ineficiência de sua argumentação e da promotora. As primeiras palavras de Roberto Jefferson foram: "Um resultado previsível." Em seguida, afirmou: "Estou desempregado, preciso trabalhar." Embora a reestreia tenha sido frustrante, o ex-deputado roubou a cena em Vera.

Em 6 de dezembro de 2005, Roberto Jefferson começou a atuar em outro caso, também como assistente da acusação. Desta vez, tratava-se do assassinato do desembargador aposentado Irajá Pimentel, do Tribunal de Justiça do Distrito Federal, e da tentativa de homicídio da mulher dele, Heloísa Helena Duarte Pimentel, em 15 de março de 2002. O julgamento durou seis dias, com veredito no dia 12 do mesmo mês.

De acordo com a denúncia do Ministério Público, o motivo do crime foi a disputa por terras da Fazenda Samambaia, de mais de 900 hectares, situada em Brazlândia. Os irmãos mexicanos, Morelos e Rafael Vasquez, ocupantes de terras vizinhas, foram denunciados como mandantes do crime, além de outras sete pessoas. Em outro julgamento, Morelos havia sido absolvido.

No julgamento com participação de Roberto Jefferson, o réu era apenas Rafael Vasquez. Ao contrário da frustração de seu desempenho no caso Keyla, o ex-deputado saiu vitorioso. Os jurados, por cinco votos a dois, consideraram Rafael culpado de ser o mandante do crime. Por isso, o juiz João Marcos Guimarães Silva condenou-o a dezesseis anos e quatro meses de reclusão, em regime fechado.

Irajá Pimentel foi assassinado a tiros na rua da Quadra 216 Sul, enquanto caminhava com a mulher Heloísa. Ela teve o rosto atingido por um dos tiros, mas sobreviveu. Em depoimento à Justiça, Heloísa disse que os dois costumavam se exercitar no local. No dia do crime, ela o ouviu dizer: "Não faça isso, rapaz!" Em seguida, veio o primeiro disparo e, depois, mais três ou quatro.

Há um fato curioso nessa história. Do lado dos promotores de acusação, Maurício Miranda e Maria José Miranda, encontrava-se Roberto Jefferson. Já um dos advogados de defesa do réu era Sebastião Coelho da Silva, que também defendeu Maurício Marinho, ex-funcionário dos Correios flagrado em vídeo recebendo propina. Na gravação, Marinho dizia ter o respaldo de Jefferson, episódio que iniciou a crise no governo Lula e desencadeou o escândalo do mensalão. Pastor evangélico, Sebastião foi quem converteu Marinho à religião. No julgamento do assassino do desembargador Irajá Pimentel, o clima ficou tenso e Sebastião passou mal.

Apaixonado pelo Direito, Roberto Jefferson lutou para que a filha mais velha, Cristiane Brasil, se tornasse juíza. Ela se formou pela Universidade Católica de Petrópolis e entrou na escola de magistratura. Teve como professora a juíza aposentada Denise Frossard, que, como deputada em 2005, integrou a CPMI dos Correios e ajudou a fundamentar as acusações contra os acusados do mensalão, entre eles Jefferson. Em 1993, Denise condenou toda a cúpula do jogo do bicho do Rio de Janeiro.

A articulação para que Cristiane Brasil seguisse os passos de Denise Frossard não foi adiante. A amiga de Jefferson, Laura Carneiro, sugeriu ao então prefeito Cesar Maia (DEM) o nome de Cristiane para ocupar a Secretaria Municipal da Terceira Idade. Quem assumiria a pasta seria Laura, mas ela cedeu o espaço ao PTB para que o partido entrasse na aliança de Cesar, aumentando o tempo do programa eleitoral na televisão e no rádio durante campanha que o elegeu para o segundo mandato.

Cristiane Brasil comandou a secretaria de Cesar Maia entre setembro de 2003 e abril de 2004. Nunca mais largou a política. Só deixou o cargo para se candidatar a vereadora no mesmo ano, sendo reeleita outras duas vezes, sempre com a estrutura de campanha montada e comandada pelo pai Roberto Jefferson. Nas eleições de 2014, foi eleita pela primeira vez deputada federal com 81.817 votos, sob a coordenação de Jefferson de dentro da prisão, em Niterói.

A evolução das doações para as campanhas de Cristiane Brasil impressionam. Em 2004, quando concorreu pela primeira vez para vereadora, ela recebeu R$ 399.984,86, segundo sua prestação de contas à Justiça Eleitoral. Na eleição seguinte, para o mesmo cargo, em 2008, Cristiane arrecadou modestos R$ 178.230,00. Mas, em 2012, saltou para incríveis R$ 1.494.925,98. Dois anos depois, em 2014, ano em que concorreu para deputada federal, ela recebeu R$ 5.365.728,32.

Na lista de receita, há doadores para todos os gostos. Em 2004, por exemplo, antes de estourar o mensalão, cujo pivô fora o pai Roberto Jefferson, Cristiane recebeu R$ 70 mil da Assurê Administração e Corretagem de Seguros, do amigo de Jefferson, Henrique Brandão. No ano seguinte, a Assurê e Brandão apareceram no escândalo. Outros R$ 50 mil foram depositados na conta de campanha de Cristiane pela Forjas Taurus S/A, fabricante de armas com sede no Rio Grande do Sul que também repassou dinheiro para as campanhas do ex-deputado.

Em 2008, Cristiane Brasil registrou R$ 80 mil transferidos pelo diretório nacional do PTB. Nesse ano, a maioria dos doadores foi pessoas físicas. Entre elas, a própria mãe Ecila Brasil (R$ 6.065), a irmã Fabiana Brasil (R$ 4.450), o ex-cunhado e deputado estadual Marcus Vinícius (R$ 1.500) e Itapuã Prestes de Messias (R$ 4.500), ex-advogado de Roberto Jefferson no processo do mensalão.

Mas a pedra no sapato da filha de Roberto Jefferson é justamente a campanha de 2012. Cinco anos depois, em 2017, Leandro Andrade Azevedo, ex-diretor superintendente da Odebrecht, afirmou ao Ministério Público Federal, em delação premiada na Operação Lava Jato, que Cristiane recebeu pessoalmente pagamento em espécie de R$ 200 mil em doação não declarada (caixa dois) para as eleições de vereadora.

"Aconteceu que eu estava no dia. E ela [Cristiane Brasil] mesma foi retirar esse dinheiro. O que aconteceu foi que o portador nosso demorou a chegar. E ela ficou na antessala do escritório. Realmente nós conversamos. Ela estava lá para pegar o dinheiro", contou Azevedo em depoimento.

De acordo com Azevedo, houve um fato "pitoresco" no episódio: "Nessa sala, tinha uma câmera de *conference call*. E ela ficou superincomodada com aquilo, achando que eu estava gravando." Ele disse ainda que, quando o portador chegou com a quantia, "ela pegou esse valor. Ela estava com uma mochila. Botou [o dinheiro] na mochila e saiu". O ex-executivo destacou também que o pagamento feito para Cristiane Brasil foi feito a pedido do deputado federal Pedro Paulo (PMDB-RJ), à época coordenador da campanha de reeleição do prefeito Eduardo Paes.

Cristiane Brasil negou as acusações. Até a conclusão deste livro, em maio de 2017, o caso ainda estava sob investigação. Na prestação de contas de 2012, ela declarou ter recebido R$ 1,35 milhão apenas do diretório nacional do PTB. Em 2014, a deputada recebeu R$ 1,9 milhão em três depósitos via partido da JBS S/A, uma das principais empresas investigadas na Operação Lava Jato.

Em 2004, a filha de Jefferson não declarou bens à Justiça Eleitoral. Quatro anos depois, informou ter R$ 126,3 mil entre dinheiro, joias e um apartamento em Petrópolis. Em 2012, o patrimônio mais que dobrou: R$ 268,2 mil, entre dinheiro em espécie, investimentos e poupança. Em 2014, Cristiane Brasil registrou R$ 245,8 mil, incluindo aplicações, dois veículos e dinheiro guardado em cofre.

A filha do meio, Fabiana, e o caçula, Robertinho, não são ligados à política. Ela foi casada com o deputado Marcus Vinícius e estava em Petrópolis, em 2005, durante uma operação da Polícia Federal de busca e apreensão em sua casa para tentar encontrar provas contra o parlamentar para as investigações do mensalão. Robertinho, por sua vez, casou-se em Belém do Pará, mas se mudou para Orlando, nos Estados Unidos, onde é proprietário de uma academia de ginástica. Jefferson tem cinco netos: Christian e Catarina (filhos de Cristiane) e Vitor, Artur e Bernardo (filhos de Fabiana).

8. *O Povo na TV*

ROBERTO JEFFERSON SE ELEGEU deputado federal pela primeira vez, em 15 de novembro de 1982, com 85.638 votos. O ótimo desempenho nas urnas do então jovem e desconhecido advogado criminalista, de 29 anos, teve uma justificativa: a participação no polêmico *O Povo na TV*, campeão de audiência entre 1981 e 1985 ao levar o "mundo cão" para a tela da televisão. A popularidade da atração exibida pela antiga TVS, no Rio de Janeiro, deu o empurrãozinho que faltava para Jefferson conseguir manter a tradição e a herança política das famílias Medeiros e Francisco.

O convite a Jefferson surgiu do diretor e apresentador Wilton Franco, famoso no meio artístico por ter criado o humorístico *Os Adoráveis Trapalhões*, na extinta TV Excelsior, em 1966. Jefferson advogava para alguns integrantes do elenco e já havia feito aparições esporádicas no *Aqui e Agora*, cópia de um programa argentino e embrião de *O Povo na TV*, exibido a partir de 1979, na TV Tupi, que, no ano seguinte, teve cassada a concessão pelo governo do presidente João Baptista Figueiredo.

Três meses antes de a TV Tupi perder a concessão, Wilton Franco foi embora após um desentendimento com Walter Avancini, autor e diretor que desejava implantar uma programação vespertina no canal 6 de Assis Chateaubriand, proprietário dos Diários Associados. Wilton, por sua vez, queria uma atração de interesse popular. A filosofia era simples: promover a integração entre o povo e a TV, com uma troca simultânea de prestação de serviços, iniciativa pioneira naqueles tempos e muito copiada por emissoras brasileiras até os dias de hoje.

No início dos anos 1980, Silvio Santos já estudava a viabilidade de exibir um programa ao vivo. Por intermédio de Moisés Weltmann, romancista e escritor de novelas, Wilton Franco conversou com Silvio, e, quinze dias depois, fechou contrato. No canal 11, *O Povo na TV* foi um marco para a televisão, assistido por todas as classes sociais. Ia ao ar diariamente ao vivo, do início ao fim da tarde, com transmissão para os estados do Rio de Janeiro, São Paulo, Minas Gerais, Rio Grande do Sul e Pará direto dos estúdios do SBT no Rio e na capital paulista.

O SBT entrou no ar em rede nacional após uma concorrência pública promovida pelo governo Figueiredo, com a licença para operar a concessão do canal 4 de São Paulo, antiga frequência da TV Tupi. À nova emissora, uniram-se a TVS, canal 11 do Rio, que já detinha a Continental após arrematá-la em um leilão em 1976; a TV Marajoara (Pará) e a TV Piratini (Rio Grande do Sul). Na assinatura do contrato, no Ministério das Comunicações, em 19 de agosto de 1981, o SBT transmitiu ao vivo seu nascimento. No discurso, Silvio Santos anunciou investimentos de US$ 10 milhões e um total de 13.600 funcionários.

Ainda no auditório do *Aqui e Agora*, no antigo Cassino da Urca, Jefferson atuou algumas vezes como debatedor. No entanto, o contrato definitivo só foi assinado por ele quando o programa pertencia à grade do SBT. Jefferson entrou na vaga após a morte do escritor e poeta Fernando Leite Mendes. Em princípio, o advogado criminalista nascido em Petrópolis que administrava um escritório no Centro do Rio ficaria no ar temporariamente por apenas trinta dias, prazo para que Wilton Franco encontrasse um substituto para Fernando, o que acabou não acontecendo.

Jefferson deu tão certo que entrou no elenco fixo como o "advogado dos pobres" ao lado de Sergio Mallandro, Wagner Montes, Christina Rocha, José Cunha, Ney Maia, Lucy Helen, Ana Davis e Amaury Valério, entre outros. Cada apresentador tinha uma função. O petebista realizava consultas jurídicas, com orientações e conselhos a pessoas da plateia ou aos telespectadores que recorriam à atração para resolver seus problemas. Exercia ainda a tarefa de advogado de defesa ou de acusação em julgamentos simulados de casos policiais de repercussão.

Para se ter uma ideia da força popular e política de *O Povo na TV*, o cantor Agnaldo Timóteo (PDT), sempre convidado para apresentações, sagrou-se o campeão na votação para deputado federal na eleição de 1982, a mesma que elegeu Roberto Jefferson. O artista recebeu expressivos 503.479 votos, mais que o dobro do segundo colocado, Rubem Medina (PDS), com 221.705. Apesar da afinidade com Jefferson, Wilton Franco apoiava a candidatura de Agnaldo Timóteo.

A presença de políticos nos debates eleitorais do programa era frequente e memorável. Em 7 de julho de 1982, Leonel Brizola, candidato do PDT à sucessão de Chagas Freitas ao governo do Rio de Janeiro, era um dos convidados. Do outro lado estava o jornalista, escritor e advogado Artur da Távola (pseudônimo de Paulo Alberto Monteiro de Barros), que concorria a uma vaga ao Senado pelo PMDB. No encontro, o peemedebista conclamou os telespectadores ao voto útil para eleger políticos de seu partido e acusou Brizola de estar isolado no processo eleitoral da época. Já Brizola classificou Artur da Távola como "inteligente, porém desencaminhado".

Sem as regras eleitorais impostas nos dias atuais, o diretor Wilton Franco começou o debate com uma declaração explícita de apoio ao candidato do governo do Rio pelo PDS (ex-Arena),

Wellington Moreira Franco, apoiado pelos militares e pelo governo Figueiredo. Wilton elogiou o presidente:

— O presidente da República faz o que é possível. Não faz mais porque não pode. E muitas vezes ele é levado pela emoção para resolver alguns problemas.

A simpatia de Wilton Franco pelo PDS provocou um constrangimento a dois candidatos do PTB às eleições de 1982: um dos apresentadores de *O Povo na TV*, Roberto Jefferson, que tentaria se eleger à Câmara Federal, e o diretor de TV, Joel José, postulante à vaga de vereador no Rio. O PTB havia lançado Sandra Cavalcanti como candidata do partido ao governo estadual contra Brizola e Moreira Franco.

— Nós podemos, às vezes, defender ideias diferentes, mas saímos do estúdio abraçados. Outro dia, quando acabamos uma gravação em São Paulo, você afirmou que apoiaria a minha candidatura — disse Jefferson, ao vivo, para Wilton Franco.

— É verdade — respondeu o diretor do programa.

Nesse instante, um produtor passou a palavra para Brizola e Artur da Távola. Sentado na plateia, o jornalista voltou a atacar o pedetista dizendo que o ex-governador do Rio Grande do Sul não tinha condições de se eleger no Estado do Rio. Antes que Brizola respondesse, o cantor Agnaldo Timóteo ligou para *O Povo na TV* e, no ar, manifestou sua solidariedade ao líder trabalhista. Apresentando-se como "ex-torneiro mecânico e ex-motorista de Ângela Maria", o artista, que tentaria se eleger deputado federal pelo PDT, se proclamou "candidato das massas".

Em seguida, Brizola iniciou a réplica afirmando que Artur da Távola era "muito palavroso, mas incorria em incoerências" e estendeu suas acusações ao deputado Miro Teixeira, do PMDB, outro candidato ao governo, com apoio do jornalista. Segundo Brizola, Miro estaria "equivocado" ao disputar as eleições.

— Vivo uma certa solidão daqueles políticos que ficam em cima de caminhonetes, gastando dinheiro enquanto o povo passa fome — disse Brizola, numa referência direta a Artur da Távola, que, em sua campanha ao Senado, usava uma Kombi aparelhada com telão e videocassete. — Onde estão os projetos de lei de Miro Teixeira como deputado? Onde está uma atitude oposicionista contra o regime militar? Sou candidato para desmistificar todos os que estão gastando rios de dinheiro — completou Brizola.

Enquanto isso, outro apresentador de *O Povo na TV*, Wagner Montes, fazia sinais a Brizola para avisar que o tempo já estava no fim. Como o candidato do PDT se mostrava cada vez mais entusiasmado com o discurso, Wagner, às 17h28, pôs a mão no seu ombro e o forçou a calar-se com um "obrigado, doutor Leonel Brizola".

Em 1982, ocorreram as primeiras eleições diretas para governador após a instauração do regime militar no Brasil. Vivia-se o início do fim da ditadura. O pleito, que envolveu ainda a escolha de senadores, deputados estaduais e federais, prefeitos e vereadores, trazia uma novidade: o Tribunal Superior Eleitoral (TSE) informatizou a apuração dos votos. No Rio, o Tribunal Regional Eleitoral (TRE) contratou a empresa Proconsult para fazer o processamento eletrônico dos dados.

No entanto, a apuração dos votos foi tumultuada e lenta. Nos números divulgados havia uma maioria de votos do interior do estado, reduto do PDS de Moreira Franco. O resultado dava uma visão distorcida do desempenho do esquerdista Brizola. Por outro lado, o jornal *O Globo* montou um sistema paralelo de apuração, com informações também divulgadas pela TV Globo.

Os dois resultados (do TRE e de *O Globo*) apontavam vantagem para Moreira Franco. Três dias depois das eleições, em 18 de novembro, Brizola reuniu a imprensa internacional e criticou a morosidade na proclamação do resultado. O candidato do PDT ao governo afirmou que a divulgação dos dados contraditórios pelo TRE, pelas Organizações Globo (atual Grupo Globo) e pelo *Jornal do Brasil* gerava um ambiente confuso e criava um clima favorável à fraude eleitoral.

O episódio foi marcado pelos ataques de Brizola ao jornalista e empresário Roberto Marinho e a seus veículos de comunicação. O candidato acusou a Proconsult, com apoio de Marinho, de tentar favorecer Moreira Franco. No portal "Memória Globo", onde há o acervo de vídeos, textos, fotos e depoimentos de funcionários, o Grupo Globo nega ter sido responsável pela contratação da empresa. Brizola se elegeu com 1.709.264 votos numa vitória apertada contra Moreira Franco, que registrou 1.530.281. Em seguida, ficaram Miro Teixeira, com 1.073.711; Sandra Cavalcanti, com 536.388; e Lysâneas Maciel (PT), com 152.616.

— Eu fui pessoalmente a Brasília para pedir ao general Adalberto Pereira dos Santos [vice-presidente da República no governo de Ernesto Geisel] que deixasse o Leonel Brizola participar do programa. Ele tinha voltado do exílio após a Lei da Anistia — lembrou José Cunha, ex-apresentador esportivo de *O Povo na TV*, ao autor do livro em entrevista no dia 31 de outubro de 2016.

Baixarias, apimentadas com xingamentos, troca de insultos e discussões acaloradas, também estavam no roteiro. Apesar disso, o programa resolvia apelos do público rapidamente. Diante da eficiência, os interessados em receber ajuda formavam filas quilométricas na porta do SBT na esperança de solução para seus problemas.

Certa vez, Wilton Franco pediu ao vivo para salvar um orfanato prestes a fechar as portas por falta de dinheiro e deixar crianças desamparadas. Em duas horas de campanha, ele arrecadou o suficiente para que a instituição ficasse aberta. O script tinha de tudo: dramas familiares e casos de mau atendimento de órgãos públicos, de estupro e de crianças raptadas, além de reclamações de falta de água ou de policiamento nas ruas.

— A pessoa ia ao programa, pedia, contava o caso no ar, e eu entrava como advogado. No dia que havia júri, as câmeras me mostravam na tribuna, os trechos da defesa e os trechos da acusação. Depois, tínhamos a decisão, a sentença, e posteriormente eu ia explicar ao telespectador. Era uma coisa bem pedagógica e dava audiência — explicou Roberto Jefferson.

Jefferson e Wilton Franco se conheceram após um crime que chocou o Brasil: o episódio conhecido como o "massacre de Cantagalo", na pequena cidade no interior do Rio, a 200 quilômetros da capital. Em 10 de outubro de 1979, Antônio Carlos Magalhães Vieira Júnior, o Juninho, de 2 anos, foi sacrificado em um ritual de magia negra pelo fazendeiro Moacir Valente, que bebeu o sangue da criança após seguir orientação de um pai de santo.

Além de Moacir, a polícia prendeu outros acusados de participar da morte de Juninho: Anezino Ferreira, o Fiote, e Valdir de Souza Lima, empregados de Moacir na Fazenda Bom Vale. Mais dois funcionários do local, Maria da Conceição e Waldir Souza Lima, também foram detidos por dar cobertura ao crime. Em depoimento, Conceição disse que Luiz Góes, coronel do Exército e chefe da segurança do metrô, amigo de Moacir, também estava envolvido em rituais com crianças na mesma fazenda.

Na propriedade, havia indícios de sacrifícios de animais, despachos e coisas do gênero. Moacir e Fiote, este incriminado por Valdir, foram indiciados. Quando estavam na delegacia de Cantagalo, pelo menos 2 mil pessoas se reuniram e apedrejaram o local durante um protesto. Elas carregavam foices, paus e marretas. Carros da polícia foram incendiados e a situação saiu de controle. Fiote foi retirado da delegacia pelos moradores, espancado e jogado em um dos veículos em chamas. A confusão continuou até que Moacir teve o mesmo destino. Os dois morreram.

À época, Roberto Jefferson era o advogado da família de Juninho e de um grupo de linchadores. Acompanhou todo o decorrer das investigações direto de Cantagalo. O ex-deputado estava na delegacia quando Moacir e Fiote foram linchados. Wilton Franco, que comandava o *Aqui e Agora*, explorou o crime no programa. Jefferson, então, recebeu um convite para comentar e dar detalhes sobre o ocorrido. O caso virou o livro *O massacre de Cantagalo*, escrito pela jornalista Iris Lopes.

— Foi o primeiro linchamento público que o Brasil conheceu. Fui contratado pelo pai do menino sacrificado. O dono da fazenda recebeu um pedido [do pai de santo] para beber o sangue de uma criança para abrir os caminhos e transformar a propriedade em uma fábrica de cimento. O povo invadiu a delegacia. Foi um processo espetacular que correu em Niterói. Isso me levou ao *Aqui e Agora* para falar. A cidade parou, ficou indignada com o homicídio do Juninho. Foi uma repercussão monstruosa. Então, eu fui para cima dos acusados e eles foram condenados — contou Roberto Jefferson em entrevista ao autor em 23 de maio de 2017.

Antes de contratá-lo em definitivo, Wilton Franco ficou impressionado com o desempenho de Jefferson durante uma participação num júri simulado entre ele e o ex-deputado Natalício Tenório Cavalcanti de Albuquerque. O debate central girava em torno de Mão Branca, assassino fictício criado pela imprensa carioca, responsável por uma série de mortes sem solução. Sua popularidade se alastrou até em grupos de extermínio reais, que passaram a usar a assinatura "Mão Branca" para os crimes que cometiam.

No "julgamento", Jefferson advogou na defesa de Mão Branca. Tenório Cavalcanti, na acusação. No duelo, deu empate, mas o petebista convenceu o júri popular, formado pela plateia, a inocentar o "réu". Os dois ficaram amigos e Tenório pediu votos para Jefferson na campanha de 1982, em Duque de Caxias, município da Baixada Fluminense onde dominava eleitoralmente. A amizade se estendeu ao neto Fábio Tenório Cavalcanti Francesconi, atual presidente do PTB na cidade. Jefferson ficou próximo ainda do ex-senador Hydekel de Freitas Lima, genro de Tenório.

— Ficamos amigos. Quando eu precisava de alguma coisa, eu ia a Duque de Caxias falar com o Tenório. Ele me ajudou politicamente, me deu força. Na minha primeira eleição, me deu uns votinhos — lembrou Jefferson ao autor do livro.

Tenório Cavalcanti dominou a Baixada nos anos 1950 e 1960. Alagoano de Palmeira dos Índios, nasceu em 27 de setembro de 1906 e chegou à região na década de 1920, ali vivendo até morrer, em 1987. Com personalidade violenta, aterrorizava os adversários com uma submetralhadora alemã, apelidada de Lurdinha. Levava a arma escondida em uma capa, o que lhe valeu a alcunha de "o homem da capa preta". Populista, Tenório ficou conhecido pelos aliados como "rei da Baixada" e pelos rivais como "deputado pistoleiro".

Por causa das sucessivas ameaças de morte, Tenório e a família moravam em uma fortaleza em Duque de Caxias projetada pelo arquiteto Sérgio Bernardes. Andava sempre armado e acompanhado de capangas. Foram atribuídos a Tenório pelo menos 25 crimes. Um deles foi o assassinato do delegado Albino Imparato. Nos anos 1950, o policial iniciou uma caçada implacável ao então deputado. Acabou aparecendo morto a tiros de metralhadora, em seu carro, em Duque de Caxias.

A participação de Tenório na morte do delegado ficou comprovada pela polícia, mas ele jamais foi indiciado. Ao longo da carreira política, Tenório também teria sofrido 47 atentados, sendo alvo de mais de sessenta tiros, conforme o jornal *O Globo* publicou em reportagem da edição de 6 de maio de 1987. A vida de Tenório Cavalcanti virou o premiado filme *O Homem da Capa Preta*, em 1986, com o ator José Wilker interpretando o ex-deputado e amigo de Roberto Jefferson.

Um dos quadros mais polêmicos e sensacionalistas de *O Povo na TV* teve como protagonista Roberto Lengruber, capixaba de Cachoeiro do Itapemirim que dizia ter poderes paranormais. Procurado por milhares de pessoas portadoras de várias doenças, Lengruber, a exemplo de Roberto Jefferson, ganhou a oportunidade de aparecer na TV graças a Wilton Franco. Duas vezes por semana, atendia, no auditório, portadores de dores na coluna, derrame cerebral, paralisia, reumatismo, artrose, asma, bronquite, epilepsia, úlceras e outros problemas.

Indiciado por charlatanismo, Lengruber afirmava "ter o poder da cura". Com o aumento da popularidade, ele inspirou personagem de novela e chegou a viajar para os Estados Unidos para ser testado pelos aparelhos de duas universidades. À época, a Organização Mundial da Saúde (OMS), órgão da Organização das Nações Unidas (ONU), chegou a recomendar que os governos dos países em desenvolvimento não desprezassem o poder dos curandeiros.

Apesar dos apelos da OMS, em 5 de maio de 1983, Roberto Lengruber e Wilton Franco foram denunciados pelo então promotor Oscar Mellim Filho ao juiz Fernando Melo Bueno Filho, titular da 3ª Vara Distrital de Vila Maria, em São Paulo, pela prática do crime de curandeirismo, cuja pena varia de seis meses a dois anos de detenção. Os dois chegaram a ser presos.

Em 1998, o curandeiro voltou a ser detido no Rio Grande do Sul após denúncias. Ele prometia fazer desaparecer o vício de drogas ou álcool em sete dias em troca de R$ 1 mil em dinheiro vivo. Para isso, bastava "mentalizar" por 2 minutos na frente de fotos, levadas por amigos ou parentes do viciado. Depois do pagamento da consulta, o cliente assinava com Lengruber um contrato de prestação de serviços.

Outro caso trágico, que chocou os telespectadores, ocorreu em 14 de dezembro de 1982, quando um bebê de apenas 9 meses morreu nos estúdios do SBT. A criança tinha um tumor nos olhos. Sua mãe, depois de tentar interná-la em vários hospitais, pediu ajuda à produção de *O Povo na TV*. Ela alegava que os médicos se recusavam a atender seu filho, que, agonizante, morreu diante das câmeras.

— Não teve como evitar porque a reportagem era ao vivo. Não tivemos culpa nenhuma. Mesmo com essa tragédia, que abalou todos nós, continuamos com o mesmo prestígio — ressaltou José Cunha.

Embora as bizarrices fossem o mote de *O Povo na TV*, havia um momento de emoção no programa: Wilton Franco rezava a Ave Maria às 18 horas. O sucesso foi tanto que ele gravou um disco pela gravadora RCA com monólogos, poemas e mensagens, além, claro, da Ave Maria. O diretor morreu no dia 13 de outubro de 2012, em Santa Catarina, após sofrer uma parada cardíaca decorrente de um acidente vascular cerebral. Wilton trabalhou por dez anos como conselheiro do parque Beto Carrero World.

Em *Os Adoráveis Trapalhões*, Wilton Franco reuniu o humorista Renato Aragão, o lutador Ted Boy Marino e os cantores Wanderley Cardoso e Ivon Curi. Anos depois, o programa sofreu várias alterações de elenco e de emissora e se transformou em *Os Trapalhões*, com direção de Wilton Franco, na Rede Globo, entre 1988 e 1992. Ele apresentou ainda esquetes do programa de humor *Balança Mas Não Cai*, idealizado por Max Nunes e Paulo Gracindo, nos anos 1950, na Rádio Nacional, e dirigiu *Essa Gente Inocente*, nos anos 1960, na TV Excelsior, além de *Hoje é Sábado* e *Mcacyr Franco Show*, ambos na TV Tupi.

Apresentados por Sérgio Mallandro, os musicais de *O Povo na TV* fizeram sucesso. Pelo auditório passaram os maiores nomes da música popular brasileira. As apresentações foram registradas em dois discos produzidos pela gravadora Copacabana. Entre elas, Wanderley Cardoso ("O sabor da solidão"), Silvio Brito ("Do jeito que o diabo gosta"), Almir Rogério ("Fuscão Preto"), Nahim ("Melô do tacka-tacka" e "Dá Coração"), Gretchen ("Mambo, Mambo, Mambo" e "Melô do xique-xique"), Wagner Montes ("Eu quero amor" e "Me use, abuse") e Ovelha ("Não me deixe por favor").

— Aprendi muito com o Wilton Franco. Foi o meu primeiro programa na televisão e eu apresentava os musicais. Fui conquistando o meu espaço aos poucos. Tenho muita saudade de todos. A gente parava para rezar a Ave Maria. Muitas pessoas também foram ajudadas. Artistas que ficaram famosos passaram pelo *O Povo na TV*. O Lulu Santos, por exemplo, foi um que eu apresentei no programa. É inesquecível! — contou Sérgio Mallandro ao autor em 24 de maio de 2017.

Em 23 de junho de 2016, a atual apresentadora de *Casos de Família*, também do SBT, Christina Rocha, lembrou ter começado aos 19 anos quando ainda era modelo:

— Fiquei encantada quando vi a Elba Ramalho pela primeira vez. A Rede Globo lançou a *TV Mulher*, com a Marília Gabriela, para concorrer com a gente na audiência.

No auge do programa, o elenco levou um susto. Em 5 de novembro de 1981, Wagner Montes, hoje deputado estadual pelo PRB, sofreu um acidente de triciclo entre as ruas Maria Quitéria e Barão da Torre, em Ipanema, na Zona Sul do Rio, e precisou amputar a perna direita. O fato abalou os colegas. Ele voltou a trabalhar de cadeira de rodas quinze dias depois, dizendo que continuaria na luta pela defesa dos bons profissionais da polícia e contra traficantes e bandidos. Três mil pessoas foram aos estúdios da TVS, em São Cristóvão, para ver Wagner, mas foram contidas por quarenta policiais militares.

Com 26 anos e em seu primeiro programa na TV, o parlamentar apresentava reportagens policiais. Ganhou de Tenório Cavalcanti o apelido de "chicote do povo". A festa pelo retorno seria no Maracanãzinho. Por problemas técnicos, a recepção aconteceu no estúdio. O diretor Wilton Franco fez um agradecimento especial aos médicos que cuidaram de Wagner Montes nos Hospitais Miguel Couto e Souza Aguiar. Wagner entrou com a ajuda do pai, Cid Montes, e segurando um chicote, símbolo de sua campanha contra os marginais.

Compareceram à festa o então prefeito de Niterói, Moreira Franco, os ex-deputados Tenório Cavalcanti e Sandra Cavalcanti e o contraventor Castor de Andrade. Roberto Jefferson também participou da homenagem. Emocionado, Wagner Montes, que depois fez sucesso no *Show de Calouros*, contou que Silvio Santos trouxe da Alemanha o especialista Hanz Weiser, que lhe fez uma perna mecânica provisória. Após os apelos dos fãs, Wagner foi ao pátio da TVS, na Rua General Padilha. Muitos choravam e exibiam seu retrato escrito "eu te amo!".

— Fiquei sem a metade da perna e com o fêmur quebrado. Eu já usava a prótese. Fizeram um camarim para mim embaixo das arquibancadas do estúdio para eu trocar de roupa. O programa mudou o estilo de se fazer televisão no país. Foi muito criticado pela elite, mas caiu no gosto popular — disse Wagner Montes em entrevista ao autor deste livro no dia 26 de fevereiro de 2016.

O Povo na TV acabou em 1985 e Roberto Jefferson permaneceu até o fim. No ano seguinte, Wilton Franco foi contratado pela Rede Bandeirantes de Televisão para fazer um programa semanal. Em 24 de fevereiro de 1986, a emissora inaugurava uma nova programação, reunindo grandes nomes vindos da concorrência, como Marília Gabriela, nas áreas de jornalismo, shows e filmes.

— Estou me sentindo como um jogador que foi convocado para a seleção. Espero ajudar a ganhar a Copa do Mundo — comentou Wilton Franco sobre a ida para a Bandeirantes em declaração ao *Jornal do Commercio* de 25 de janeiro de 1986.

Não sobrou nenhum material de *O Povo na TV* nos arquivos do SBT. Em 1991, os antigos estúdios da emissora na Vila Guilherme, em São Paulo, sofreram com um alagamento em função da cheia do rio Tietê. Com isso, muitas fitas com programas da emissora se perderam. Nos Museus da Imagem e do Som do Rio de Janeiro e de São Paulo não há registros da atração. Na internet, é raro encontrar vídeos. O elenco também não guardou imagens.

9. Casamento gay, jogo do bicho e Collor

CENÁRIO DE ALGUMAS das principais manifestações populares do país, a Cinelândia, no Rio de Janeiro, também foi palco de uma das cenas mais bizarras e inusitadas da história política brasileira. Em 21 de novembro de 1985, em seu primeiro mandato de deputado federal, Roberto Jefferson destruiu a machadadas o painel instalado em frente à Câmara Municipal com os nomes dos parlamentares fluminenses que participaram ou se ausentaram da votação no Congresso da anistia geral aos civis e militares cassados pela ditadura militar.

No painel estavam indicados os deputados da bancada do Rio que votaram contra ou a favor da anistia. Jefferson aparecia como ausente. À época, segundo o petebista, o placar fora montado pelo então deputado Bocayuva Cunha, do PDT, que o incluiu como um dos faltosos. Os frequentadores de um dos principais pontos turísticos cariocas presenciaram a fúria e o descontrole de Jefferson. O resultado do destempero pode ser visto aos golpes de machado até a derrubada do painel.

— Derrubarei todos os painéis em que constar minha ausência no dia da votação — ameaçou o petebista em entrevista aos jornalistas.

Roberto Jefferson argumentou que, devido a um erro de pauta, seu nome ficou entre os ausentes. Para provar a sua pre-

263

sença na sessão, ele citou uma gravação realizada no momento em que foi votar:

— Fui o 95° a votar e, além da gravação, tenho o testemunho dos demais deputados, inclusive do presidente da Câmara, Ulysses Guimarães. Minha indignação é que tive grande atuação no processo de votação para a anistia, chegando mesmo a inverter a pauta para que fosse realizada rapidamente, o que realmente ocorreu.

Jefferson alegou que diversas vezes pediu a Bocayuva Cunha que mandasse corrigir o painel e chegou a ocupar a tribuna para denunciar o engano, mas, de acordo com o petebista, ele não foi atendido.

— Bocayuva estava de má vontade comigo e, por isso, dei um prazo até as 18 horas do dia 20 (de novembro de 1985) para ele fazer a correção. Vendo minha disposição, garantiu que ia reparar o engano, mas não acreditei — ressaltou o petebista.

O fato é que Roberto Jefferson saiu de Brasília às 22 horas e voltou para o Rio para ver como estava o painel. O deputado ligou para um amigo e pediu a ele que levasse o machado. Jefferson derrubou o painel sozinho na presença de policiais militares, que nada fizeram para impedi-lo. Jefferson argumentou que o problema pôs sua família e ele próprio em situações desagradáveis, pois todas as pessoas que os encontravam queriam explicações sobre sua ausência no dia da votação.

Bocayuva admitiu o erro, mas criticou a atitude de Jefferson:

— Foi um gesto de imaturidade desse jovem deputado que me chama de "meu amigo", mas que, evidentemente, teria uma maneira mais democrática, mais civilizada e eficiente de provar que a certidão do Senado é que era a culpada de tudo.

O episódio marcou o início da carreira de Roberto Jefferson como parlamentar em Brasília e inaugurou uma série de comportamentos que o fez ficar conhecido como um deputado de atitudes truculentas e com fama de brigão. Em 3 de fevereiro de 1988, após ser eleito para a Constituinte, Jefferson protagonizou outro caso surreal. Disposto a "resolver a questão na porrada", como o próprio declarou, ele apareceu no plenário usando o tradicional e inesquecível terno de linho branco, com uma arma na cintura.

O petebista ainda tentou desmentir, mas a imagem era clara. Ao gesticular durante um discurso na tribuna, Jefferson levantou o braço direito e foi possível ver a arma. O alvo era o deputado Jorge Uequed (PMDB-RS). Jefferson queria que Uequed confirmasse as informações de que o havia ameaçado com uma lista de pessoas envolvidas em irregularidades na Companhia Brasileira de Alimentos (Cobal). Na tal relação, estaria o nome do petebista.

A cena foi um desdobramento de uma confusão dias antes quando Jefferson gritou no plenário para o senador José Fogaça (PMDB-RS) que se solidarizava com o deputado Gastone Righi (PTB-SP) na denúncia contra a prisão, em São Paulo, do deputado e líder ferroviário Mendes Botelho (PTB-SP). "Senador de merda", disse Jefferson. Jorge Uequed saiu em defesa de José Fogaça e sussurrou para o colega petebista: "Cala a boca, fica quietinho, olha a lista da Cobal."

— A ofensa moral é a pior de todas. Preparei-me moralmente e psicologicamente para conversar com o deputado Jorge Uequed porque tínhamos que estabelecer os parâmetros de nosso relacionamento, já que iremos conviver por muito tempo aqui — disse Jefferson ao *Jornal do Brasil* em 4 de fevereiro de 1988.

À época, Jorge Uequed negou ter se referido à lista da Cobal e aconselhou Roberto Jefferson a esquecer o assunto. Logo após o discurso, o deputado do PTB, que procurava manter o lado direito da cintura sempre oculto pelo paletó, foi abordado pela imprensa para explicar o caso.

REPÓRTER: Dizem que o senhor está armado, deputado. É verdade?

ROBERTO JEFFERSON: Diz que é mentira!

Quem mentiu foi Jefferson ao repórter. Ele sempre andou armado pelo Congresso. Era um hábito, "em legítima defesa", como admitiu ao autor do livro em 15 de abril de 2017. Após a confusão com Jorge Uequed, três meses depois, seguranças da Câmara ouviram barulhos que pareciam ser tiros nas proximidades do gabinete da liderança do PTB. A situação criou um alvoroço entre os funcionários, que ficaram assustados. O chefe da segurança, Fernando Paulucci, tentou tranquilizar os servidores:

— Não se pode afirmar nada. Investigamos e não encontramos nenhuma pista.

Uma funcionária da segunda vice-presidência da Câmara, que ficava um andar abaixo da liderança do PTB, rebateu:

— Eram tiros de revólver. Nenhuma bombinha faz um barulho tão abafado.

Roberto Jefferson, claro, foi considerado o principal suspeito. Mas o petebista se defendeu das insinuações:

— Não tenho nada com isso. Eu estava dentro da liderança com o deputado Gastone Righi por volta das 23 horas, quando também ouvi os estampidos. Parecia o barulho de bombinhas.

A versão de Jefferson não convenceu. Os servidores da segunda vice-presidência contaram que ouviram os estampidos por volta das 20h30 — 2h30 antes do horário dito pelo petebista. Às 23 horas, o movimento no gabinete do PTB era grande porque uma funcionária do local havia morrido num acidente de ultraleve. Além disso, Gastone Righi declarou que só soube do fato no dia seguinte por meio de outros parlamentares.

Roberto Jefferson sempre se declarou um apaixonado por armas. Tanto é que durante anos tornou-se um colecionador. Chegou a ter 125 armas, das mais variadas marcas e calibres. Em 2017, tinha apenas treze, entre revólveres e pistolas. O restante foi leiloado após o escândalo do mensalão porque ele começou a ter dificuldades na renovação do certificado de registro de arma de fogo, emitido pela Polícia Federal, que dá direito ao proprietário de mantê-las em casa ou no seu local de trabalho. Havia ainda o medo de todas serem confiscadas pelo governo federal como uma retaliação.

As treze armas continuam em seu poder e são usadas na prática de um de seus hobbies preferidos: o tiro ao alvo. O petebista já se sagrou campeão de tiro de revólver por duas vezes em campeonatos amadores. Como deputado federal, conseguiu a liberação para que os atiradores pudessem utilizar a pistola de calibre .45 dentro dos clubes especializados no esporte. Antes, só havia autorização para o calibre .38. Jefferson fez o pedido pessoalmente ao ministro do Exército do governo de José Sarney, general Leônidas Pires Gonçalves, que atendeu ao apelo. Jefferson também gosta de facas.

O fascínio por armas teve a influência do tio Leônidas Otero Francisco, um ex-policial civil. Mas a inspiração para colecionar surgiu de outro tio, o médico João Werneck de Carvalho, que era apreciador de armas e frequentava o Clube do Tiro de Petrópolis, onde Jefferson conheceu seus melhores amigos. A primeira arma comprada pelo petebista foi uma Beretta calibre 765 (Gardone VT fabricada em 1957), a mesma que Leônidas usava no trabalho. Ele costumava levar o sobrinho ainda criança para caçar o pássaro narceja. Os tios Leônidas e João já são falecidos.

Jefferson adotou a prática do tiro na família e fez com que boa parte aprendesse, como os três filhos Cristiane, Fabiana e Robertinho, a ex-mulher Ecila Brasil e o ex-genro Marcus Vinícius.

No passado, ele dava de quinhentos a mil disparos num fim de semana. Em 2017, a média era de cem só para manter a mira em dia.

Roberto Jefferson foi presidente da Confederação Brasileira de Tiro Prático, da Federação de Tiro Prático do Rio de Janeiro e da Associação de Armaria e Coleção de Tiro. Recebeu dinheiro de fabricantes de armas e munição como doações de campanhas, conforme já mencionado nos capítulos anteriores.

Mesmo sendo um atirador exímio, Jefferson não reagiu em três situações delicadas pelas quais passou, sendo um assalto e dois tiroteios em favelas do Rio durante campanhas eleitorais. Em 1998, ele passeava de moto com os amigos pela BR-40 e resolveu parar em um posto de gasolina às margens da rodovia, na altura do município de Areal, no interior do estado. Todos do grupo de motociclistas, armados, foram obrigados a sentar no chão. Um dos bandidos reconheceu Jefferson, que conversou com o marginal e evitou uma tragédia. O bando fugiu levando R$ 1.500 e um carro das vítimas.

Em 1988, quando era candidato a prefeito do Rio, Jefferson tentou pedir votos no Morro do São Carlos, no Estácio, na Zona Norte, dominado por traficantes. O petebista, amigos e a jornalista Iris Lopes foram recebidos a bala. Eles tiveram que sair da comunidade de cócoras. Em 1986, o petebista passou por situação parecida na localidade conhecida como Buraco do Lacerda, no Jacarezinho, também na Zona Norte. Desta vez, os tiros atingiram as caixas de som e os pneus do Chevrolet Caravan azul-claro de Jefferson. O político novamente foi reconhecido por suas participações em *O Povo na TV* e liberado com vida pelo chefe do tráfico.

Uma das poucas vezes que precisou atirar para se defender foi numa tentativa de assalto em sua casa, em Petrópolis, nos anos 1980. Dois homens queriam pular o muro para entrar na residência. Para isso, os bandidos estacionaram um caminhão de mudanças em frente ao local. Quando eles subiram na carroceria para entrar, o petebista pegou uma carabina calibre 12 e deu vários tiros. Assustados, os assaltantes fugiram. Questionado pelo autor do livro se já matou alguém, Jefferson não respondeu. Pessoas próximas a ele contaram ter feito a mesma pergunta e a resposta foi uma só: "Eu não voltei para ver."

Em 8 de março de 2005, três meses antes de denunciar o mensalão, Roberto Jefferson apresentou o Projeto de Lei nº 4.869, de 2005, para autorizar o porte de armas a advogados. A ideia, que foi arquivada pela Câmara, tinha o objetivo de incluir esta autorização no Estatuto de Desarmamento (Lei nº 10.826, de 22 de dezembro de 2003), sancionado pelo ex-presidente Luiz Inácio Lula da Silva, que dispunha sobre as normas de posse, registro e comercialização de armas de fogo e munição no Brasil.

Mesmo sendo da base do governo Lula, Jefferson foi um dos principais opositores ao Estatuto do Desarmamento, ao lado dos então deputados Alberto Braga (PMDB-DF) e Luiz Antônio Fleury Filho (PTB-SP). Fleury era o governador de São Paulo durante o massacre do Carandiru, onde 111 presos morreram, em 2 de outubro de 1992.

Em 1996, Jefferson foi relator do projeto do deputado Eduardo Jorge (PT-SP) justamente sobre o uso de armas de fogo. Teve seu substitutivo aprovado pela Câmara. No parecer, o petebista determinou a criação do Sistema Nacional de Armas (Sinarm), órgão responsável pelo recadastramento de todas as armas do país e que restringia a concessão de licenças para o porte, tipificando como crime e não mais como contravenção o uso ilegal e o contrabando. O projeto de Eduardo Jorge foi sancionado pelo presidente Fernando Henrique Cardoso no ano seguinte. Em um artigo publicado pelo jornal *Folha de S.Paulo*, Jefferson escreveu à época: "Creio que um dia poderemos viver o desarmamento total [...]. Até lá, defendo a necessidade de permitir aos cidadãos de bem a posse de arma de fogo legal para a defesa de seu lar e seu patrimônio."

Na Câmara, Roberto Jefferson atuou ativamente para a legalização dos jogos de azar no país. Lobistas do setor também circulavam pelo Congresso. Jefferson chegou a viajar com a ex-mulher Ecila Brasil, com tudo pago, hospedando-se no luxuoso The Mirage, hotel e cassino em Las Vegas, inaugurado em 22 de novembro de 1989. O casal estava acompanhado de Manoel Rampini Filho, um de seus homens de confiança, e da mulher dele.

— O diretor do cassino patrocinou uma viagem para nós irmos lá conhecer. Ficamos uns quatro ou cinco dias — revelou Manoel Rampini Filho.

Em 19 de maio de 1986, no auge da atuação e do domínio dos bicheiros, principalmente no Rio de Janeiro, Roberto Jefferson apresentou o Projeto de Lei 7.557 que, entre outras coisas, propunha dar anistia a todos os acusados de ter praticado contravenção e que estavam respondendo a inquéritos policiais ou cumprindo pena pelo crime. Mas, em 1º de fevereiro de 1987, a Mesa Diretora da Casa arquivou o projeto do petebista que beneficiaria os comandantes das bancas de exploração do bicho.

Quando exercia a advocacia, Roberto Jefferson atuou em processos relacionados a contravenção e homicídios como defensor de integrantes do Clube Barão de Drummond, uma espécie de tribunal do bicho, que recebia e julgava conflitos em questões como limites de territórios e direito de herança sobre os pontos. A organização criminosa era comandada pelos bicheiros Aílton Guimarães Jorge, o Capitão Guimarães, Aniz Abraão David, o Anísio, e Antônio Petrus Kalil, o Turcão.

Ex-oficial do Destacamento de Operações de Informação — Centro de Operações de Defesa Interna (DOI-CODI), órgão do

Exército e de repressão na ditadura militar, Capitão Guimarães entrou na contravenção na década de 1980. Controla os pontos em Niterói e Região dos Lagos, no Rio de Janeiro, além do Espírito Santo. Foi presidente da Liga Independente das Escolas de Samba (Liesa) e da Vila Isabel, e patrono da Viradouro, de Niterói. Ficou preso após várias operações da polícia.

Anísio é patrono da escola de samba Beija-Flor de Nilópolis. A Justiça o acusou de máfia de jogo, formação de quadrilha, lavagem de dinheiro, corrupção ativa, contrabando e homicídios. As penas somadas chegam a 169 anos de prisão. A última prisão de Anísio ocorreu em 2015. Ele também teve mandado de prisão expedido pela Justiça durante a Operação Hurricane, em 2012, sentenciado a 48 anos, oito meses e quinze dias de detenção.

Turcão também foi denunciado por vários crimes, como máfia de jogo, formação de quadrilha, lavagem de dinheiro, corrupção ativa, contrabando e homicídios. A exemplo de Anísio e Capitão Guimarães, Turcão também foi preso e, somando-se as penas dos crimes, deveria ficar 169 anos recluso.

Entre os clientes de Jefferson envolvidos com o Clube Barão de Drummond e seus chefes estavam Manuel Antônio Alves de Barros Filho, o Manelão, e o pai dele, homônimo, conhecido como Neca. Os dois chegaram a ser presos, apontados como responsáveis por assassinatos e pela exploração de pontos do jogo do bicho no Rio de Janeiro a partir da década de 1970. Em 2002, Manelão se candidatou a deputado estadual pelo antigo PPB (atual PP), teve 1.962 votos e não se elegeu. No extinto Prona (atual PR), em 2006, ele tentou novamente, sem sucesso, uma vaga à Assembleia Legislativa (Alerj), tendo recebido apenas 926 votos.

— Foram meus clientes, meus amigos. Gente boa! — disse Roberto Jefferson.

Com eleitorado conservador, Jefferson se envolveu com outra causa polêmica na Câmara. Em 1996, assumiu a relatoria do Projeto de Lei 1.151, de 26 de outubro de 1995, da então deputada Marta Suplicy (PT-SP), que dava aos casais homossexuais os mesmos direitos concedidos aos heterossexuais, como "composição de renda para a compra da casa própria" e "propriedade, sucessão, alimentos, previdência, curatela (curadoria) e imigração". Jefferson deu parecer favorável à proposta, mesmo sendo ela de um partido de oposição ao governo FHC. Jefferson pertencia à base governista.

Os dois ficaram amigos quando Jefferson presidiu a Comissão de Seguridade e Saúde da Câmara. Marta Suplicy e a também deputada Maria Elvira Salles Ferreira (PMDB-MG) pediram ajuda ao petebista. Na avaliação das deputadas, ele seria o único parlamentar capaz de unir todas as correntes políticas para conseguir aprovar o projeto. Jefferson demorou quinze dias para dar a resposta, mas aceitou. Entretanto, optou por trocar a palavra "casamento" pelo termo "união civil" e retirou a autorização de "adoção, tutela ou guarda de crianças" por casais do mesmo sexo após consultar a senadora Benedita da Silva (PT-RJ), que é evangélica.

Apesar da tentativa de minimizar, no texto, o impacto negativo entre os mais conservadores, Jefferson sofreu as consequências de sua relatoria. Perdeu boa parte dos votos em municípios que fazem parte de sua base eleitoral, como Petrópolis, São José do Vale do Rio Preto, Comendador Levy Gasparian e Areal e outras cidades do interior. As igrejas católicas e evangélicas também ficaram contra o petebista. Nesses locais, padres e pastores colaram cartazes dizendo em quem os fiéis não deveriam votar. Jefferson era o principal nome da lista.

— Deixei o aspecto do conceito de família de fora do projeto para não afrontar a Bíblia porque não seria aprovado em hipótese alguma — ressaltou Jefferson ao autor.

No dia da votação do seu relatório, aprovado pelo placar de 29 a 3, Jefferson ficou frente a frente com o antropólogo, pesquisador e historiador Luiz Mott, um dos maiores ativistas em favor dos direitos civis LGBT. Obeso e usando o terno de linho branco, com camisa e gravata azuis, o petebista assinou o documento com uma caneta Montblanc, folheada a ouro. A cena gerou gargalhadas entre os presentes.

> **LUIZ MOTT:** Deputado, eu quero lhe dizer, vendo esta caneta de ouro em sua mão, que o senhor assinou a Lei da Abolição do cativeiro homossexual. O senhor fez aqui a emancipação dos homossexuais, como, no passado, Princesa Isabel fez com a Lei Áurea, decretando o fim da escravidão.
>
> **ROBERTO JEFFERSON:** Professor Mott, deixa eu lhe falar uma coisa. Agradeço as homenagens do senhor porque sei da sinceridade de sua parte. Mas esse papel de Princesa Isabel eu deixo para a autora do projeto, a Marta Suplicy.

Naquele mesmo ano, porém, os líderes partidários adiaram a votação do projeto de lei no plenário porque temiam o impacto eleitoral. Em 3 de maio de 2017, foi aprovado o Projeto de Lei do Senado 612/2011, também de autoria da agora senadora do PMDB, Marta Suplicy, sobre o tema. O projeto dá forma de lei a decisões já tomadas pelo Judiciário. Em 2011, o Supremo Tribunal Federal (STF) e o Superior Tribunal de Justiça (STJ) reconheceram a união estável entre pessoas do mesmo sexo. Em 2013, resolução do Conselho Nacional de Justiça (CNJ) obrigou os cartórios a converter essa união estável em casamento.

* * *

Durante os 22 anos de mandato, Roberto Jefferson apresentou 78 projetos de lei em plenário. Levantamento realizado no site da Câmara dos Deputados revela que o petebista, em quase seis mandatos, conseguiu aprovar apenas dois. Um deles foi o Projeto 1.064, de 16 de maio de 1991. A proposta criou o Sistema Nacional de Sangue, Componentes e Derivados (Sinasan), proibindo a comercialização de sangue e estimulando as doações. O outro é o PL 3.883, de 19 de novembro de 1997, que autorizou advogados a atuar em depoimentos ao lado de clientes, ou seja, de investigados e de testemunhas durante as Comissões Parlamentares de Inquérito (CPIs) abertas no Congresso. No texto de justificativa, escreveu: "Uma CPI sempre está revestida de muita emocionalidade e de um clima tenso. Os holofotes da mídia causam uma certa intimidação."

Jefferson sabe muito bem o que é isso. Enfrentou CPIs nas mais variadas situações. Em 1992, por exemplo, defendeu com unhas e dentes Fernando Collor de Melo, ganhando ainda mais projeção na política nacional. A comissão investigou a ligação do ex-presidente com o esquema de corrupção organizado por Paulo César Farias, o PC, seu ex-tesoureiro da campanha, assassinado em 23 de junho de 1996. Nessa CPI, Jefferson comandou uma tropa de choque em defesa de Collor.

Os brasileiros puderam acompanhar o passo a passo da derrocada do jovem presidente que prometera caçar os marajás do serviço público federal. Com apenas 40 anos, Collor chegara ao poder como o primeiro presidente eleito democraticamente após a ditadura militar. Uma carreira impressionante e meteórica: prefeito biônico de Maceió, deputado federal e governador de Alagoas.

Collor, no entanto, lançou-se candidato ao Planalto em meio ao descrédito geral. Disputou a eleição pelo Partido da Reconstrução Nacional (PRN), cuja proposta era "a reconstrução moral como pré-requisito para todas as demais tarefas que enfrenta a sociedade brasileira no campo político, econômico e social".

Cronologia dos fatos em 1992

9 de maio: A revista *Veja* publicou um dossiê organizado por Pedro Collor revelando que PC Farias movimentava contas em paraísos fiscais. Pedro se sentia ameaçado porque PC planejava montar uma rede de meios de comunicação em Alagoas. O irmão de Collor presidia o Grupo Arnon de Mello.

23 de maio: Em entrevista à revista *Veja*, Pedro Collor disse que PC Farias é testa de ferro do irmão.

26 de maio: Em rede nacional, Collor negou as acusações e a ligação com PC e pede desculpa aos brasileiros por seu irmão.

27 de maio: Pedro Collor concedeu uma entrevista coletiva para divulgar os resultados de exames desmentindo sua suposta insanidade mental.

1º de junho: Foi aberta CPI mista para investigar as denúncias a partir do requerimento dos deputados petistas José Dirceu e Eduardo Suplicy.

9 de junho: PC Farias presta depoimento à CPI. Disse estar sendo injustiçado e negou todas as acusações.

14 de junho: A Rede Globo iniciou a transmissão da minissérie *Anos Rebeldes*, de Gilberto Braga. A trama contou a história de jovens que lutavam contra a ditadura militar. As cenas de rebeldia dos personagens influenciaram os movimentos que pediam a saída de Collor da Presidência.

28 de junho: A revista *IstoÉ* publicou uma entrevista exclusiva com o motorista Francisco Eriberto França, que denunciou o esquema de contas-fantasma de PC.

1º de julho: Em pronunciamento, Collor desmentiu as acusações de Francisco Eriberto França e negou ter relações com PC Farias.

5 de julho: O jornal *O Globo* publicou reportagem que mostrava o cheque-fantasma usado para comprar o Fiat Elba prata, placa FA-1208, para a primeira-dama Rosane Collor. Foi a prova definitiva do vínculo de Collor e PC.

11 de agosto: Dez mil pessoas vão ao Masp, em São Paulo, na primeira de uma série de manifestações dos caras-pintadas contra Collor.

13 de agosto: Fernando Collor pediu aos brasileiros para irem às ruas com as cores da bandeira nacional.

14 de agosto: Trinta mil estudantes e trabalhadores protestaram na Avenida Rio Branco, entre a Candelária e a Cinelândia, no Rio.

16 de agosto: A população sai às ruas vestindo roupas pretas, contrariando o pedido de Collor para que fossem usadas as cores da bandeira nacional. O dia ficou conhecido como "Domingo Negro".

17 de agosto: Então adversário no primeiro turno da eleição presidencial em 1989, Leonel Brizola, governador do Rio de Janeiro, se aproximou de Collor, o que rendeu verbas para o estado para a construção de obras, como a Linha Vermelha. No segundo turno, Brizola havia apoiado Lula.

25 de agosto: Novas manifestações ocorreram no país.

26 de agosto: O relator da CPI, senador Amir Lando, aprovou relatório final da CPI que pediu o afastamento de Collor da Presidência.

1º de setembro: O pedido de impeachment chegou ao Congresso. O documento fora assinado pelos presidentes da Associação Brasileira de Imprensa, Barbosa Lima Sobrinho, e da Ordem dos Advogados do Brasil, Marcelo Lamenére.

18 de setembro: Estudantes realizaram mais protestos pelo Brasil.

20 de setembro: Collor fez outro pronunciamento na TV para se defender das acusações.

29 de setembro: Parlamentares aprovaram, por 441 votos a favor e 38 contra o processo de impeachment. Foram 23 ausências e uma abstenção.

2 de outubro: Collor foi afastado da Presidência.

12 de novembro: O procurador-geral da República, Aristides Junqueira, denunciou Fernando Collor pelos crimes de corrupção passiva e formação de quadrilha.

29 de dezembro: Collor apresentou o pedido de renúncia para evitar a cassação e, assim, manter os direitos políticos. No entanto, o Senado cassou o mandato por seis votos a três. O ex-presidente ficou inelegível por oito anos.

A atuação de Jefferson na CPI do PC foi marcada pelo seu tradicional estilo de relacionamento já conhecido na Câmara. Com declarações agressivas, sustentou a tese de que Collor sofria perseguição de opositores derrotados na eleição presidencial de 1989. Em meio a uma crise sem precedentes na economia, com planos de recuperação fracassados, ele tentou de todas as formas dar sobrevida a Collor. Uma das estratégias incluía adiar a votação da admissibilidade do processo de impeachment para depois do pleito municipal, em outubro de 1992, e, com isso, garantir votos a favor de Collor em troca de verbas federais e cargos.

Jefferson foi escalado para a CPI do PC pelo então deputado Luiz Eduardo Magalhães (PFL-BA), morto após um infarto em 1998, filho de Antônio Carlos Magalhães. Líder do bloco PTB--PFL, Luiz Eduardo apresentou Jefferson a Collor e, desde então, iniciou-se uma amizade. Apesar da aproximação dos dois, o ex--presidente descartou a possibilidade de o petebista atuar no processo como seu advogado de defesa, como desejavam integrantes da base de apoio e pessoas próximas.

Diante da situação, Jefferson começou a estudar profundamente o caso para trabalhar em favor de Collor no Congresso. Era municiado com informações e documentos pelo assessor jurídico da Presidência da República, Gilmar Mendes, atual ministro do STF. Como estratégia, tentou desqualificar a CPI. Acusou a comissão, através de uma representação ao procurador-geral Aristides Junqueira, de ter obtido ilegalmente a quebra de sigilo bancário dos envolvidos. Também atacou a imprensa, argumentando que os jornalistas queriam ditar os rumos a serem tomados pelas investigações.

Além de Roberto Jefferson, no grupo que lutou até o fim para manter o mandato de Collor estavam o deputado Gastone Righi (PTB-SP); o ex-deputado do Paraná, José Carlos Martinez, então presidente da Rede OM de Televisão; os presidentes da Caixa Econômica Federal, Álvaro Mendonça, e do Banco do Brasil, Lafaiete Coutinho; o porta-voz da Presidência, Etevaldo Dias; o irmão mais velho de Collor, Leopoldo; e o advogado José Guilherme Vilela. Otimista, o ex-presidente fazia questão de sempre elevar o moral de sua tropa de choque.

Não adiantou. Em 26 de agosto de 1992, o relator da CPI do PC, senador Amir Lando (PMDB-RO), apresentou parecer favorável ao impeachment de Collor. O relatório final de duzentas páginas, lido durante mais de seis horas no dia seguinte, apontou a ligação do ex-presidente e de sua família com o esquema PC. Ao todo, foram 85 dias de trabalho. A comissão reuniu cerca de meia tonelada de documentos, noventa horas de gravações e realizou naquele ano a maior devassa fiscal e bancária da história do Brasil.

Mais de oitocentas pessoas acompanharam a leitura no auditório do Senado. No meio da sessão, uma estudante teve acesso ao local e defendeu o impeachment de Collor. A segurança agiu e virou tumulto. Havia um acordo na CPI, incluindo os partidos de oposição, para evitar manifestações. Após a confusão, Amir Lando continuou. No fim, citou a Bíblia e terminou com uma frase de Getúlio Vargas: "Quase sempre é fácil encontrar a verdade. Difícil é, uma vez encontrada, não fugir dela."

A CPI foi criada depois que o irmão do ex-presidente, Pedro Collor (morto em 1994) acusou, em entrevista à revista *Veja*, o ex-tesoureiro Paulo César Farias de ter montado uma rede de tráfico de influência e de corrupção no governo. Dias depois, PC Farias negou tudo, inclusive as relações com Collor.

O depoimento que acabou determinando os rumos da CPI foi o de Francisco Eriberto França, motorista da secretária particular de Collor, Ana Acioli. Ele denunciou à revista *IstoÉ* que as despesas da Casa da Dinda eram pagas por PC, inclusive a compra de um carro, o Fiat Elba. O ex-presidente desmentiu em cadeia nacional de televisão e de rádio. O secretário de Collor, Cláudio Vieira, chegou a dizer à CPI que pegou um empréstimo no Uruguai para pagar as contas do ex-presidente. Mas a secretária Sandra Oliveira disse que a operação havia sido uma fraude.

Em depoimento à CPI, Francisco Eriberto França confirmou tudo o que dissera na entrevista. Ao começar a depor, viu na sua frente um Roberto Jefferson raivoso e ao mesmo tempo irônico, disposto a tudo para livrar a cara de Collor. O episódio ficou célebre no Congresso após o diálogo entre o petebista e Francisco Eriberto. Diante de Jefferson, o motorista começou o depoimento nervoso, mas em seguida se acalmou.

> ROBERTO JEFFERSON: O senhor disse que é pobre, mas abriu mão de um bom emprego. Vai viver de quê? O senhor tem recursos?
>
> FRANCISCO ERIBERTO FRANÇA: Não, mas não me falta força de vontade para trabalhar.
>
> ROBERTO JEFFERSON: O senhor vai querer me dizer que está agindo só por patriotismo?
>
> FRANCISCO ERIBERTO FRANÇA: E o senhor acha isso pouco?

Além de investigar as atividades de PC Farias no exterior, a CPI quebrou o sigilo bancário de dezenas de pessoas e de empresas, analisou pelo menos 40 mil cheques e extratos bancários e descobriu doze correntistas fantasmas ligados ao esquema PC. Essas contas movimentaram milhões de dólares. De acordo com a CPI, a secretária de PC, Rosinete Melanias, era a responsável pelas assinaturas dos cheques de fantasmas. Constatou-se ainda que, pouco antes do fechamento do relatório, PC Farias e Ana Acioli fizeram saques às vésperas do bloqueio dos cruzados novos.

Em 1º de setembro de 1992, o pedido de impeachment chegou à Câmara. O documento fora assinado pelos presidentes da Associação Brasileira de Imprensa, Barbosa Lima Sobrinho, e da Ordem dos Advogados do Brasil, Marcelo Lamenére. Dia 21 do mesmo mês, Collor destituiu seus dois advogados. Devido à manobra, o julgamento do impeachment não poderia começar na data prevista, mas o presidente do STF, Sydney Sanches, marcou para oito dias depois. Ironicamente, Jefferson afirmou que a insistência do magistrado tinha uma razão.

— Em janeiro, [Sydney Sanches] tem um encontro marcado com o Pateta, o Pato Donald e o Mickey na Disneylândia — declarou Jefferson.

A votação de impeachment de Collor, que completara 930 dias de governo, começou na terça-feira, dia 29 de setembro, às 17h15. Antes, Roberto Jefferson discursou já sem esperanças de reverter o quadro. O petebista disse que não dava para acreditar que o Brasil tinha um só bandido (Collor) para tantos heróis. Em uma de suas viagens, Collor carregou o petebista no avião presidencial. Jefferson se sentou ao lado do ex-presidente. Em vez do costumeiro aperto de mãos, Collor o abraçou. O petebista considerou o gesto como uma forma de agradecimento por tudo que fez.

Parlamentares aprovaram o afastamento do ex-presidente por 441 votos a favor e 38 (entre eles Jefferson) contra. Foram 23 ausências e uma abstenção. Collor foi afastado interinamente do cargo em 2 de outubro de 1992. Pela manhã, ele e a mulher Rosane, de mãos dadas, se despediram do Planalto pela porta dos fundos. Dois meses e 27 dias depois, veio a renúncia. Itamar Franco assumiu a Presidência. Em 24 de abril de 2014, o STF absolveu Collor de peculato (desvio de dinheiro público), falsidade ideológica e corrupção passiva por falta de provas.

A empoeirada biblioteca da Casa da Dinda serviu como gabinete de Collor após o impeachment. Passou a ser frequentada por um grupo seleto de líderes políticos, como os deputados Luiz Eduardo Magalhães e José Lourenço (PDS-BA) e do senador Odacir Soares Rodrigues (PFL-RO). Roberto Jefferson estava entre os mais assíduos. Marcavam presença ainda amigos, entre eles o senador cassado Luiz Estevão e o empresário Eduardo Cardoso. O ex-presidente sentava-se à cabeceira da mesa de madeira, com oito cadeiras, blocos de anotações e agenda. Na tentativa de reverter a cassação, além de rezar na capela com imagens do milagreiro Frei Damião, Collor e Rosane participavam de rituais de magia negra no porão.

— Ele ligava e dizia: venha aqui tomar um café! Eu sempre fui lá. Collor naquela tristeza angustiante, sapato social sem meia, dando longas baforadas no charuto cubano, em silêncio. A gente fazia companhia no silêncio. Ele repetia que era vítima de um processo político, mas não tinha esperança de voltar. Respeitava o processo de forma resignada e respeitosa em relação à hierarquia institucional, sem judicializar. Éramos, os poucos que íamos lá, solidários no silêncio — relembrou Jefferson na edição do jornal *O Globo* de 1º de maio de 2016.

Em 14 de julho de 2015, a Casa da Dinda retornou ao noticiário político nacional. No local, a Polícia Federal apreendeu, por ordem do STF, três carros de luxo: uma Ferrari, um Porsche e uma Lamborghini. A ação fez parte de uma das fases da Operação Lava Jato, na qual Collor é investigado.

Antes de ter convivido com Collor durante a crise do impeachment, Roberto Jefferson pediu votos para o ex-presidente em 1989. O petebista montou, sozinho, uma barraca para a distribuição de material de campanha na Central do Brasil e sofreu hostilidade de militantes de esquerda. Como era patrono das guardas ferroviária e portuária, Jefferson decidiu arriscar. Ao lado, havia uma barraca do PT, de Lula.

Em 1994, Jefferson, após o impeachment, utilizou em sua campanha de reeleição a deputado o slogan "Lealdade tem nome", em alusão ao período em que esteve ao lado de Collor. Em troca, o ex-presidente escreveu a mão uma carta pedindo votos para o amigo petebista. Jefferson fez cópias e distribuiu nas regiões onde estava concentrado o seu eleitorado. Abaixo, o texto na íntegra:

De Fernando Collor ao povo do Rio de Janeiro

Minha gente,

Lealdade tem nome: Roberto Jefferson, valente e destemido deputado do querido Estado do Rio de Janeiro, trabalha pela sua gente com lealdade e amor.

Roberto Jefferson, solidário e generoso amigo, presente nos momentos difíceis da vida nacional, com transparência e coragem, nunca nos faltou.

Por tudo isto, peço o seu voto para aquele em que você, eu e todos nós podemos confiar porque nunca irá nos faltar.

Roberto Jefferson, para deputado federal.

Com o abraço do F. Collor. 1994.

Em 1997, Roberto Jefferson voltou a levantar a bandeira de Collor. Ele participou da divulgação de um projeto de iniciativa popular que tinha o objetivo de restabelecer os direitos políticos de Fernando Collor após o processo de impeachment. A campanha do "volta Collor" foi um fracasso absoluto. Para ser apreciada no Congresso, era necessário pelo menos 1 milhão de assinaturas a favor do ex-presidente. Como a ideia só contou com 70 mil, a proposta não seguiu adiante.

A convite do amigo Jefferson, Fernando Collor se filiou ao PTB no dia 2 de fevereiro de 2007, um dia depois de tomar posse como senador. Na cerimônia, Collor admitiu aos colegas da nova legenda ter errado na relação com o Congresso na época em que comandava o Palácio do Planalto. O ex-presidente foi recebido por senadores e deputados do PTB, além do presidente nacional Roberto Jefferson.

— A filiação dele ao PTB é coerente. É um simbolismo, um ex-presidente da República — afirmou Jefferson no evento.

De acordo com Collor, sua filiação ao PTB era um "reencontro com as raízes", já que seu avô, Lindolfo Collor, foi um doutrinador do partido.

— Fico feliz de ver, na presidência do PTB, o deputado Roberto Jefferson, que foi um dos mais leais, corretos e destemidos deputados que nos apoiou — ressaltou.

A lua de mel entre Jefferson, Collor e o PTB durou até 18 de março de 2016, quando ele deixou o partido para se filiar ao pequeno PTC. Em 2010, Collor ainda concorreu ao governo de Alagoas pelo PTB, mas perdeu. Foi reeleito senador pela sigla nas eleições de 2014. A saída do ex-presidente teve como personagem principal a deputada federal Cristiane Brasil, filha de Roberto Jefferson, então presidente nacional do PTB. A briga ocorreu porque ela era a favor e orientou a bancada do partido a votar pelo impeachment da ex-presidente Dilma Rousseff. Collor era contra.

O caldo derramou de vez após a atitude de Collor de não contribuir para a "vaquinha" para ajudar a pagar a multa de Roberto Jefferson pela condenação no processo do mensalão. O ex-presidente ignorou os pedidos de dinheiro para o rateio. Em 14 de abril de 2016, quase um mês depois de Collor deixar o PTB, Jefferson reassumiu a presidência do partido, que estava sob o comando de sua filha Cristiane, em uma festa no Hotel Nacional, em Brasília.

— Ele [Roberto Jefferson] volta ao comando do partido em um momento oportuno. Quem começou essa luta pela deposição do PT, em 2005, foi ele, meu pai, sozinho. Faca na boca, machadinho na mão. Ele merece voltar à cena do teatro político no epílogo do PT no governo central — discursou Cristiane Brasil.

Relator do pedido de impeachment de Dilma, o deputado Jovair Arantes, seguiu o mesmo tom da filha mais velha de Jefferson:

— Os astros se alinharam de uma forma que o trazem de volta neste momento importante da bancada. Isso, por si só, é simbólico. Porque ele [Roberto Jefferson] começou tudo isso. Foi ele quem fez a denúncia lá atrás do malfadado mensalão. Pagou preço altíssimo por isso. Ajustou com a sociedade e hoje está de volta. Então livre de qualquer problema, já pronto para estar conosco nessa empreitada importante.

O Partido Trabalhista Brasileiro (PTB) sempre fez alianças com os governos — de Figueiredo a Lula. Como recompensa pelos apoios, o partido comandou ministérios e estatais e teve o direito de nomear integrantes da legenda para postos estratégicos e até de menor escalão. Manter-se próximo ao poder sempre foi questão de sobrevivência. Nesse embalo, Roberto Jefferson se tornou o senhor feudal. Literalmente o dono da legenda.

Durante o bipartidarismo, Jefferson se filiou ao MDB e, posteriormente, entrou no PTB por influência do pai Roberto Francisco. Passou um curto tempo no PFL após uma briga em sua antiga legenda. Logo depois, voltou ao PTB.

Em 1979, com a abertura política no Brasil, passou a ser permitida a criação de partidos políticos. No mesmo ano, ao retornar do exílio, o ex-governador Leonel Brizola iniciou as articulações para remontar o PTB, dos ex-presidentes Getúlio Vargas e João Goulart, fundado em 15 de maio de 1945, no fim do Estado Novo, e extinto pela ditadura militar em 1965.

Brizola encontrou pela frente a jornalista Ivete Vargas, sobrinha de Getúlio, também disposta a assumir o PTB. Em maio de 1989, a Justiça Eleitoral acabou entregando o partido para Ivete. À época, houve confusão porque Brizola denunciou que na decisão tinha havido a influência do general Golbery do Couto e Silva, ex-chefe do Gabinete Civil da Presidência e principal articulador político do governo militar. Uma semana depois, Brizola fundou o Partido Democrático Trabalhista (PDT).

Em 6 de abril de 1983, assim que assumiu o primeiro mandato de deputado, Roberto Jefferson teve um embate com Ivete Vargas, falecida aos 56 anos em 1984, vítima de câncer. No discurso, atacou a então presidente do PTB por causa de um suposto acordo dela com o PDS, partido do governo:

> Vim a plenário com a disposição de firmar posição de solidariedade — já expressa ontem, da tribuna, no momento em que ocupei o horário da liderança do PTB — ao governador de São Paulo, Franco Montoro.
>
> Mas, aqui chegando, fui surpreendido com uma declaração publicada no jornal *O Globo* de hoje, 6 de abril de 1983, de autoria de dona Ivete Vargas, líder e presidente do Partido Trabalhista Brasileiro [...]. Diz dona Ivete a respeito de acordo entre o PTB e o governo federal que há diálogo, mas não há adesão, e nega a troca de cargos na administração federal oferecidos ao PTB pelo PDS para que esse apoio se concretizasse.

Diz o jornal: "Ela criticou a declaração do deputado Roberto Jefferson sobre possíveis negociações de deputados petebistas com o PDS." Afirmou ainda a deputada que essa declaração resulta de infantilidade e de inexperiência. É profundamente reprovável essa colocação. Chego a ter dúvidas sobre se foi a deputada, pessoalmente, quem a fez. Declarou ainda [...] que o PTB, neste momento, conversa, mas não pensa em emprego.

Trago também ao plenário o *Jornal do Brasil* de hoje — peço que faça parte dos anais desta Casa — que divulga a declaração do senhor Ário Theodoro, o vice-presidente nacional do meu partido, dizendo que o PTB chegou a uma perigosa encruzilhada. Isto é: ou tenta, através da ocupação de cargos federais, por força de uma coligação aberta com o Governo, criar espaços fora do Rio de Janeiro e de São Paulo, únicos estados onde conseguiu um relativo êxito eleitoral, ou se dissolve. É o vice-presidente do partido quem defende o acordo, dizendo que, através do deputado Thales Ramalho, iniciou as conversações neste sentido com o deputado Marchezan.

Se a deputada Ivete Vargas desmente alguém, quero crer que seja ao vice-presidente nacional do partido, senhor Ário Theodoro, que vem a público anunciar que está costurando o acordo, para que o partido sobreviva, na troca de cargos, favorecendo companheiros que não se elegeram.

[...] Urge que a verdade venha à baila. Dona Ivete Vargas deverá questionar Ário Theodoro no sentido de saber o que existe de realidade em relação a esse acordo, se há a troca de cargos, ou se não existe esse acordo. Sinto-me atacado, ofendido neste momento em que, prestando todo o meu trabalho ao partido, dentro de sua linha filosófica e partidária. Vejo no jornal colocações que agridem minha conduta, minha dignidade, minha independência e minha postura de parlamentar. [...] Nossa presidente atravessa fase de dificuldades muito grandes de saúde. Quero crer, com sinceridade, que, se realmente Vossa Excelência fez declarações contra este deputado, conforme publica hoje o jornal *O Globo*, ela o tenha feito num momento de debilidade e de fraqueza de sua saúde.

Roberto Jefferson e o deputado Celso Peçanha, ambos vice-líderes da bancada do PTB à época, reagiram com indignação à proposta feita pela cúpula do partido para uma aliança com o PDS, garantindo, assim, maioria para a ala do governo Figueiredo na Câmara. Jefferson encarou a ideia como "um arrivismo" e garantiu que o PTB não se afastaria da linha de oposição adotada em uma reunião de parlamentares da legenda.

Após o áspero discurso de Jefferson, Ivete Vargas declarou, irritada, em 14 de abril de 1983, que a crise no PTB era "apenas um caso de indisciplina". Ela puniu Jefferson, que perdeu a vice-liderança. Num almoço com o líder do PDS, deputado Nelson Marchezan, ela repetiu que só faria um "pacto social" se o governo atendesse as reivindicações do PTB, entre elas modificar o texto do decreto sobre política salarial.

— Ivete era minha amiga. Briguei com ela porque divergi do acordo do decreto. Uma bobagem minha. Eu era muito jovem e fui muito grosseiro com Ivete — admitiu Roberto Jefferson em entrevista ao autor.

Apesar das divergências iniciais em abril de 1983, Jefferson, em 9 de julho daquele ano, quis que o PTB se fundisse com o PDS, o mesmo partido que ele dissera não fazer aliança três meses antes. O parlamentar justificou a tese afirmando que "o PTB é o partido Denorex. Parece oposição, mas não é. Parece situação, mas também não é", em alusão à marca do xampu anticaspa, sucesso nos anos 1980. Ele voltou a atacar Ivete Vargas por agir, segundo ele, de forma autoritária no comando do PTB:

— A Ivete quer dar uma de madrasta que, com uma vergasta na mão, ameaça os filhos que não são dela e que ela não ama, para poder atender os interesses do governo.

Depois de um ano de turbulência na bancada do PTB na Câmara, Jefferson votou a favor da Proposta de Emenda Constitucional Dante de Oliveira, em 25 de abril de 1984. A iniciativa frustrada, do deputado de mesmo nome da PEC, visava realizar eleições diretas para presidente da República. Neste período, houve a campanha das "Diretas Já". Porém, não foi possível conseguir o placar necessário: 298 deputados votaram a favor, 65 contra, três abstiveram-se e 113 parlamentares não compareceram. Seriam necessários mais 22 votos. A emenda acabou sendo rejeitada.

No Colégio Eleitoral de 15 de janeiro de 1985, Jefferson votou em Tancredo Neves, ex-governador de Minas Gerais, eleito pela Aliança Democrática na coligação do PMDB. Tancredo derrotou o candidato governista Paulo Maluf, mas morreu em 21 de abril antes de assumir o cargo, sendo substituído pelo vice José Sarney.

Na Constituinte, Roberto Jefferson se destacou como um dos líderes do chamado "Centrão". O grupo era formado por deputados federais da ala conservadora da Câmara, entre eles Matheus Iensen, que propôs uma emenda que previa o adiamento das eleições marcadas para novembro de 1989 e, consequentemente, a prorrogação para cinco anos do mandato do então presidente José Sarney. Integrante do "Centrão", Iensen havia contrariado o seu partido, o PMDB, que era favorável a um mandato de quatro anos. Uma semana após a votação da emenda, o peemedebista recebeu a concessão de uma rádio.

Em 2 de junho de 1988, Jefferson enfrentou uma situação constrangedora. O petebista, defensor do mandato de cinco anos para

Sarney, acabou expulso do gabinete do líder do PMDB, senador Mário Covas, onde as esquerdas discutiam a estratégia para impedir a votação da emenda Matheus Iensen.

— Olha o espião! — gritou um dos presentes.

Em seguida, todos os parlamentares presentes se fixaram na entrada do gabinete, onde estava Roberto Jefferson, e ficaram em silêncio. O petebista disse:

— Essa reunião não é para discutir as Disposições Transitórias?

Mário Covas respondeu:

— Não. É para discutir o mandato do presidente Sarney.

Jefferson fez réplica:

— Quer dizer que devo me retirar?

Irônicos, todos os deputados o aplaudiram. Jefferson, então, se virou e, antes de sair, debochou dos parlamentares:

— Ah! Isso é reunião do PSDB. Vim para falar com o líder do PMDB, mas ele está presidindo a reunião do PSDB.

Na verdade, Jefferson tentou entrar na reunião para provocar. Durante uma hora e meia, havia participado de um encontro com os defensores dos cinco anos de mandato para Sarney, no gabinete do líder do governo, deputado Carlos Sant'Anna (PMDB-BA), que ficava a 100 metros da liderança do partido. Antes de sair dessa reunião, ainda avisou: "Vou até o Covas fazer um pouco de provocação."

Nas eleições municipais de 1988, o deputado do PTB se candidatou a prefeito do Rio. Nas promessas de campanha, Jefferson previu a construção de 100 mil casas populares a cada ano de governo, a legalização de posse do terreno nas favelas da cidade e, principalmente, o aumento de salário dos professores. Entre quatorze candidatos, ele amargou a sexta colocação com 68.156 votos. Marcelo Alencar (PDT) venceu com 998.008 votos. Jorge Bittar ficou em segundo, com 552.149.

No mesmo ano, Jefferson protagonizou um episódio curioso nos Correios, sem imaginar que dezessete anos depois seria envolvido em casos de corrupção na estatal pivô do escândalo do mensalão. O petebista denunciou ao então ministro das Comunicações, Antônio Carlos Magalhães, que estaria havendo violação de correspondência na empresa. Jefferson acusou a Central Única dos Trabalhadores (CUT) e revelou que 60 mil cartas do PTB postadas no Rio não chegaram aos seus destinatários.

Em 1994, o parlamentar voltou a atacar a CUT. Em julho daquele ano, Jefferson apresentou representação ao Tribunal de Contas da União (TCU), pedindo a fiscalização nas contas da central, do PT, do PCdoB e do Sindicato dos Metalúrgicos de Manaus. O petebista argumentou que os sindicatos eram mantidos por contribuições compulsórias e que o repasse do dinheiro significava utilização irregular de recursos públicos.

Durante os dois governos FHC, de 1995 a 2002, Roberto Jefferson também foi um fiel escudeiro do ex-presidente do PSDB. Nas votações das emendas constitucionais apresentadas no primeiro mandato de Fernando Henrique Cardoso, o petebista sempre acompanhou as orientações da base governista na Câmara. Em 1997, votou a favor, por exemplo, da polêmica emenda que instituiu a reeleição para presidente da República, governadores e prefeitos. Em maio, quando o projeto ainda estava para ser votado no Senado, o jornal *Folha de S.Paulo* revelou que o deputado Ronivon Santiago (PFL-AC) admitira ter votado a favor da reeleição em troca de R$ 200 mil.

FHC foi reeleito em 1998. No segundo volume de seus diários, escrito enquanto estava na Presidência, o ex-presidente revelou que não mandou investigar o caso porque o assunto era uma questão envolvendo o Congresso e não seu governo.

Em agosto de 2000, finalmente Roberto Jefferson se torna líder do PTB na Câmara. No mesmo mês, dia 24, o petebista foi o responsável pelo rompimento do bloco formado pelo seu partido com o PSDB de Fernando Henrique Cardoso. Na ocasião, o petebista disse que os cargos ocupados por seu partido estavam à disposição do Palácio do Planalto. Mas advertiu dizendo que se perdesse espaço no governo a medida seria encarada como uma retaliação e respondida à altura: "Amor com amor se paga. Porrada com porrada se paga", ameaçou Jefferson. O presidente se irritou com a atitude de Jefferson e decidiu não ceder ao que considerou uma chantagem do PTB.

Com o fim do bloco PSDB-PTB, que tinha 128 deputados (102 e 26, respectivamente), o PFL voltou a ter a maior bancada da Câmara, com 105 parlamentares. O rompimento se deu justamente porque o PSDB não cumpriu com o compromisso de dar ao PTB de Jefferson mais cargos no governo. As principais lideranças do PTB afirmaram também que o partido estava articulando uma aliança com Ciro Gomes, então pré-candidato do PPS à sucessão de FHC, em 2002, fato que realmente ocorreu. Nas eleições presidenciais, os petebistas pediram votos para Ciro no primeiro turno e abraçaram a campanha de Lula no segundo turno.

Quando o ex-presidente Lula ganhou a eleição de 2002, Roberto Jefferson, reeleito, começou a articular nos bastidores para conseguir o que mais gostava: cargos e proximidade com o poder. Em 6 de dezembro, antes mesmo de Lula tomar posse, o petebista avisou em alto e bom som que o PTB não aceitaria nomeações no segundo escalão do governo. Só manteria a aliança caso o partido ocupasse um ministério.

Foi o que aconteceu. A legenda emplacou dois nomes: Walfrido dos Mares Guia (ministro do Turismo) e Carlos Wilson (presidente da Infraero). Aliviado e feliz, Roberto Jefferson afirmou confiar cegamente em Lula e declarou: "Somos diferentes do PT. E é essa diferença que nos tornará unidos, com muito afeto."

Uma coisa Roberto Jefferson tem que agradecer ao inimigo José Dirceu, chefe da Casa Civil de Lula. Era o petista quem dava o aval para que novos parlamentares ingressassem no PTB de Jefferson. A tática foi um sucesso. Em 2003, no primeiro ano de governo Lula, o partido expandiu consideravelmente a bancada na Câmara: dos 26 deputados eleitos passou para 55 parlamentares, a quarta maior da Casa. O próprio petebista revelou que havia um roteiro estabelecido, combinado. O primeiro contato para que um deputado entrasse no PTB deveria ser com ele e o segundo, com Dirceu.

No início do governo Lula, Jefferson estava no auge. Tinha tudo o que sempre desejara. No Executivo, o PTB abocanhou ministérios e estatais. Na Câmara, o partido cresceu absurdamente. O céu era o limite para o garoto nascido em Petrópolis e criado em Anta. Só faltava um detalhe para a cartada final: a tão cobiçada presidência da legenda. Com a morte de José Carlos Martinez, Roberto Jefferson foi empossado no posto em 16 de outubro de 2003, um sonho desde os tempos de Ivete Vargas.

O projeto ambicioso de Roberto Jefferson começou a desmoronar quando se aproximou a votação da reforma da Previdência. Boa parte dos deputados do PTB ameaçara votar contra, porque o PT não estava mais cumprindo o acordo de distribuição de cargos. Neste momento, iniciaram-se os primeiros atritos com os petistas por conta de nomeações. Mas o final dessa história, leitor, você já conhece.

10. Final feliz?

REPÓRTERES, FOTÓGRAFOS E CINEGRAFISTAS aguardavam ansiosos por Roberto Jefferson naquele sábado ensolarado, 16 de maio de 2015. Exatamente às 11h03, o portão do Instituto Penal Coronel PM Francisco Spargoli Rocha, em Niterói, Região Metropolitana do Rio, se abriu. Antes de sair à liberdade, o ex-deputado do PTB apertou as mãos de dois agentes penitenciários em sua despedida. Sorridente e emocionado, Jefferson caminhou dois passos até a calçada da Rua Desidério de Oliveira. Deu um tapinha carinhoso no rosto do amigo Norberto e o abraçou. Em seguida, beijou a mulher Ana Lúcia antes de dar a primeira entrevista à imprensa após o cárcere. A sensação era de alívio.

— Está paga. Está paga. Está paga a pena — repetiu o ex-presidiário Roberto Jefferson ao deixar a carceragem, referindo-se aos catorze meses e 23 dias em que ficou atrás das grades como parte do cumprimento da condenação de sete anos e quatorze dias imposta pelo Supremo Tribunal Federal (STF) por corrupção passiva e lavagem de dinheiro no mensalão.

O dia foi especial. Em seus últimos momentos como detento, Roberto Jefferson recebeu os cumprimentos de mais de uma dezena de pessoas com as quais ele criou uma relação de amizade, entre elas a então diretora da cadeia, Kátia Coimbra Mendonça, guardas carcerários e detentos. Afinal, o petebista, ao contrário do comportamento explosivo na Câmara, foi sereno e fez papel de conciliador, consultor jurídico e colaborador no presídio.

Vestindo calça jeans e uma camisa social quadriculada nas cores roxa e cinza, o ex-deputado era aguardado também pela filha Cristiane Brasil. No trajeto até o carro, o ex-deputado respondeu por 12 minutos a questionamentos sobre a Operação Lava Jato, saúde, trabalho e política. Não fez declarações polêmicas para evitar um confronto com ministros do STF e outros presos no mensalão denunciados por ele em 2005. Era o Roberto Jefferson "paz e amor".

O caminho até o antigo apartamento alugado, no luxuoso condomínio Golden Green, na Barra da Tijuca, começou às 11h17 e terminou às 12h35. O próprio Jefferson foi quem dirigiu o carro e decidiu percorrer pontos turísticos do Rio. Ele poderia ter seguido pela Avenida Brasil e Linha Amarela após sair da Ponte Rio-Niterói, mas desceu na Leopoldina, passou pela Marquês de Sapucaí, subiu a Rua das Laranjeiras (de onde pode ser visto o Cristo Redentor) e desfrutou da beleza da Lagoa Rodrigo de Freitas, chegando a São Conrado, aos pés da Pedra Bonita, e, por fim, à Avenida Lúcio Costa, onde fica o edifício.

Quando, enfim, entrou em casa, Jefferson não escondia a felicidade. Almoçou com Ana Lúcia, Cristiane Brasil e os amigos mais chegados. Eles pediram comida japonesa e tiraram fotos para publicar nas redes sociais. Após a refeição, todos deixaram o local, ficando somente o ex-deputado e a mulher. Na porta do presídio, o petebista não fez questão de esconder de todos os presentes o que iria fazer ao ficar sozinho com Ana naquele dia de lua de mel antecipada.

— Eu adoro! Vou namorar muito — disparou com um ar sacana no rosto.

Foi dentro da prisão que Roberto Jefferson comunicou à mãe Neusa a boa-nova: iria se casar com Ana Lúcia após ser solto.

O casal se conheceu na década de 1990. Jefferson era amigo do irmão de Ana Lúcia, Marcelino Novaes, então presidente do PTB em Comendador Levy Gasparian. À época, Jefferson e Novaes participavam do processo de emancipação do município. O namoro com Ana ficou sério em 17 de julho de 2002, quando eles começaram a morar juntos, após dois anos de relacionamento.

Enfermeira lotada na Secretaria Municipal de Saúde de Comendador Levy Gasparian, Ana Lúcia concluiu os estudos graças a Roberto Jefferson, que pagou as mensalidades da faculdade antes mesmo de iniciarem o namoro. Ana era noiva de um médico e se casou com ele. Jefferson não foi à cerimônia, mas deixou um faqueiro de presente com a família dela. Tempos mais tarde, após se encantar pela moça, o ex-deputado investiu pesado até conquistá-la: pagou um carro de som com mensagens de amor para circular em frente ao trabalho dela. Diante da insistência, ele conseguiu o que tanto queria. Ana Lúcia largou o marido e correu de mala e cuia para os braços do petebista.

Roberto Jefferson não pode negar uma coisa: sempre foi um admirador das mulheres. Desde muito jovem, romântico, vivia correndo atrás de um rabo de saia. Na fase adulta, já casado, mesmo sendo uma figura pública por causa do mandato de deputado federal e das constantes participações em entrevistas e em programas de televisão e de rádio, Jefferson colecionou amantes por onde passou em viagens pelo país. Para ele, que chegou a pesar 170 quilos antes de fazer a cirurgia bariátrica, o problema com a balança nunca atrapalhou a fama de conquistador.

O período mais turbulento foi durante o romance secreto com a lobista M. Os dois ficaram juntos por doze anos, quando ele ainda era casado com Ecila Brasil, ciumenta ao extremo, e, depois, quando já estava com Ana Lúcia. M. promovia a discórdia na família e nos amigos dele, que não aceitavam o jogo duplo do ex-deputado. As brigas eram regulares, o que fez com que ele se afastasse dos filhos e dos netos por um período.

Jefferson escolheu ficar com Ana Lúcia, filha de uma costureira e de um pequeno produtor rural de Comendador Levy Gasparian. O casal tinha outros seis filhos (quatro homens e duas mulheres). Para oficializar o compromisso, o petebista marcou a data do casamento: 29 de maio de 2015, uma sexta-feira chuvosa, treze dias depois de deixar a prisão. O sonho custou R$ 100 mil.

Ainda sem usar a tornozeleira eletrônica, o noivo Roberto Jefferson chegou às 9h40 à casa de festas Ilha de Capri, em Três Rios, cidade vizinha a Levy, bem antes dos trezentos convidados. Ele havia recebido autorização da Vara de Execuções Penais para se casar e passar quatro dias no interior do estado. Jefferson, à época, cumpria prisão domiciliar e não poderia deixar o apartamento na Barra da Tijuca. Entre as restrições, o petebista não podia sair à noite, participar de reuniões e encontros partidários e ingerir bebida alcoólica.

O ex-deputado usou um terno bege, com camisa social e gravata azuis, enquanto a noiva trajava um vestido branco com detalhes em renda e segurava um buquê. Poucos políticos foram chamados para a festa. Apareceram por lá os deputados Benito Gama (BA) e Campos Machado (SP), ambos do PTB. Durante a leitura da carta escrita para Ana, Jefferson cantou, chorou e fez piada, lembrando a épica frase dita ao inimigo José Dirceu, a quem acusou de ter comandado o esquema do mensalão no Congresso.

— Minha Ana, você desperta em mim os instintos mais deliciosamente primitivos — discursou o ex-parlamentar, arrancando risos da plateia.

Jefferson dedicou um dos momentos do casório à música, uma de suas paixões, ao lado do motociclismo e da prática de tiro ao alvo. Ele cantou duas canções românticas ao microfone: na entrada da noiva, "Fascinação", gravada por Elis Regina; e na bênção das alianças, "Dio, como ti amo", cantada por Gigliola Cinquetti. O petebista foi acompanhado ao piano pelo barítono Leonardo Páscoa, membro do Theatro Municipal do Rio de Janeiro, ex-professor de canto de Jefferson e um dos mais conhecidos e admirados artistas líricos brasileiros. Páscoa morreu de infarto em 7 de maio de 2017.

A música entrou na vida de Roberto Jefferson ainda criança, despertada nas famílias Medeiros e Francisco pelo tio Zé do Buzico, em Anta. Entretanto, começou a fazer aulas de canto lírico com as professoras Denise Tavares e Kátia Almeida, em Brasília, no período em que o escândalo do mensalão veio à tona. Mas contratou Leonardo Páscoa porque, por ser homem, precisava aprender a cantar com quem tinha a classificação vocal de barítono, ou seja, voz masculina. Apesar de eclético, Jefferson adora ópera e musicais da Broadway.

O ex-deputado, que se define como "cantor amador", pagou e gravou, em 2010, o próprio CD independente *On the road*, com quinze faixas. Na capa, Jefferson aparece usando uma jaqueta de couro preta e está sentado em cima de uma de suas motos da marca Harley-Davidson. O repertório viaja na estrada do tempo, com ele interpretando Charles Chaplin, Frank Sinatra, Nat King Cole, Elvis Presley, Charles Aznavour, Paul Anka, John Denver e Tony Bennett. O CD, distribuído aos parentes e amigos, tem a participação da Orquestra Sinfônica do Teatro Nacional, regida pelo maestro Cláudio Cohen. Pelo menos quarenta profissionais, entre músicos e produtores, realizaram o projeto.

Jefferson gosta de cantar em público. Após as entrevistas concedidas a emissoras de televisão e de rádio, o ex-deputado dá uma canja. Já se apresentou, por exemplo, no extinto *Programa do Jô*, na TV Globo, cantando "Nervos de Aço". O petebista também mostra seu talento em eventos do PTB em todo o país. Em seu escritório de advocacia, no Rio, há um piano elétrico Yamaha Clavinova que o ajuda nos ensaios.

Foi com o canto que o ex-deputado aprendeu a respirar dominando a emoção e controlando o diafragma e o aparelho respiratório. No período do mensalão, Jefferson dizia que a prática contribuía para a oxigenação de suas células nervosas nos dias em que tinha de prestar depoimentos nas CPIs. Quando era atacado pelos adversários nas comissões, ele, sem ninguém perceber, respirava fundo, abria a costela e sentia o ar. O ritual o acalmava para continuar falando.

Em 2008, numa articulação com deputados da Assembleia Legislativa do Rio (Alerj), Jefferson evitou que o Theatro Municipal do Rio, administrado pelo governo do estado, passasse a ser gerido por uma Organização Social (OS), como desejava o ex-governador Sérgio Cabral. Após apelo dos artistas, que temiam enfrentar problemas com a OS, o petebista participou de uma reunião com os parlamentares e os convenceu a vetar a ideia. Em 2017, por conta da crise nas finanças estaduais, profissionais ficaram sem receber salários e fizeram protestos.

Antes de seguirem para a casa de festas, Jefferson e Ana Lúcia estiveram, às 8h30, no cartório de Comendador Levy Gasparian para formalizar a união civil. A cerimônia do casamento começou por volta das 11 horas. Na intimidade, o ex-deputado costuma revelar que se sentiu como um Lobo Mau com Chapeuzinho Vermelho ao se apaixonar por Ana, que gosta de sapatos vermelhos e escolheu um par desta cor para aquele momento especial. A brincadeira acabou enfeitando o bolo: os bonequinhos no topo trazem, no lugar do noivo, um Lobo Mau na coleira, preso pela noiva.

A íntegra da carta de Roberto Jefferson para a noiva lida no casamento

Minha declaração de amor.

Ana meu amor.

Ana, meu Sapatinho Vermelho.

Parece Chapeuzinho Vermelho, a história é semelhante. Fiquei pensando para escrever essas palavras, que representam os alicerces da decisão que tomei de me casar com você. Os fundamentos que oficializaram nossa união perante nossas famílias e amigos, após treze anos de vida marital.

Me perguntei do que eu gosto na minha Ana. Gosto do nome, Ana. Curtinho e sonoro. Escrito com dois A's, o fonema mais aberto da nossa língua: Assim é você, franca, leal, aberta, amada e linda.

Você agrada e preenche as preferências dos meus cinco sentidos: Audição; adoro o som e o timbre da sua voz, parece música. Quando chego tenso ou cansado em casa, ao ouvir sua voz musical, relaxo e descanso. Minha Ana fala cantando.

Olfato; adoro o aroma de seu hálito, o cheiro do ar que você respira, adoro o cheiro da sua pele e o odor dos seus cabelos.

Tato; adoro tatear e sentir a textura sedosa da sua pele. Adoro apertar a consistência sedutora das suas carnes.

Paladar; adoro o gesto doce dos seus beijos e o sal das suas lágrimas. Amo degustar o tempero apimentado dos seus hormônios.

Visão; amo ver seu sorriso luminoso, ver o brilho dos seus olhos. Adoro ver a delicadeza dos seus pezinhos e o seu jeitinho de andar. Amo olhar suas formas redondinhas e sua beleza inebriante.

Emocionalmente, me sinto amarrado por você.

Você me entrega o seu amor com generosidade e desvelo. Você é amante, amiga, delicada, solidária, terna e doce.

Sofreu ao meu lado as mais duras provas da minha vida, nunca se lastimou, nunca se lamentou, nunca reclamou.

Enfrentou com seriedade a CPI do mensalão, a minha cassação na Câmara dos Deputados, o processo criminal, o tratamento do câncer, a minha condenação judicial e a minha prisão. A tudo resistiu.

Sempre solidária, sempre juntinho a mim. Jamais se queixou, jamais blasfemou. Ao contrário, com seus gestos, com seu amor, sempre dizia: "Nunca desista. Vamos em frente. Lute por seus sonhos. Resista, meu amor."

Minha linda, minha Ana, você desperta em mim o encanto pela vida e a vontade de vivê-la. Você me enternece e a ternura me faz ser um humano melhor.

Mais: você desperta em mim os instintos mais deliciosamente primitivos. Amo desfrutar a nossa intimidade.

Recordo que você sempre calçou sapatinhos vermelhos, assim acendendo a minha paixão, como se fosse um fetiche.

Eu, quando a vi pela primeira vez, fui tomado pelo instinto predador do lobo mau: "quero devorá-la." O lobo faminto e o sapatinho vermelho.

Hoje, deu no que deu, sou um lobo preso na coleira da minha domadora.

Com toda a força de meu coração digo: eu gosto tanto de você, amo tanto você, que sinto vontade de cantar esse amor ao mundo, como faço agora.

Minha Ana, minha vida, Deus reserva a poucos homens uma mulher como você.

Amo você

Três Rios, 29/05/2015
Roberto Jefferson

* * *

Mesmo cassado e preso, Roberto Jefferson nunca se afastou da política. Ao contrário. De dentro da cadeia, foi ouvido sobre os rumos a serem tomados pelo PTB e coordenou as campanhas da filha Cristiane Brasil para deputada federal e do ex-genro Marcus Vinícius para deputado estadual. Por isso, além de se casar oficialmente pela segunda vez, Jefferson tinha outra meta a ser alcançada. Ainda que como visitante, voltar à Câmara, local onde não pisava havia onze anos, desde quando colegas de plenário o escorraçaram, era questão de honra.

O momento do retorno ao Congresso não poderia ser mais apropriado para Jefferson: 6 de abril de 2016, onze dias antes da votação e aprovação na Casa do impeachment da ex-presidente Dilma Rousseff, do PT, que teve 367 votos a favor, 137 contra e sete abstenções. Enquanto o petebista circulava pelos corredores e gabinetes, seu aliado e relator do processo, deputado Jovair Arantes (PTB-GO), lia o relatório favorável ao afastamento.

Jefferson chegou à chapelaria da Câmara às 17h35. O ex-deputado cumprimentou servidores e subiu ao andar principal pelo elevador privativo, acompanhado apenas por uma equipe de reportagem do jornal *O Globo*. Quando saiu, ele percebeu que estava no cafezinho, uma área restrita aos deputados. O petebista ficou tenso:

— Ah, vamos sair aqui? Vou causar um embaraço.

Não havia sessão no plenário e vários parlamentares estavam no local. Em seguida, avistou os deputados Heráclito Fortes (PSB-PI), com quem conversou, e José Carlos Aleluia (DEM-BA). Ao deixar o cafezinho, passou pela lateral do plenário e chegou ao Salão Verde. Provocou um alvoroço e foi cercado por jornalistas. Mais calmo, na mira das lentes fotográficas e das câmeras, já se sentia como nos velhos tempos.

— Estou feliz, mas não gostaria de voltar como deputado. Fui um bom deputado por mais de 23 anos [na verdade, 22] e fui chutado para fora. Acho que já cumpri meu papel aqui — disse ele à imprensa.

Após a entrevista, Jefferson encontrou com o deputado Pauderney Avelino (DEM-AM). Em 1992, quando o petebista era o comandante da tropa de choque de Collor, Avelino foi um dos 441 parlamentares que votaram a favor da cassação do ex-presidente. O ex-deputado contou que "reviu os amigos". Ele também cruzou com desafetos, mas evitou citar nomes. A peregrinação ocorreu até o gabinete do PTB. Foi recebido por aliados, como os deputados Paes Landim (PI) e Beto Mansur (PRB-SP) e servidores.

A filha Cristiane Brasil entrou na sala e se sentou ao lado do pai. Depois, pôs na gola da camisa dele um broche usado apenas por deputados. Neste momento, Jefferson se emocionou. Cristiane não conteve as lágrimas. Em seguida, ele defendeu o impeachment de Dilma ao ver na televisão do gabinete a imagem de Jovair Arantes lendo o relatório.

Jefferson fez elogios ao então presidente da Câmara, Eduardo Cunha (PMDB-RJ), que até a conclusão deste livro, em maio de 2017, estava preso em decorrência da Operação Lava Jato. O petebista brincou: "Se eu o encontrasse, pedia um autógrafo."

O ex-deputado não se deu por satisfeito. Ele retornou à Câmara no domingo, 17 de abril de 2016. Queria estar presente no momento exato em que a Câmara, pela segunda vez, fosse aprovar o impeachment de um presidente da República. No impeachment de Collor, Jefferson estava do lado oposto, tentando de todas as maneiras evitar a queda do companheiro. Com Dilma, era diferente. O petebista não escondia a felicidade de acompanhar de perto uma representante do PT ser desmoralizada.

Antes das 23h07, quando o deputado Bruno Araújo (PSDB-PE) proferiu seu sim do voto de número 342, que jogou a última pá de cal em Dilma, Roberto Jefferson acompanhou a filha Cristiane Brasil para que ela votasse, claro, a favor do impeachment. Do lado direito do plenário, o petebista ria e conversava com Miro Teixeira (Rede-RJ). Vários parlamentares iam até Jefferson para cumprimentá-lo.

Jefferson ainda teve tempo de ouvir o deputado Arnaldo Faria de Sá (PTB-SP) dizer que todo o processo de impeachment de Dilma se iniciou graças a Jefferson, quando denunciou o esquema do mensalão. Pronta para votar, Cristiane Brasil, com o pai ao seu lado, declarou para todos os brasileiros que acompanhavam o momento histórico:

— Presente! Obrigado por me permitir e permitir a todo o povo brasileiro essa data que nós estamos vivendo hoje. Há onze anos, o meu pai perdeu o seu mandato porque disse a verdade quando muitos aqui falaram que o que ele estava dizendo era mentira. Portanto hoje, em homenagem ao meu pai Roberto Jefferson, à verdade, à democracia, o meu voto é sim!

Ao autor deste livro, Jefferson contou a sensação sobre as horas passadas no Congresso:

— Um conflito, rapaz! Um conflito! De voltar e não querer voltar. Uma coisa estranha. Eu não sei. Não consegui dimensionar bem isso. Fiquei feliz de estar voltando, mas, ao mesmo tempo, eu não queria ter voltado. Foi um lugar em que eu saí machucado e não consegui superar. Acho que não consegui superar.

A alma de Roberto Jefferson pelo menos estava lavada. Vivenciou o projeto de poder do PT de Lula e de Dirceu ser interrompido e, consequentemente, comemorou a ascensão do novo ocupante da cadeira presidencial, o velho amigo Michel Temer, enrolado até o pescoço com as investigações da Operação Lava Jato em

2017. Apesar da crise política, o petebista ganhou acesso livre, novamente, no Palácio do Planalto. Mordomia só alcançada até antes do mensalão, em 2005, quando Jefferson se reunia com os petistas para fazer negociatas.

Com Temer, fez valer o direito de aliado do PMDB e de ser pau para toda obra. Em 18 de abril de 2017, Roberto Jefferson e Michel Temer se encontraram pela primeira vez desde que o petebista saiu da cadeia. Menos de um mês depois, estiveram juntos de novo.

Depois de todos esses anos, de tudo que enfrentou — escândalos de corrupção, CPIs, processos, prisão e amores —, certa vez, em uma entrevista, desabafou:

— Errei, paguei o preço. Andei em má companhia? Andei. Mamãe dizia quando eu era menino: "Diz-me com quem andas que direi quem és." Andei com má companhia e virei bandido, mas mantive o código de ética [...]. Você vai me perguntar: "Roberto, você se acha menos inteligente que o Valdemar Costa Neto?" Não sou. "Você se acha menos inteligente que o José Dirceu?" Não sou. "Você é menos inteligente que o Pedro Corrêa?" Não sou. Só não tenho a coragem deles. Eu tenho um limite.

Referências bibliográficas

JORNAIS IMPRESSOS

Correio da Manhã

"Ferreira Netto ignora processo por calúnia e poderá ser preso". 18 set. 1987, sem página definida.

"Uma proposta para Os Trapalhões". 17 mai. 1987, sem página definida.

Diário da Tarde

"A denúncia contra Lengruber". Mai. 1983, sem dia e sem página definidos.

"Volumoso processo contra Lengruber". 21 mai. 1983, sem página definida.

Diário de Pernambuco

"Aqui e agora, hoje, na Tupi-Recife". 4 jun. 1980, sem página definida.

"Pronta resposta". 4 mai. 1983, sem página definida.

"Caso Lengruber". 15 mai. 1983, sem página definida.

"Negado o Habeas para Roberto Lengruber". 1º jun. 1984, sem página definida.

Diário do Paraná

"Cantor Wagner Montes vem para trabalhar seu disco". 20 ago. 1982, sem página definida.

"A volta do milagreiro". 15 out. 1982, sem página definida.

Estadão

"Jefferson acusa cúpula do PT e Dirceu de comandar corrupção". 15 jun. 2005, p. A1.

"Dirceu mandou pedir dinheiro à Portugal Telecom, diz Jefferson". 3 ago. 2005, p. A8.

"Por 313 votos a 156, Câmara cassa o mandato de Roberto Jefferson". 15 set. 2005, p. A6.

"STF manda prender Roberto Jefferson, delator do mensalão". 22 fev. 2014, p. A8.

"Delator é preso no Rio e mensalão chega à reta final; STF definirá se houve quadrilha". 25 fev. 2014, p. A4.

"Planilha indica propina de R$ 150 mil da Siemens para grupo de Roberto Jefferson". 1º mar. 2014, p. A4.

"No dia de seu aniversário, Jefferson depõe na Câmara". 15 jun. 2005, p. A5.

"Jefferson pressionou por cargos no IRB". 21 mai. 2005, p. A5.

"Nova denúncia contra 'parceiro' do PT". 23 mai. 2005, p. A5.

"Tucana confirma que recebeu oferta de mensalão". 15 jun. 2005, p. A8.

"Cai o homem que abalou Lula". 15 set. 2005, p. A5.

"Um dia para ficar na história". 15 set. 2005, p. A2.

"Denúncia foi feita em 2005". 25 fev. 2014, p. A4.

Folha de S.Paulo

"Homem de Delúbio carregava mesada na mala, diz Jefferson". 13 jun. 2005, p. A4.

"Jefferson detalha 'mensalão' e diz que Dirceu ameaça Lula". 15 jun. 2005, p. A4.

"Se Dirceu não sair, vai fazer Lula virar réu, diz Jefferson". 15 jun. 2005, p. A5.

"Esquema de Furnas beneficiava PT, PTB e PSDB, acusa Jefferson". 10 fev. 2006, p. A4.

"Jefferson e mais oito são indiciados por escândalo dos Correios". 12 set. 2006, p. A9.

"Estatais se dividem em feudos partidários". 29 mai. 2005, p. A6.

"Comerciante diz que ganhou rádio de Jefferson". 5 jun. 2005, p. A18.

"Jefferson: Mensalão vinha das estatais". 10 jun. 2005, p. A7.

"Cantoria antecedeu novo depoimento". 15 jun. 2005, p. A5.

"Jefferson ataca, chora e deixa a direção do PTB". 18 jun. 2005, p. A8.

"Todos os políticos têm caixa 2, diz Jefferson". 1º jul. 2005, p. A6.

"Jefferson envolve Lula, e Dirceu rejeita denúncia". 3 ago. 2005, p. A4.

"Jefferson: acordo para evitar a cassação". 5 ago. 2005, p. A5.

"Corrupção vem do Executivo, diz Jefferson". 13 set. 2005, p. A10.

"Câmara cassa Jefferson com 313 votos". 14 set. 2005, p. A11.

"Dimas ofereceu R$ 1,5 mi ao PTB, diz Jefferson". 10 fev. 2006, p. A7.

"PF indicia Jefferson por formação de quadrilha". 22 mar. 2007, p. A6.

"'Líder propôs que eu não denunciasse o mensalão'". 19 jul. 2012, p. A7.

"Jefferson pode ir para a cadeia, diz laudo". 9 dez. 2012, p. A5.

"Jefferson omitiu imóveis em declaração de bens ao TRE". 17 jun. 2005, p. A16.

"Roberto Jefferson liga surgimento de tumor ao mensalão". 27 jul. 2012, p. A8.

Jornal da Tarde

"'Se eu fosse cantor, eu seria mais realizado'". 14 jun. 2006, sem página definida.

Jornal do Brasil

"Brizola e Paulo Alberto debatem em 'O Povo na TV'". 8 jul. 1982.

"Deputado vai ao plenário com arma e ameaça colega". 4 fev. 1988.

"Empresário exibe cheque de R$ 7,5 mil descontado pela secretária de Severino Cavalcanti". 15 set. 2005.

"Grampos da PF ligam Jefferson a quadrilha de liberação de cargas". 1º ago. 2005.

"Grupo de Covas trata Jefferson como espião". 2 jun. 1988.

"Ivete explica que indisciplina causou as punições no PTB". 14 abr. 1983, p. 3.

"Jefferson acusa Dirceu... Mas prova que é bom, nada". Capa da edição de 15 jun. 2005.

"Jefferson garante que petistas montaram esquema maior que de PC". 1º jul. 2005.

"Jefferson promete apoio a Brizola sem deixar o PTB". 24 nov. 1982.

"Jefferson surpreende PTB e deixa presidência do partido". 18 jun. 2005, p. 14.

"Painel sobre votação da anistia é destruído por petebista a machadadas". 22 nov. 1985.

"Petebista quer fusão com PDS." 10 jun. 1983, sem página definida.

"Segurança da Câmara não sabe se estampidos foram fogos ou tiros". 21 mai. 1988.

"'Você mente'". 3 ago. 2005.

Jornal do Commercio

"A nova programação da Rede Bandeirantes". 11 fev. 1986, sem página definida.

"Mallandro promete show de brinquedos". 1º nov. 1993, sem página definida.

"Novidades da TV". 9 jan. 1986, sem página definida.

"Tome nota". 21 jan. 1992, sem página definida.

O Dia

"Exílio em Levy Gasparian". 2 dez. 2012, p. 24.

O Globo

"As 'fabriquinhas' de dinheiro". 12 jun. 2005, p. 3.

"Barbosa: Jefferson vendeu apoio". 6 jun. 2005, p. 3.

"Conselho vota em peso contra Jefferson". 1º set. 2005, p. 3.

"CPI dos Correios vai investigar também o IRB". 1º jul. 2005, p. 14.

"CPI é instalada e impasse já adia seu funcionamento". Capa da edição de 10 jun. 2005.

"CPI será instalada hoje com maioria governista". 21 jul. 2005, p. 8.

"Delúbio se entrega; PF antecipa transferência de presos para Brasília". 17 nov. 2013, p. 4.

"'Delúbio precisa fazer caixinha'". 22 jul. 2005, p. 3.

"Denúncias de compra de votos levam governo Lula à pior crise". Capa da edição do dia 7 jun. 2005.

"Deputado canta e dá autógrafos". 21 jun. 2005, p. 12.

"Dirceu e Genoino na cadeia". 17 nov. 2013, p. 3.

"Duas décadas de duelo". 15 set. 2012, p. 8.

"Ex-chefe dos Correios é indiciado por corrupção passiva e fraude em licitação". 24 mai. 2005, p. 4.

"Gestos teatrais ao deixar o comando do PTB". 18 jun. 2005, p. 8.

"Jefferson confessa crimes, acusa Dirceu e poupa Lula". 14 jun. 2005, p. 3.

"Jefferson dá nomes do mensalão e amplia as denúncias de corrupção". Capa da edição de 14 jun. 2005.

"Jefferson diz que na CPI todos sonegam gastos de campanha". Capa da edição de 1º jul. 2005.

"Jefferson garantiu Delegacia Regional do Trabalho no Rio para um aliado". 5 jun. 2005, p. 4.

"Jefferson já cumpre pena". 25 fev. 2014, p. 3.

"Jefferson usa agora a intimidação". 1º jul. 2005, p. 3.

"Jefferson: Mensalão começou na Alerj, com PL". 21 jun. 2005, p. 12.

"Lula foi avisado de mensalão". 7 jun. 2005, p. 3.

"Mais pobre, mas nem tanto". 5 jun. 2005, p. 4.

"Mandado de prisão de Jefferson sai só amanhã, afirma STF". 23 fev. 2014, p. 6.

"Mensalão, 'segredo' que todo o Congresso conhecia". 6 jun. 2005, p. 15.

"Miro: Jefferson ocultou denúncias mais graves". 7 jun. 2005, p. 3.

"Na Câmara, clima de Copa do Mundo com telões instalados nos corredores". 14 jun. 2005, p. 4.

"'Não me envergonho de nada'". 16 jun. 2005, p. 3.

"Nova denúncia associa presidente do PTB a propina mensal de R$ 400 mil". 23 mai. 2005, p. 4.

"O delator irá para a prisão". 22 fev. 2014, p. 3.

"O jogo da CPI: Cronologia da crise". 11 jun. 2005, p. 8.

"Petebista: pagamento de mensalão era feito no Banco Rural, em Brasília". 1º jul. 2005, p. 4.

"PF prende acusados de gravar de suborno". 10 jun. 2005, p. 5.

"PTB é perseguido pela mídia e PF, diz Jefferson". 18 jun. 2005, p. 8.

"Roberto Jefferson volta às origens". 12 nov. 2005, p. A5.

"Saiba quem são os presos". 10 jun. 2005, p. 5.

"Todos os homens de Jefferson". 5 jun. 2005, p. 3.

"Trechos do depoimento no Conselho de Ética". 14 jun. 2005, p. 8.

O Liberal

"Entretanto". 22 jun. 1989, sem página definida.

"Wilton caiu do cavalo". 10 mai. 1989, sem página definida.

Última Hora

"Artista e Disco do mês". 2 jun. 1956, sem página definida.

"Salve Ele!" 31 mai. 1955, sem página definida.

REVISTAS

Época

ESCONTEGUY, Diego; BRITTO, Orlando. "Mensalão: Os fatos". 30 jul. 2012. p. 32, 33 e 34.

O Cruzeiro

TORRES, Edilson. "Campeão de audiência". Edição 2502, de 30 dez. 1981.

───. "A cura pelo poder da mente". Edição 2501, de 1º dez. 1981.

───. "Lengruber sem mistérios". Edição 2501, de 1º dez. 1981.

Veja

"A ópera do malandro". 22 jun. 2005.

BRILLS, Ricardo; PETTRY, André. "O julgamento da história". 26 ago. 2007, p. 63-64.

CABRAL, Otávio. "O que será que ele sabe?". 1º jun. 2005, p. 48.

───. "Nocaute". 22 jun. 2005, p. 46-47.

EDWARD, José; PATURY, Felipe. "O pagador do mensalão". 22 jun. 2005, p. 56-57.

FRANÇA, Ronaldo; JUNIOR, Policarpo. "A estranha sociedade". 1º jun. 2005, p. 56-57.

───. "O enigmático corretor, que vive de obter privilégios nas estatais, é um elo que aproxima perigosamente o PT das negociatas do PTB". 1º jun. 2005, p. 56-57.

JUNIOR, Policarpo. "O homem-chave do PTB". 18 mai. 2005, p. 54-55.

PEREIRA, Daniel; RANGEL, Rodrigo. "A fábrica de dinheiro do PTB". 13 abr. 2011, sem identificação de páginas.

───. "A quadrilha na cadeia". 20 nov. 2013, p. 60-61.

DOCUMENTOS OFICIAIS

CÂMARA dos Deputados. Potencialidade do acordo. Documento oficial da sessão de 6 abr. 1983.

───. Projetos e Pronunciamentos. Brasília, 1984.

───. Projeto de lei nº 1.899 de 1985.

───. Conselho de Ética e Decoro Parlamentar. Ata de 14 jun. 2005.

_____.Ata da 8ª Reunião, realizada em 30 jun. 2005.

_____.Conselho de Ética e Decoro Parlamentar, Acareação. Ata de 2 ago. 2005.

_____.CPMI dos Correios – Ata da 8ª reunião, realizada em 4 set. 2005.

_____.CPMI da Compra de Votos – Ata da 4ª reunião, realizada em 4 set. 2005.

_____.Discurso de Despedida de Roberto Jefferson. Sessão: 246.3.52.O de 14 set. 2005.

Ministério Público Federal. Denúncia do Ministério Público Federal. 2 set. 2008. Assinada pelos procuradores da República, Bruno Caiado de Acioli, José Alfredo de Paula Silva e Raquel Branquinho P. M. Nascimento.

VÍDEOS

TV Câmara

CÂMARA dos Deputados. DVDs com gravações do Conselho de Ética e CPMI dos Correios. Sessão de 14 jun. 2005.

_____.DVDs com gravações do Conselho de Ética. Sessão de 2 ago. 2005.

_____.DVDs com gravações da CPMI da Compra de Votos. Sessão de 4 ago. 2005.

_____.DVDs com gravações do Conselho de Ética. Sessão de 14 set. 2005.

YouTube

CENTRO de Apoio ao Tabagista. "Entrevista – Tabagismo, Rio no Coração – Com Roberto Jefferson. Parte 1". 13 jul. 2009. Disponível em: <https://www.youtube.com/watch?v=I7Xb5MN3gdc>. Acesso em: 1º ago. 2017.

_____. "Entrevista – Tabagismo, Rio no Coração – Com Roberto Jefferson. Parte 2". 13 jul. 2009. Disponível em: <https://www.youtube.com/watch?v=N1YwmjK8rCE>. Acesso em: 1 ago. 2017.

Christina Fontenelle. "Entrevista de Roberto Jefferson à TVJB". 22 ago. 2007. Disponível em: <https://www.youtube.com/watch?v=mFCJW0yMZVM>. Acesso em: 1º ago. 2017.

_____. "Entrevista de Roberto Jefferson à TVJB". 22 ago. 2007. Disponível em: <https://www.youtube.com/watch?v=r1QqvksNjG4>. Acesso em: 1º ago. 2017.

Edualq. "Roberto Jefferson – Depoimento na CPI do Mensalão – Parte 1". 7 jan. 2008. Disponível em: <https://www.youtube.com/watch?v=ZCRNGlmd1EA>. Acesso em: 1º ago. 2017.

_____. "Roberto Jefferson – Depoimento na CPI do Mensalão – Parte 2". 7 jan. 2008. Disponível em: <https://www.youtube.com/watch?v=WSxG74h69lU>. Acesso em: 1º ago. 2017.

_____. "Discurso Roberto Jefferson antes da cassação". 27 out. 2016. Disponível em: <https://www.youtube.com/watch?v=hMarwCKo_CQ>. Acesso em: 1º ago. 2017.

Evaldo Palestra. "Jô Soares entrevista o delator do Mensalão, Roberto Jefferson – 05/07/2005". 22 out. 2013. Disponível em: <https://www.youtube.com/watch?v=mq81SD-O4TU>. Acesso em: 1º ago. 2017.

Jorge Show. "Silvio Santos inaugura o SBT em 1981". 25 ago. 2013. Disponível em: <https://www.youtube.com/watch?v=OZx3qbH4RlI>. Acesso em: 1º ago. 2017.

Jornalismo TV Cultura. "A volta de Roberto Jefferson a Brasília – 7 abr. 2016". Disponível em: <https://www.youtube.com/watch?v=2ukNYhxt_-o>. Acesso em: 1º ago. 2017.

Jovem Pan. "Roberto Jefferson no Radioatividade". 27 abr. 2016. Disponível: <https://www.youtube.com/watch?v=h-trc0GjWbU>. Acesso em: 1º ago. 2017.

Juca 1900. "José Dirceu, Roberto Jefferson e Jacob Goldenberg no 25ª Hora". 11 fev. 2010. Disponível em: <https://www.youtube.com/watch?v=H1z_sBpe-Vo>. Acesso em: 1º ago. 2017.

Lei dos Homens. "Entrevista exclusiva do advogado de Roberto Jefferson no Mensalão, parte 1". 2 ago. 2012. Disponível em: <https://www.youtube.com/watch?v=tciExNbqKIo>. Acesso em: 1º ago. 2017.

_____."Entrevista exclusiva do advogado de Roberto Jefferson no Mensalão, parte 2". 2 ago. 2012. Disponível em: <https://www.youtube.com/watch?v=snCvsPOpJ-Y>. Acesso em: 1º ago. 2017.

Murilo Dantas. "Esquinas com Roberto Jefferson". 15 ago. 2012. Disponível em: <https://www.youtube.com/watch?v=Q5dJH32rdtY>. Acesso em: 1º ago. 2017.

Mário Guimarães. "Roberto Jefferson – Conselho de Ética". Publicado dia 13 jun. 2005. Disponível em: <https://www.youtube.com/watch?v=SBTQJa5C3co>. Acesso em: 1º ago. 2017.

Matias Pasqualotto. "Roberto Jefferson fala sobre Mensalão, Lava-Jato, Cunha e Lula". 2 abr. 2016. Disponível em: <https://www.youtube.com/watch?v=m1kszqzhxt4>. Acesso em: 1º ago. 2017.

Menina de Comunicação. "Canal 100 entrevista Roberto Jefferson". 13 mai. 2016. Disponível em: <https://www.youtube.com/watch?v=1jja9zoF4GY>. Acesso em: 1º ago. 2017.

Rede TV! "Entrevista de Roberto Jefferson ao É Notícia – parte 1". 14 set. 2012. Disponível em: <https://www.youtube.com/watch?v=sUZXnhooCRk>. Acesso em: 1º ago. 2017.

_____."Entrevista de Roberto Jefferson ao É Notícia – parte 2". 14 set. 2012. Disponível em: <https://www.youtube.com/watch?v=iYZtUoYefok>. Acesso em: 1º ago. 2017.

_____. "Entrevista de Roberto Jefferson ao É Notícia – parte 3". 14 set. 2012. Disponível em: <https://www.youtube.com/watch?v=iYFleDBCAGA>. Acesso em: 1º ago. 2017.

Repórter Online Alagoas. "Roberto Jefferson conta tudo. Parte 1". 21 mai. 2010. Disponível em: <https://www.youtube.com/watch?v=zFYe9oSxhjU>. Acesso em: 1º ago. 2017.

_____."Roberto Jefferson conta tudo. Parte 2". 21 mai. 2010. Disponível em: <https://www.youtube.com/watch?v=9KezxLOQ8gY>. Acesso em: 1º ago. 2017.

Roda Viva. "Roberto Jefferson – 20/06/2005". 29 out. 2015. Disponível em: <https://www.youtube.com/watch?v=Qpx9Bq3XrIo>. Acesso em: 1º ago. 2017.

_____."Roberto Jefferson – 29/05/2006". 11 nov. 2015. Disponível em: <https://www.youtube.com/watch?v=VxZEd5nFUNE>. Acesso em: 1º ago. 2017.

_____."Roberto Jefferson no Roda Viva". 11 abr. 2016. Disponível em: <https://www.youtube.com/watch?v=wnpQRw01ztQ>. Acesso em: 1º ago. 2017.

TV Bandeirantes. "Band entrevista Roberto Jefferson". 25 fev. 2014. Disponível em: <https://www.youtube.com/watch?v=jWmmwOaiu7o>. Acesso em: 1º ago. 2017.

TV Estadão. "Sérias reflexões sobre o delicado problema político brasileiro". 2 abr. 2016. Disponível em: <https://www.youtube.com/watch?v=xJ67yFHSYp4>. Acesso em: 1º ago. 2017.

TV Folha. "Roberto Jefferson fala a TV Folha motivos de denunciar o mensalão". 6 jun. 2005. Disponível em: <https://www.youtube.com/watch?v=YH6jBGGl4H0>. Acesso em: 1º ago. 2017.

TVJM. "Entrevista Roberto Jefferson Programa Câmera Aberta". 26 abr. 2016. Disponível em: <https://www.youtube.com/watch?v=kTtkjl7WXCs>. Acesso em: 1º ago. 2017.

UOL. "Roberto Jefferson cobra jantar a Lula". 2 jun. 2010. Disponível em: <https://www.youtube.com/watch?v=-6JGT7Znokg>. Acesso em: 1º ago. 2017.

_____. "Roberto Jefferson diz que Dirceu lhe provoca instintos mais primitivos". 5 nov. 2012. Disponível em: <https://www.youtube.com/watch?v=-ltOPtpAx_c>. Acesso em: 1º ago. 2017.

Edualmeidasouza. "Padre Quevedo questiona o poder dos curandeiros". 1º fev. 2010. Disponível em: <https://www.youtube.com/watch?v=jEmX_uv_ihk>. Acesso em: 1º ago. 2017.

Globo Play

"Mensalão 2005". Memória Globo, 17 jul. 2005. Disponível em: <http://globotv.globo.com/rede-globo/memoria-globo/v/mensa-lao-2005/2759676/>. Acesso em: 1º ago. 2017.

CONTEÚDO DIGITAL

Agência Brasil

"Miro Teixeira: Jefferson se negou a levar denúncia do mensalão a Lula". 6 jun. 2005. Disponível em: <http://www.dgabc.com.br/ Noticia/188082/miro-teixeira-jefferson-se-negou-a-levar-denuncia- -de-mensalao-a-lula>. Acesso em: 28 fev. 2017.

Conjur

HAIDAR, Rodrigo. "Lewandowski libera voto no processo do mensa-lão". 26 jun. 2012. Disponível em: <http://www.conjur.com.br/2012- -jun-26/ministro-lewandowski-libera-voto-processo-mensalao>. Acesso em: 27 abr. 2017.

"*O Globo* capta conversa de ministros no julgamento do mensalão". 23 ago. 2007. Disponível em: <http://www.conjur.com.br/2007-ago-23/ globo_capta_conversa_ministros_supremo>. Acesso em: 2 abr. 2017.

VASCONCELOS, Adriana; DE LA PEÑA, Bernardo. "Empresário foi confundido na investigação". 6 jun. 2005. Disponível em: <https:// www2.senado.leg.br/bdsf/bitstream/handle/id/390981/complemen-to_1.htm?sequence=2>. Acesso em: 14 mar. 2017.

Correio Braziliense

DUBEUX, Ana; ROTHENBURG, Denise; CAVALCANTI, Leonardo. "'Dilma não tem espírito de estadista para renunciar', diz David Fleischer". 29 nov. 2015. Disponível em: <http://www.correiobra-

ziliense.com.br/app/noticia/politica/2015/11/29/internas_polbra-eco,508513/dilma-nao-tem-espirito-de-estadista-para-renunciar--diz-david-flishe.shtml>. Acesso em: 22 fev. 2017.

"Roberto Jefferson e noiva vão bancar festa de casamento de R$ 100 mil". 26 mai. 2015. Disponível em: <http://www.correiobraziliense.com.br/app/noticia/politica/2015/05/26/internas_polbraeco,484599/roberto-jefferson-e-noiva-vao-bancar-festa-de-casamento-de-100--mil-rea.shtml>. Acesso em: 26 mai. 2017.

Correio do Brasil

"Aécio Neves é citado por Roberto Jefferson na 'Lista de Furnas'". 15 fev. 2016. Disponível em: <http://www.correiodobrasil.com.br/aecio--neves-e-citado-por-roberto-jefferson-na-lista-de-furnas/>. Acesso em: 13 mai. 2017.

"Descoberta a empresa fantasma em nome do genro de Jefferson". 15 jun. de 2005. Disponível em: <http://www.correiodobrasil.com.br/descoberta-empresa-fantasma-em-nome-do-genro-de-jefferson/>. Acesso em: 12 abr. 2017.

"Miro Teixeira deixa o PDT". 8 jan. 2004. Disponível em: <http://www.correiodobrasil.com.br/miro-teixeira-deixa-o-pdt/>. Acesso em: 28 fev. 2017.

Correio do Povo

"Roberto Jefferson diz que negociou com José Dirceu esquema de propina por Furnas". 13 fev. 2016. Disponível em: <http://www.correiodopovo.com.br/Noticias/Politica/2016/2/579366/Roberto--Jefferson-diz-que-negociou-com-Jose-Dirceu-esquema-de-propi-na-por-Furnas>. Acesso em: 13 mai. 2017.

Diário Comércio Indústria & Serviços

"Benito Gama é o novo presidente nacional do PTB". 2 out. 2012. Disponível em: <http://www.dci.com.br/politica/benito-gama-e-o-novo--presidente-nacional-do-ptb-id313800.html>. Acesso em: 12 fev. 2017.

Diário Oficial do RJ

MONDÊGO, Flávia. "Secretário de Administração Penitenciária é re-empossado". 5 jan. 2015. Disponível em: <http://www.rj.gov.br/web/seap/exibeconteudo?article-id=2298062>. Acesso em: 3 abr. 2017.

El País

BEDINELLI, Talita. "José Dirceu: de liderança contra a ditadura a conde-nado duas vezes por corrupção". 18 mai. 2016. Disponível em: <http://brasil.elpais.com/brasil/2015/08/03/politica/1438622341_041894.html>. Acesso em: 26 mar. 2017.

Empresa Brasil de Comunicação

"PF apreende material na casa de genro de Jefferson, suposto envolvido em corrupção dos Correios". 15 jun. 2005. Disponível em: <http://memoria.ebc.com.br/agenciabrasil/noticia/2005-06-15/pf-apreende--material-na-casa-de-genro-de-jefferson-suposto-envolvido-em--corrupcao-dos-correios>. Acesso em: 14 mar. 2017.

VILELLA, Flávia. "Fraude na compra de tornozeleiras eletrônicas gera perda de R$ 12 milhões no RJ". 24 jan. 2017. Disponível em: <http://agenciabrasil.ebc.com.br/geral/noticia/2017-01/ma-compra-de--tornozeleiras-eletronicas-gera-prejuizo-de-r12-milhoes-ao-rio>. Acesso em: 5 abr. 2017

Época

"A cidade secreta". Sem data. Disponível em: <http://lobby.epoca.globo.com/a-cidade-secreta.shtml>. Acesso em: 21 mai. 2017.

CORREA, Hudson. "Justiça bloqueia conta do PTB para cobrir dívida de caixa dois". 27 fev. 2012. Disponível em: <http://epoca.globo.com/Brasil/noticia/2012/07/justica-bloqueia-conta-do-ptb-para-cobrir--divida-de-caixa-2.html> Acesso em: 11 fev. 2017.

FERNANDES, Nelito. "E apareceu um laranja". 5 jun. 2005. Disponível em: <http://epoca.globo.com//Epoca/0,,EDR70546-6009,00.html>. Acesso em: 2 mai. 2017.

MENDONÇA, Martha. "A fortaleza de Tenório". Sem data. Disponível em: <http://revistaepoca.globo.com/Revista/Epoca/0,,EDR64432-6014,00.html>. Acesso em: 14 abr. 2017.

"Roberto Jefferson se casa no Sul do Rio". 29 mai. 2015. Disponível em: <http://epoca.globo.com/tempo/filtro/noticia/2015/05/roberto--jefferson-se-casa-no-sul-do-rio-de-janeiro.html>. Acesso em: 26 mai. 2017.

Estadão

"Após 12 anos, Roberto Jefferson e mais seis viram réus no caso Furnas". 7 mar. 2017. <http://politica.estadao.com.br/blogs/fausto-macedo/apos-12-anos-justica-abre-acao-penal-do-caso-furnas-contra-jefferson-e-mais-6/>. Acesso em: 13 mai. 2017.

"Blog espiona o dia a dia de Roberto Jefferson". 9 jul. 2005. Disponível em: <http://www.estadao.com.br/noticias/geral,blog-espiona-dia-a--dia-de-roberto-jefferson,20050709p29221>. Acesso em: 12 fev. 2017.

COUTINHO, Mateus. "Lobista da 'Lista de Furnas', é preso em BH". 22 out. 2011. Disponível em: <http://brasil.estadao.com.br/noticias/geral,lobista-da-lista-de-furnas-e-preso-em-bh-imp-,788825>. Acesso em: 9 mai. 2017.

"Fotógrafo flagra conversa entre ministros do STF". 23 ago. 2007. Disponível em: <http://politica.estadao.com.br/noticias/geral,fotografo--flagra-conversa-entre-ministros-e-stf-proibe-fotos,39635>. Acesso em: 2 abr. 2017.

GALLUCCI, Mariângela. "Joaquim Barbosa determina prisão de Roberto Jefferson, delator do mensalão". 21 fev. 2014. Disponível em: <http://politica.estadao.com.br/noticias/geral,joaquim-barbosa-determina-prisao-do-delator-do-mensalao-roberto-jefferson,1133027>. Acesso em: 4 mar. 2017.

GOMES, Marcelo. "Após STF determinar a prisão, PF espera Roberto Jefferson na porta de casa". 22 fev. 2014. Disponível em: <http://politica.estadao.com.br/noticias/geral,apos-stf-determinar-prisao-pf-espera-roberto-jefferson-na-porta-de-casa,1133282>. Acesso em: 4 mar. 2017.

_____. "Prestes a ser preso, Roberto Jefferson passeia de moto 'estou desfrutando a liberdade'". 23 fev. 2014. Disponível em: <http://politica.estadao.com.br/noticias/geral,prestes-a-ser-preso-jefferson-passeia-de-moto-estou-desfrutando-a-liberdade,1133674>. Acesso em: 4 mar. 2017.

LEAL, Luciana Nunes. "Jefferson sobre Dirceu: 'ele me derrubou, eu o derrubei'". 28 jul. 2012. Disponível em: <http://politica.estadao.com.br/noticias/geral,jefferson-sobre-dirceu-ele-me-derrubou-eu-o-derrubei,907163>. Acesso em: 17 mar. 2017.

_____. "Roberto Jefferson se casa e menciona o mensalão em declaração à noiva". 29 mai. 2015. Disponível em: <http://politica.estadao.com.br/noticias/geral,em-declaracao-para-noiva--jefferson-faz-referencia-a-frase-dita-para-dirceu,1696793>. Acesso em: 26 mai. 2017.

"Oposição derrota governo e aprova relatório da CPI dos Correios". 5 abr. 2006. Disponível em: <http://politica.estadao.com.br/noticias/geral,oposicao-derrota-governo-e-aprova-relatorio-da-cpi-dos-correios,20060405p56708>. Acesso em: 3 fev. 2017.

RECONDO, Felipe. "Pressão por voto do mensalão abre crise no STF". 25 jun. 2012. Disponível em: <http://politica.estadao.com.br/noticias/geral,pressao-por-voto-do-mensalao-abre-crise-no-stf,891505>. Acesso em: 28 abr. 2017.

"Roberto Jefferson e mais seis lobistas são acusados de corrupção em Furnas". 27 fev. 2016. Disponível em: <https://noticias.uol.com.br/ultimas-noticias/agencia-estado/2016/02/27/roberto-jefferson-e-mais-6-lobistas-sao-acusados-de-corrupcao-em-furnas.htm>. Acesso em: 28 abr. 2017.

SERAPIÃO, Fábio; PIRES, Breno; TAVARES, Vitor. "Vida de preso por quem está preso, escreve José Dirceu da cadeia". 31 mar. 2017. Dis-

ponível em: <http://politica.estadao.com.br/blogs/fausto-macedo/a-
-pedido-de-cunha-odebrecht-pagou-r-2-milhoes-a-ex-ministro-de-
-temer/>. Acesso em: 6 abr. 2017

Exame

DESIDÉRIO, Mariana; SOUZA, Beatriz. "Onde estão os 24 condenados
por causa do mensalão". 5 nov. 2014. Disponível em: <http://exame.
abril.com.br/brasil/onde-estao-os-24-condenados-por-causa-do-
-mensalao/>. Acesso em: 4 mai. 2017.

MELO, Karine; GONÇALVES, Carolina. "Em convenção nacional, PTB
declara apoio a Aécio Neves". 27 jun. 2014. Disponível em: <http://
exame.abril.com.br/brasil/em-convencao-nacional-ptb-declara-
-apoio-a-aecio-neves/>. Acesso em: 1º mar. 2017.

Extra

BRUNO, Cássio. "Roberto Jefferson ensaia canção antes de cerimônia
de casamento". 29 mai. 2015. Disponível em: <http://extra.globo.
com/noticias/brasil/roberto-jefferson-ensaia-cancao-antes-de-ce-
rimonia-de-casamento-16297348.html>. Acesso em: 26 mai. 2017.

CASTRO, Juliana. "Roberto Jefferson e mais seis são denunciados
por corrupção em Furnas". 7 mar. 2017. Disponível em: <http://
extra.globo.com/noticias/brasil/roberto-jefferson-mais-seis-sao-
-denunciados-por-corrupcao-em-furnas-21024462.html>. Acesso
em: 18 mar. 2017.

CLAVERY, Elisa. "Polícia conclui investigação de corrupção em Furnas
sem incluir lista de políticos". 26 fev. 2016. Disponível em: <http://
extra.globo.com/casos-de-policia/policia-conclui-investigacao-de-
-corrupcao-em-furnas-mas-sem-incluir-lista-de-politicos-18763828.
html>. Acesso em: 18 mai. 2017.

GRIPP, Alan; FRANCO, Bernardo Mello; BRÍGIDO, Carolina; BRA-
GA, Isabel; LEALI, Francisco; CAMAROTT, Gerson; SOUZA,
Isonilda. "Troca de e-mails de ministros repercute no STF e no

Congresso". 23 ago. 2007. Disponível em: <http://extra.globo.com/noticias/brasil/troca-de-mails-de-ministros-repercute-no-stf-no--congresso-709970.html>. Acesso em: 3 abr. 2017.

"Residência de Tenório Cavalcanti deve ser transformada em Museu da Memória Política em Duque de Caxias". 30 jun. 2012. Disponível em: <https://extra.globo.com/noticias/rio/baixada-fluminense/residencia-de-tenorio-cavalcanti-deve-ser-transformada-em-museu--de-memoria-politica-em-duque-de-caxias-5356977.html>. Acesso em: 14 abr. 2017.

SOARES, Rafael. "Advogado admite que padre fez sexo com ex-coroinha: 'a carne é fraca'". 26 fev. 2013. Disponível em: <http://extra.globo.com/casos-de-policia/advogado-admite-que-padre-fez-sexo-com--ex-coroinha-carne-fraca-7676986.html>. Acesso em: 3 abr. 2017.

Folha de S.Paulo

BARBAR, Tatiana. "PT confirma afastamento de Delúbio e divulga carta enviada à Executiva". 5 jul. 2005. Disponível em: <http://www1.folha.uol.com.br/folha/brasil/ult96u70239.shtml> Acesso em: 29 abr. 2005.

"Blog sobre Roberto Jefferson pode render prêmio a internauta de Brasília". 12 set. 2005. Disponível em: <http://noticias.bol.com.br/internet/2005/09/12/ult124u18958.jhtm>. Acesso em: 12 fev. 2017.

CARPANEZ, Juliana. "Vizinho de Jefferson descreve 'clima de velório' em seu blog". 15 set. 2005. Disponível em: <http://www1.folha.uol.com.br/folha/informatica/ult124u18979.shtml>. Acesso em: 12 fev. 2017.

"Collor considera 'um erro' escolha de morar na Casa da Dinda, em Brasília". 17 abr. 2016. Disponível em: <http://www1.folha.uol.com.br/livrariadafolha/2016/04/1755100-collor-considera-um-erro--escolha-de-morar-na-casa-da-dinda-em-brasilia.shtml>. Acesso em: 19 mar. 2017.

"CPI dos Correios: Entenda as denúncias que levaram à investigação do caso". 16 jun. 2005. Disponível em: <https://vestibular.uol.com.

br/resumo-das-disciplinas/atualidades/cpi-dos-correios-entenda-
-as-denuncias-que-levaram-a-investigacao-do-caso.htm>. Acesso
em: 17 fev. 2017.

DE GOIS, Chico; KRAKOVICS, Fernanda. "Marcus Vinícius Vasconcelos confirma em depoimento que deputado recebeu R$ 4 mi do
PT". 25 ago. 2005. Disponível em: <http://feeds.folha.uol.com.br/
fsp/brasil/fc2508200514.htm>. Acesso em: 4 abr. 2017.

"Denise Frossard solicita depoimento de Temer à CPI dos Correios".
28 jun. 2005. Disponível em: <http://www1.folha.uol.com.br/folha/
brasil/ult96u70029.shtml>. Acesso em: 13 fev. 2017.

"Empresa investigada pela PF prorroga contrato com Furnas". 18 nov.
2006. Disponível em: <http://www1.folha.uol.com.br/fsp/brasil/
fc1811200612.htm>. Acesso em: 11 mai. 2017.

"Ex-diretor de Furnas nega relatos de desvios". 1º jul. 2005. Disponível
em: <http://www1.folha.uol.com.br/fsp/brasil/fc0107200503.htm>.
Acesso em: 10 mai. 2017.

FRANCO, Bernardo Mello. "Em casamento, Roberto Jefferson chora
e faz piada com o mensalão". 29 mai. 2015. Disponível em: <http://
www1.folha.uol.com.br/poder/2015/05/1635357-em-casamento-
-roberto-jefferson-canta-chora-e-faz-piada-com-mensalao.shtml>.
Acesso em: 26 mai. 2017.

_____. "PT impôs ao Brasil o padrão Fifa de corrupção, diz Roberto
Jefferson". 6 jun. 2015. Disponível em: <http://www1.folha.uol.com.
br/poder/2015/06/1638414-ent-roberto-jefferson.shtml>. Acesso em:
21 abr. 2017.

_____. "Roberto Jefferson receberá R$ 1.200 como auxiliar de escritório
no Rio". 8 out. 2014. Disponível em: <http://painel.blogfolha.uol.com.
br/2014/10/08/roberto-jefferson-recebera-r-1-200-como-auxiliar-de-
-escritorio-no-rio/>. Acesso em: 31 mar. 2017.

GASPARI, Elio. "Um Jefferson do bem na CPI". 12 jun. 2005. Disponível
em: <http://www1.folha.uol.com.br/fsp/brasil/fc1206200517.htm>.
Acesso em: 2 mai. 2017.

GOMIDE, Raphael. "Furnas é investigada por terceirização irregular". 19 jan. 2016. Disponível em: <http://www1.folha.uol.com.br/fsp/brasil/fc1901200618.htm>. Acesso em: 18 mai. 2017.

"Jefferson desqualifica gravação e diz que Valério é versão moderna de PC Farias". 30 jun. 2005. Disponível em: <http://www1.folha.uol.com.br/folha/brasil/ult96u70108.shtml>. Acesso em: 28 fev. 2017.

"Jefferson diz que PT 'sempre' controlou fundos de pensão das estatais". 27 fev. 2009. Disponível em: <http://m.folha.uol.com.br/poder/2009/02/510217-jefferson-diz-que-pt-sempre-controlou-fundos-de-pensao-das-estatais.shtml> Acesso em: 15 mai. 2017.

LAGE, Janaina. "Dimas Toledo nega à PF autenticidade da lista de Furnas". 10 fev. 2006. Disponível em: <http://www1.folha.uol.com.br/folha/brasil/ult96u75768.shtml> Acesso em: 8 mai. 2017.

LO PRETE, Renata. "Caixa dois de Furnas engorda propinas do PT, diz Jefferson". 30 jun. 2005. Disponível em: <http://www1.folha.uol.com.br/fsp/brasil/fc3006200502.htm>. Acesso em: 9 mai. 2017.

_____."Contei a Lula do 'mensalão', diz deputado". 6 jun. 2005. Disponível em: <http://www1.folha.uol.com.br/folha/brasil/ult96u69403.shtml>. Acesso em: 16 mar. 2017.

_____."Jefferson denuncia mesada paga pelo tesoureiro do PT". 6 jun. 2005. Disponível em: <http://www1.folha.uol.com.br/fsp/brasil/fc0606200502.htm>. Acesso em: 16 mar. 2017.

LOBATO, Elvira. "Diretores do IRB se reuniram com petistas". "Genro de Jefferson tem empresa fantasma". 15 jun. 2005. Disponível em: <http://www1.folha.uol.com.br/fsp/brasil/fc1506200530.htm. Acesso em: 12 abr. 2017.

_____.10 jul. 2005. Disponível em: <http://www1.folha.uol.com.br/fsp/brasil/fc1007200523.htm>. Acesso em: 17 abr. 2017.

_____."Fundo denuncia tentativa de desvio do PT". 27 set. 2005. Disponível em: <http://www1.folha.uol.com.br/fsp/brasil/fc2709200518.htm>. Acesso em: 25 abr. 2017.

_____."Presidente da Casa da Moeda recebeu R$ 2,7 mi de Valério". 3 ago. 2005. Disponível em: <http://www1.folha.uol.com.br/folha/brasil/ult96u71065.shtml>. Acesso em: 29 abr. 2017.

————; SOUZA, Leonardo. "Representantes do conselho dos Núcleos, fundo de pensão das estatais de energia nuclear, relatam suposta influência de ex-secretário do PT". 17 jul. 2005. Disponível em: <http://www1.folha.uol.com.br/fsp/brasil/fc1707200502.htm>. Acesso em: 29 abr. 2017.

MAGALHÃES, Vera. "'Tendência era amaciar para Dirceu', diz ministro do STF". 30 ago. 2007. Disponível em: <http://www1.folha.uol.com.br/fsp/brasil/fc3008200702.htm>. Acesso em: 14 abr. 2017.

MATAIS, Andreza; BRAGON, Ranier. "Ministros do STF negam ter votado com 'faca no pescoço'". 31 ago. 2007. Disponível em: <http://www1.folha.uol.com.br/fsp/brasil/fc3108200702.htm>. Acesso em: 3 mai. 2017.

MICHAEL, Andréa; SOUZA, Leonardo. "CGU investiga empresas ligadas a Dimas". 5 mar. 2006. Disponível em: <http://www1.folha.uol.com.br/fsp/brasil/fc0503200616.htm>. Acesso em: 9 mai. 2017.

MIGNONE, Ricardo. "Miro Teixeira confirma que será ministro das Comunicações". 23 dez. 2002. Disponível em: <http://www1.folha.uol.com.br/folha/brasil/ult96u43869.shtml>. Acesso em: 27 fev. 2017.

NOGUEIRA, Italo. "PTB é condenado a pagar dívida de caixa dois no RJ". 31 jul. 2012. Disponível em: <http://www1.folha.uol.com.br/fsp/poder/57801-ptb-e-condenado-a-pagar-divida-de-caixa-dois-no-rj.shtml>. Acesso em: 3 mar. 2017.

PENTEADO, Gilmar. "Aliados de Jefferson são alvos de buscas da PF". 22 jun. 2005. Disponível em: <http://www1.folha.uol.com.br/fsp/brasil/fc2206200530.htm>. Acesso em: 21 mar. 2017.

"PT confirma que Marcos Valério era avalista de empréstimo". 2 jul. 2005. Disponível em: <http://www1.folha.uol.com.br/folha/brasil/ult96u70169.shtml>. Acesso em: 29 abr. 2017.

RODRIGUES, Fernando. "Miro afirma que ministro participou de esquema". 7 jun. 2005. Disponível em: <http://www1.folha.uol.com.br/fsp/brasil/fc0706200508.htm>. Acesso em: 28 fev. 2017.

————. Não é de hoje que a casa de um político vira notícia". 4 fev. 1997. Disponível em: <http://www1.folha.uol.com.br/fsp/1997/2/04/opiniao/5.html>. Acesso em: 18 mar. 2017.

"Saiba mais sobre Roberto Jefferson, pivô da crise do governo Lula". 1º set. 2005. Disponível em: <http://www1.folha.uol.com.br/folha/brasil/ult96u71987.shtml>. Acesso em: 14 fev. 2017.

SEABRA, Catia; CORSALETTE, Conrado. "Petebista liderou a tropa de choque de Collor". 6 jun. 2005. Disponível em: <http://www1.folha.uol.com.br/fsp/brasil/fc0606200503.htm>. Acesso em: 13 mai. 2017.

_____. "Lula 'não gosta de serviço', diz Jefferson". 9 ago. 2005. Disponível em: <http://www1.folha.uol.com.br/fsp/brasil/fc0908200506.htm>. Acesso em: 15 mai. 2017.

SILVEIRA, "Para deputados, discurso de Jefferson não irá reverter votações". 14 set. 2005. Disponível em: <http://www1.folha.uol.com.br/folha/brasil/ult96u72379.shtml>. Acesso em: 7 mar. 2017.

_____. Rose Ane. "Jefferson dispara contra José Dirceu e envolve Lula". 2 ago. 2005. Disponível em: <http://www1.folha.uol.com.br/folha/brasil/ult96u71041.shtml>. Acesso em: 19 abr. 2017.

"Silvio Pereira pede afastamento de suas funções no PT". 4 jul. 2005. Disponível em: <http://www1.folha.uol.com.br/folha/brasil/ult96u70208.shtml>. Acesso em: 29 abr. 2017.

"Sob pressão, ministro libera mensalão para julgamento". 27 jun. 2012. Disponível em: <http://www1.folha.uol.com.br/fsp/poder/51228--sob-pressao-ministro-libera-mensalao-para-julgamento.shtml>. Acesso em: 28 abr. 2017.

TALENTO, Aguirre. "Com clima tenso, PTB aprova apoio a Aécio Neves". 27 jun. 2014. Disponível em: <http://www1.folha.uol.com.br/poder/2014/06/1477337-com-desistencia-e-clima-tenso-ptb--aprova-apoio-a-aecio-neves.shtml>. Acesso em: 1º mar. 2017.

TOSCANO, Camilo. "'Não podemos confiar no Senado', diz presidente do PTB". Publicada dia 21 out. 2003. Disponível em: <http://www1.folha.uol.com.br/folha/brasil/ult96u54629.shtml>. Acesso em: 17 mar. 2017.

"Troca de e-mails gera mal-estar no STF". 24 ago. 2007. Disponível em: <http://www1.folha.uol.com.br/fsp/brasil/fc2408200706.htm>. Acesso em: 3 abr. 2017.

TREVISAN, Cláudia. "Mãe de José Dirceu ficou dez anos sem receber notícias". 11 mai. 2003. Disponível em: <http://www1.folha.uol.com.br/folha/brasil/ult96u48926.shtml> Acesso em: 5 abr. 2017.

"Um erro histórico". 26 ago. 2007. Disponível em: <http://www1.folha.uol.com.br/fsp/ombudsma/om2608200701.htm>. Acesso em: 3 abr. 2017.

VALENTE, Rubens. "Novo laudo da PF indica que lista de Furnas é autêntica". 16 jun. 2006. Disponível em: <http://www1.folha.uol.com.br/folha/brasil/ult96u79588.shtml> Acesso em: 8 mai. 2017.

Folha Política

LEAL, Luciana Nunes. "Roberto Jefferson pede ajuda aos amigos de partido para pagar multa do mensalão". 7 fev. 2014. Disponível em: <http://www.folhapolitica.org/2014/02/roberto-jefferson-pede--ajuda-aos-amigos.html>. Acesso em: 3 mar. 2017.

Fundação Getúlio Vargas

Biografia de Tenório Cavalcanti. Disponível em: <http://www.fgv.br/cpdoc/acervo/arquivos/DHBBBiblioGeral.pdf>. Acesso em: 13 abr. 2017.

Biografia do Jornal Luta Democrática. Disponível em: <http://www.fgv.br/cpdoc/acervo/dicionarios/verbete-tematico/luta-democratica>. Acesso em: 13 abr. 2017.

Biografia do Senador Amaral Peixoto. Disponível em: <http://cpdoc.fgv.br/producao/dossies/Jango/biografias/ernani_amaral_peixoto>. Acesso em: 16 abr. 2017.

Verbete *José Dirceu*. Disponível em: <http://www.fgv.br/cpdoc/acervo/dicionarios/verbete-biografico/jose-dirceu-de-oliveira-e-silva>. Acesso em: 4 abr. 2017

Verbete *Roberto Jefferson*. Disponível em: <http://www.fgv.br/cpdoc/acervo/dicionarios/verbete-biografico/roberto-jefferson-monteiro--francisco>. Acesso em: 27 mai. 2017.

G1

ALEGRETTI, Laís. "Saiba mais sobre a Casa da Dinda, onde a PF apreendeu carros de Collor". 15 jul. 2015. Disponível em: <http://g1.globo.com/politica/operacao-lava-jato/noticia/2015/07/saiba--mais-sobre-casa-da-dinda-onde-pf-apreendeu-3-carros-de-collor.html>. Acesso em: 18 mar. 2017.

"Após renúncia de Cabral, Pezão assume Governo do RJ nesta sexta". 4 abr. 2014. Disponível em: <http://g1.globo.com/rio-de-janeiro/noticia/2014/04/apos-renuncia-de-cabral-pezao-assume-governo--do-rj-nesta-sexta.html>. Acesso em: 1º abr. 2017.

"Confira a situação dos 25 condenados no mensalão". 18 nov. 2013. Disponível em: <http://g1.globo.com/politica/mensalao/noticia/2013/11/confira-situacao-do-25-condenados-do-processo-do-mensalao.html>. Acesso em: 7 mai. 2017.

"Dirceu arrecada multa de R$ 1 milhão para pagar multa do mensalão". 22 fev. 2014. Disponível em: <http://g1.globo.com/politica/noticia/2014/02/dirceu-arrecada-mais-de-r-1-milhao-para-pagar--multa-do-mensalao.html>. Acesso em: 7 abr. 2017.

"Fim da linha para Jefferson". 15 set. 2005. Disponível em: <http://g1.globo.com/bomdiabrasil/0,,MUL816794-16020,00-FIM+DE+LINHA+PARA+JEFFERSON.html>. Acesso em: 3 mar. 2017.

FREITAS, Stella. "TV do Japão cobre desfile em presídio no Brasil para levar ideia ao país". 11 nov. 2015. Disponível em: < http://g1.globo.com/rj/norte-fluminense/noticia/2015/11/tv-do-japao-cobre-desfile--em-presidio-no-brasil-para-levar-ideia-ao-oriente.html>. Acesso em: 22 fev. 2017.

MARQUES, Lílian; RAMALHO, Renan. "Presidente do PTB confirma apoio a Aécio Neves após ruptura com o PT". 21 jun. 2014. Disponível em: <http://g1.globo.com/bahia/eleicoes/2014/noticia/2014/06/presidente-do-ptb-confirma-apoio-aecio-neves-apos-ruptura-com--o-pt.html>. Acesso em: 1º mar. 2017.

MELO, Ruan. "Convenção do PTB confirma apoio a Aécio Neves nas eleições". 27 jun. 2014. Disponível em: <http://g1.globo.com/bahia/eleicoes/2014/noticia/2014/06/convencao-do-ptb-confirma-apoio--aecio-neves-nas-eleicoes.html>. Acesso em: 1º mar. 2017.

OLIVEIRA, Mariana. "Após um ano e meio e 69 sessões, STF conclui julgamento do mensalão". 13 fev. 2014. Disponível em: <http://g1.globo.com/politica/mensalao/noticia/2014/02/stf-nega-direito--novo-recurso-no-mensalao-ex-dirigentes-do-rural.html>. Acesso em: 13 mar. 2017.

_____."STF nega direito a novos recursos a quatro condenados no mensalão". 15 mar. 2014. Disponível em: <http://g1.globo.com/politica/mensalao/noticia/2014/03/apos-um-ano-e-meio-e-69-sessoes-stf--conclui-julgamento-do-mensalao.html>. Acesso em: 14 mai. 2017.

OLIVEIRA, Mariana; PASSARINHO, Nathalia. "Defesa de Genoino diz que Jefferson criou 'maior farsa da história política'". 28 nov. 2012. Disponível em: <http://g1.globo.com/politica/mensalao/noticia/2012/11/stf-define-pena-de-roberto-jefferson.html>. Acesso em: 18 mai. 2017.

_____. "STF define pena de Roberto Jefferson: 7 anos e 14 dias". 20 fev. 2014. Disponível em: <http://g1.globo.com/politica/mensalao/noticia/2014/02/defesa-de-genoino-diz-que-jefferson-criou-maior--farsa-da-historia-politica.html>. Acesso em: 14 mar. 2017.

OLIVEIRA, Mariana; PASSARINHO, Nathalia; COSTA, Fabiano. "STF nega por unanimidade recurso de Jefferson, delator do mensalão". 15 ago. 2013. Disponível em: <http://g1.globo.com/politica/mensalao/noticia/2013/08/stf-mantem-condenacao-de-roberto-jefferson--delator-do-mensalao.html>. Acesso em: 19 mai. 2017.

"PF diz que mandato de prisão de Jefferson sairá na segunda-feira". 22 fev. 2014. Disponível em: <http://g1.globo.com/politica/mensalao/noticia/2014/02/pf-diz-que-mandado-de-prisao-de-jefferson-saira--na-segunda-feira.html>. Acesso em: 4 mar. 2017.

"Polícia e MP realizam operação contra fraudes em contratos de tornozeleiras eletrônicas no RJ". 24 jan. 2017. Disponível em: <http://

g1.globo.com/rio-de-janeiro/noticia/policia-e-mp-realizam-opera-cao-contra-fraudes-em-contratos-de-tornozeleiras-eletronicas-no--rj.ghtml>. Acesso em: 5 abr. 2017.

"Preso em casa, Roberto Jefferson é levado para unidade da PF no Rio". 24 fev. 2014. Disponível em: <http://g1.globo.com/rj/sul-do--rio-costa-verde/noticia/2014/02/roberto-jefferson-e-preso-no-rj. html>. Acesso em: 5 mar. 2017.

"Pressão para não atrasar o julgamento do mensalão incomoda Lewan-dowski". 26 jun. 2012. Disponível em: <http://g1.globo.com/bom--dia-brasil/noticia/2012/06/pressao-para-nao-atrasar-julgamento--do-mensalao-incomoda-lewandowski.html>. Acesso em: 26 abr. 2017.

"Roberto Jefferson diz que se entregará só quando for comunicado de prisão". 22 fev. 2014. Disponível em: <http://g1.globo.com/ politica/mensalao/noticia/2014/02/roberto-jefferson-diz-que-se--entregara-quando-comunicado-de-prisao.html>. Acesso em: 4 mar. 2017.

"Roberto Jefferson se casa em Três Rios, no Sul do Rio de Janeiro". 29 mai. 2015. Disponível em: <http://g1.globo.com/rj/sul-do-rio-costa--verde/noticia/2015/05/roberto-jefferson-se-casa-em-tres-rios-no--sul-do-rio-de-janeiro.html>. Acesso em: 26 mai. 2017.

"Roberto Jefferson se casará em festa de R$ 100 mil para 300 convi-dados". 26 mai. 2015. Disponível em: <http://g1.globo.com/rio-de--janeiro/noticia/2015/05/roberto-jefferson-se-casara-em-festa-de--r-100-mil-para-300-convidados.html>. Acesso em: 26 mai. 2017.

"STF aceita denúncia contra os 40 acusados". 28 ago. 2007. Disponível em: <http://g1.globo.com/Noticias/Politica/0,,MUL95113-5601,00-STF+ACEITA+DENUNCIA+CONTRA+OS+ACUSADOS.html>. Acesso em: 17 abr. 2017.

"Trajetória de Dirceu vai de alvo da ditadura à condenação por cor-rupção". 12 nov. 2012. Disponível em: <http://g1.globo.com/politica/ mensalao/noticia/2012/11/trajetoria-de-dirceu-vai-de-alvo-da-di-tadura-condenacao-por-corrupcao.html>. Acesso em: 5 abr. 2017.

TAVARES, Jamila. "Símbolo de poder na era Collor, Casa da Dinda não tem mais moradores". 29 set. 2012. Disponível em: < http://g1.globo.com/distrito-federal/noticia/2012/09/simbolo-do-poder-na-era-collor-casa-da-dinda-nao-tem-mais-moradores.html>. Acesso em: 17 mar. 2017.

TORRES, Lívia. "Carta com renúncia de Sérgio Cabral é lida em solenidade na Alerj". 3 abr. 2014. Disponível em: <http://g1.globo.com/rio-de-janeiro/noticia/2014/04/sergio-cabral-renuncia-atraves-de-carta-lida-em-solenidade-no-rio.html:>. Acesso em: 31 mar. 2017.

Gazeta Digital

"Silvio pede afastamento do cargo". 5 jul. 2005. Disponível em: <https://www.gazetadigital.com.br/conteudo/show/secao/10/materia/78687/t/silvio-pede-afastamento-do-cargo>. Acesso em: 29 abr. 2017.

Gazeta do Povo

"Ex-deputado Roberto Jefferson é preso". 24 fev. 2014. Disponível em: <http://www.gazetadopovo.com.br/vida-publica/ex-deputado-roberto-jefferson-e-preso-ewtkjgb0ul609ejhzdyofysem>. Acesso em: 4 mar. 2017.

"José Dirceu arrecada mais de R$ 1 milhão e encerra 'vaquinha virtual'". 22 fev. 2014. Disponível em: <http://www.gazetadopovo.com.br/vida-publica/jose-dirceu-arrecada-mais-de-r-1-milhao-e-encerra-vaquinha-virtual-ew3tmv71o8ote54a7ladovtji>. Acesso em: 7 abr. 2017.

"Maurício Marinho detalha a corrupção nos Correios". 22 jun. 2005. Disponível em: <http://www.gazetadopovo.com.br/vida-publica/mauricio-marinho-detalha-a-corrupcao-nos-correios-9o3ako79i-c7gkph4tpf23rivi>. Acesso 11 mar. 2017.

"Marcus Vinícius depõe sem habeas-corpus preventivo". 24 ago. 2005. Disponível em: <http://www.gazetadopovo.com.br/vida-publica/marcus-vinicius-depoe-sem-habeas-corpus-preventivo-9nzq5p5u-8zj69qi89z1givp72>. Acesso em: 1º abr. 2017.

GGN

BURBURINHO, Stanley. "Os nomes e valores da lista de Furnas". 12 jan. 2012. Disponível em: <http://jornalggn.com.br/blog/luisnassif/os-nomes-e-valores-da-lista-de-furnas>. Acesso em: 8 mai. 2017.

SANSÃO, Luiz. "O primeiro e único condenado nas manifestações de 2013". 28 ago. 2015. Disponível em: <http://jornalggn.com.br/noticia/o-primeiro-e-unico-condenado-das-manifestacoes-de--junho-de-2013>. Acesso em: 23 mar. 2017.

Governo do Estado do RJ

MOTTA, Carolina. "Documentação civil e erradicação do sub-registro nas unidades prisionais são temas de palestra no Rio de Janeiro". 29 set. 2015. Disponível em: <http://www.rj.gov.br/web/seap/exibeconteudo?article-id=2590662>. Acesso em: 26 mar. 2017.

_____. "Seap realiza entrega de certificado para internos no Complexo Penitenciário de Gericinó". 28 out. 2015. Disponível em: <http://www.rj.gov.br/web/seap/exibeconteudo?article-id=2621077>. Acesso em: 13 mar. 2017.

IstoÉ

CARNEIRO, Cláudia. "A face oculta de Dirceu". 1999. Disponível em: <http://www.terra.com.br/istoegente/07/reportagens/rep_zidirceu.htm>. Acesso em: 5 abr. 2017.

FILHO, Francisco Alves; MIRANDA, Ricardo. "Ação entre amigos". 6 jul. 2005. Disponível em: <http://istoe.com.br/7171_ACAO+ENTRE+AMIGOS/>. Acesso em: 20 abr. 2017.

FILHO, Mário Simas. "Atenção, Brasil! O mensalão de fato existiu". 12 abr. 2006. Disponível em: <http://istoe.com.br/18456_ATENCAO+BRASIL+O+MENSALAO+DE+FATO+EXISTIU/>. Acesso em: 23 mar. 2017.

"O controvertido poder de Daniel Dantas". 28 set. 2005. Disponível em: <http://www.istoedinheiro.com.br/noticias/economia/20050928/controvertido-poder-daniel-dantas/15756>. Acesso em: 26 abr. 2017.

"O Falsário". 18 dez. 2013. Disponível em: <http://istoe.com.br/339497_O+FALSARIO/>. Acesso em: 18 mar. 2017.

"Rolex enrolado". 27 ago. 2003. Disponível em: <http://istoe.com.br/13184_ROLEX+ENROLADO+/>. Acesso em: 21 abr. 2017.

Jornal da República

"O vampiro de Cantagalo". 10 out. 1979. Disponível em: <http://memoria.bn.br/DocReader/Hotpage/HotpageBN.aspx?bib=194018&pagfis=844&url=#>. Acesso em: 12 mai. 2017.

"O diagnóstico de Cantagalo". 20 out. 1979. Disponível em: <http://memoria.bn.br/DocReader/Hotpage/HotpageBN.aspx?bib=194018&pagfis=816&url=#>. Acesso em: 12 mai. 2017.

Jornal do Brasil

"Miro denuncia propina no Congresso". 24 set. 2004. Disponível em: <http://www.jb.com.br/pais/noticias/2012/07/30/leia-na-integra-a--reportagem-do-jb-que-denunciou-propina-no-congresso/>. Acesso em: 28 fev. 2017.

"Jefferson mira em Ciro Gomes". 13 jun. 2005. Disponível em: <http://www.psdb.org.br/acompanhe/noticias/jefferson-mira-em-ciro--gomes/>. Acesso em: 14 fev. 2017.

Memória Globo

"José Dirceu x Roberto Jefferson". 2 ago. 2005. Disponível em: <http://memoriaglobo.globo.com/programas/jornalismo/coberturas/mensalao/jose-dirceu-x-roberto-jefferson.htm>. Acesso em: 15 abr. 2017.

"A demissão de José Dirceu". 2 ago. 2005. Disponível em: <http://
memoriaglobo.globo.com/mobile/programas/jornalismo/cober-
turas/mensalao/a-demissao-de-jose-dirceu.htm>. Acesso em: 15
abr. 2017.

"José Dirceu na mira de Roberto Jefferson". 2 ago. 2005. Disponível
em: <http://memoriaglobo.globo.com/programas/jornalismo/co-
berturas/mensalao/jose-dirceu-na-mira-de-roberto-jefferson.htm>.
Acesso em: 15 abr. 2017.

O Dia

BARROS, João Antônio. "Secretários da Seap têm salários que chegam
a R$ 37 mil por mês". 22 dez. 2013. Disponível em: <http://odia.
ig.com.br/noticia/rio-de-janeiro/2013-12-22/secretarios-da-seap-
-tem-salarios-que-chegam-a-r-37-mil-por-mes.html>. Acesso em:
5 abr. 2017.

"Chefão da Seap pede pra sair". 19 mar. 2015. Disponível em: <http://
odia.ig.com.br/noticia/rio-de-janeiro/2015-03-19/chefao-da-seap-
-pede-pra-sair.html>. Acesso em: 5 abr. 2017.

CRUZ, Adriana; BARROS, João Antônio. "Secretário mantido em cargo
é investigado por enriquecimento ilícito". 16 dez. 2014. Disponível
em: <http://odia.ig.com.br/noticia/rio-de-janeiro/2014-12-16/secre-
tario-mantido-em-cargo-e-investigado-por-enriquecimento-ilicito.
html>. Acesso em: 5 abr. 2017.

"Ex-morador de rua condenado por protestos será julgado hoje por
tráfico". 11 mai. 2016. Disponível em: <http://odia.ig.com.br/rio-de-
-janeiro/2016-05-11/ex-morador-de-rua-condenado-por-protestos-
-sera-julgado-hoje-por-trafico.html>. Acesso em: 26 mar. 2017.

"Ministro Joaquim Barbosa finaliza relatório do mensalão". 20
dez. 2011. Disponível em: <http://odia.ig.com.br/portal/brasil/
ministro-joaquim-barbosa-finaliza-relat%C3%B3rio-sobre-men-
sal%C3%A3o-1.384209>. Acesso em: 10 abr. 2017.

"Morador de rua preso por protestos voltará para a solitária de presídio". 26 dez. 2014. Disponível em: <http://odia.ig.com.br/noticia/rio-de--janeiro/2014-12-26/morador-de-rua-preso-por-protestos-voltara--para-a-solitaria-de-presidio.html>. Acesso em: 24 mar. 2017.

"Roberto Jefferson: Exílio em Levy Gasparian". 1º dez. 2012. Disponível em: <http://odia.ig.com.br/portal/brasil/roberto-jefferson--ex%C3%ADlio-em-levy-gasparian-1.521472>. Acesso em: 29 mar. 2017.

"Roberto Jefferson é indiciado por lavagem de dinheiro em Furnas". 26 fev. 2016. Disponível em: <http://odia.ig.com.br/brasil/2016-02-26/roberto-jefferson-e-indiciado-por-lavagem-de-dinheiro-no-caso--furnas.html>. Acesso em: 13 mai. 2017.

"Roberto Jefferson é indiciado por lavagem de dinheiro no caso Furnas". 26 fev. 2016. Disponível em: <http://odia.ig.com.br/brasil/2016-02-26/roberto-jefferson-e-indiciado-por-lavagem-de-dinheiro-no-caso--furnas.html>. Acesso em: 29 abr. 2017.

TORRES, Genesis. "Um pouco da história: A vila São José e o triste fim de Tenório". 15 ago. 2015. Disponível em: <http://odia.ig.com.br/odiabaixada/2015-08-15/um-pouco-de-historia-a-vila-sao-jose--e-o-triste-fim-de-tenorio.html>. Acesso em: 13 abr. 2017.

O Globo

ALVES, José Cláudio de Souza. "Anos 80: Grupos de extermínio chegam ao poder". 30 ago. 2006. Disponível em: <https://oglobo.globo.com/rio/anos-80-grupos-de-exterminio-chegam-ao-poder-4562736>. Acesso em: 27 fev. 2017.

BLOWER, Ana Paula. "José Dirceu, de líder estudantil e plástica na ditadura ao mensalão e à Lava-Jato". 4 ago. 2015. Disponível em: <http://acervo.oglobo.globo.com/em-destaque/jose-dirceu-de-lider--estudantil-plastica-na-ditadura-ao-mensalao-a-lava-jato-17081469>. Acesso em: 4 abr. 2017.

BRÍGIDO, Carolina. "Ministro Joaquim Barbosa conclui relatório sobre o mensalão". 19 dez. 2011. Disponível em: <https://oglobo.globo. com/brasil/ministro-joaquim-barbosa-conclui-relatorio-sobre--mensalao-3482026. Acesso em: 9 abr. 2017.

BRUNO, Cássio. "Delator do mensalão, Roberto Jefferson diz que pode ser preso já na próxima semana". 14 fev. 2014. Disponível em: <http:// oglobo.globo.com/brasil/delator-do-mensalao-roberto-jefferson--diz-que-pode-ser-preso-ja-na-proxima-semana-11604228>. Acesso em: 13 mar. 2017.

_____. "Roberto Jefferson vai revelar doadores que ajudarem a pagar multa do mensalão". 15 fev. 2014. Disponível em: <http://oglobo. globo.com/brasil/roberto-jefferson-vai-revelar-doadores-que-ajuda-rem-pagar-multa-do-mensalao-11616454>. Acesso em: 13 mar. 2017.

_____. "Amigo de Dirceu doou R$ 1 milhão para ajudar ex-ministro a pagar multa do mensalão". 17 fev. 2014. Disponível em: – <http:// oglobo.globo.com/brasil/amigo-de-dirceu-jose-de-abreu-doou-1--mil-para-ajudar-ex-ministro-pagar-multa-do-mensalao-11622037>. Acesso em: 14 mar. 2017.

_____. "Roberto Jefferson diz que Azeredo saiu pela 'porta da fren-te', ao contrário de João Paulo Cunha". 20 fev. 2014. Disponível em: <http://oglobo.globo.com/brasil/roberto-jefferson-diz-que--azeredo-saiu-pela-porta-da-frente-ao-contrario-de-joao-paulo--cunha-11663145>. Acesso em: 17 mar. 2017.

_____. "Em regime aberto, delator do mensalão se casará em festa de R$ 100 mil e cantará sucessos". 26 mai. 2015. Disponível em: <https:// oglobo.globo.com/brasil/em-regime-aberto-delator-do-mensalao--se-casara-em-festa-de-100-mil-cantara-sucessos-16261049>. Acesso em: 25 mai. 2017.

_____. "'Você desperta em mim os instintos mais deliciosamente pri-mitivos', diz Jefferson à noiva". 29 mai. 2015. Disponível em: <https:// oglobo.globo.com/brasil/voce-desperta-em-mim-os-instintos-mais--deliciosamente-primitivos-diz-jefferson-noiva-16297262>. Acesso em: 26 mai. 2017.

CASADO, José. "Duas décadas de duelo de Jefferson e Dirceu em jogo no julgamento". 15 set. 2012. Disponível em: <http://oglobo.globo.com/brasil/duas-decadas-de-duelo-de-jefferson-dirceu-em-jogo-no-julgamento-6109249>. Acesso em: 15 abr. 2017.

CASTRO, Juliana. "Roberto Jefferson e mais seis são denunciados por corrupção em Furnas". 7 mar. 2017. Disponível em: <http://oglobo.globo.com/brasil/roberto-jefferson-mais-seis-sao-denunciados-por-corrupcao-em-furnas-21024422>. Acesso em: 17 mai. 2017.

"César Rubens Monteiro de Carvalho será o novo secretário de Administração Penitenciária". 30 dez. 2006. Disponível em: <http://oglobo.globo.com/rio/cesar-rubens-monteiro-de-carvalho-sera-novo-secretario-de-administracao-penitenciaria-4535423>. Acesso em: 3 abr. 2017.

"Criador de 'Os Trapalhões', Wilton Franco morre aos 82 anos". 13 out. 2012. Disponível em: <http://oglobo.globo.com/cultura/criador-de-os-trapalhoes-wilton-franco-morre-aos-82-anos-6391783>. Acesso em: 30 abr. 2017.

DUARTE, Alessandra. "Jefferson: o réu acusador mais famoso da História contemporânea do país". 21 fev. 2014. Disponível em: <http://oglobo.globo.com/brasil/jefferson-reu-acusador-mais-famoso-da-historia-contemporanea-do-pais-11680666>, Acesso em: 4 mar. 2017.

"Em 1993, 14 chefões do bicho foram condenados por formação de quadrilha". 21 ago. 2013. Disponível em: <http://acervo.oglobo.globo.com/em-destaque/em-1993-14-chefoes-do-bicho-foram-condenados-por-formacao-de-quadrilha-9641238. Acesso em: 21 fev. 2017.

FARAH, Tatiana. "Mesmo milionário, Dirceu contou com ajuda de quase 4 mil dólares para pagar multa do mensalão". 19 mar. 2015. Disponível em: <https://oglobo.globo.com/brasil/mesmo-milionario-dirceu-contou-com-ajuda-de-quase-4-mil-doadores-para-pagar-multa-do-mensalao-15637199>. Acesso em: 8 abr. 2017.

FERNANDES, Letícia; ARAÚJO, Vera. "Roberto Jefferson é levado para presídio de Niterói". 24 fev. 2014. Disponível em: <http://

oglobo.globo.com/brasil/roberto-jefferson-levado-para-presidio-
-de-niteroi-11694553>. Acesso em: 4 mar. 2017.

FERNANDES, Letícia; IGLESIAS, Simone; ONOFRE, Renato. "PTB rompe com Dilma e Aécio anuncia adesão do partido à sua candidatura". 21 jun. 2014. Disponível em: <https://oglobo.globo.com/brasil/ptb-rompe-com-dilma-aecio-anuncia-adesao-do-partido-
-sua-candidatura-12954728>. Acesso em: 1º mar. 2017.

GOIS, Ancelmo. "Roberto Jefferson: Herói ou vilão?". 28 nov. 2012. Disponível em: <http://blogs.oglobo.globo.com/ancelmo/post/roberto-jefferson-heroi-vilao-476970.html>. Acesso em: 1º jun. 2017.

_____. "Lista de Furnas: Dos 11 acusados quatro ficam de fora porque a pena prescreveu". 5 mar. 2017. Disponível em: <http://blogs.oglobo.globo.com/ancelmo/post/lista-de-furnas-dos-11-acusados-
-quatro-ficam-de-fora-porque-pena-prescreveu.html>. Acesso em: 28 abr. 2017.

GOIS, Chico de; SOUZA, André de; BRÍGIDO, Carolina. "João Paulo Cunha se apresenta no Complexo Penitenciário da Papuda". 3 fev. 2014. Disponível em: <http://oglobo.globo.com/brasil/joao-
-paulo-cunha-se-apresenta-no-complexo-penitenciario-da-papu-
da-11503875>. Acesso em: 3 mar. 2017.

"Jefferson fez parte da tropa de choque que tentou livrar Collor do impeachment". 25 fev. 2014. Disponível em: <http://acervo.oglobo.globo.com/em-destaque/jefferson-fez-parte-da-tropa-de-choque-
-que-tentou-livrar-collor-do-impeachment-11705135>.Acesso em: 13 mai. 2017.

"Jefferson fez parte da tropa de choque que tentou livrar Collor do impeachment". 25 fev. 2014. Disponível em: <http://acervo.oglobo.globo.com/em-destaque/jefferson-fez-parte-da-tropa-de-choque-
-que-tentou-livrar-collor-do-impeachment-11705135>. Acesso em: 5 mar. 2017.

"José Dirceu, de líder estudantil e plástica na ditadura ao mensalão e à Lava-Jato". 4 ago. 2015. Disponível em: <http://acervo.oglobo.

globo.com/em-destaque/jose-dirceu-de-lider-estudantil-plastica-na-
-ditadura-ao-mensalao-a-lava-jato-17081469 Acesso em: 5 abr. 2017.

MORENO, Jorge Bastos. "Post de 26/06/2004". Blog do Moreno. 26 jun. 2004. Disponível em: <http://blogs.oglobo.globo.com/blog-
-do-moreno/post/post-de-26-06-2004-00-02-2458.html>. Acesso em: 24 abr. 2017.

NOBLAT, Ricardo. "Publicitário foi avalista e pagou parte da dívida do PT". 2 jul. 2005. Disponível em: <http://noblat.oglobo.globo.com/
noticias/noticia/2005/07/publicitario-foi-avalista-pagou-parte-de-
-divida-do-pt-24350.html>. Acesso em: 30 abr. 2017.

_____ "Discurso de Despedida (cassação) (1)". Blog do Noblat. 2 dez. 2015. Disponível em: <http://noblat.oglobo.globo.com/discursos/
noticia/2005/12/discurso-despedida-cassacao-1-30515.html>. Acesso em: 23 abr. 2017.

_____. "Discurso de Despedida (cassação) (2)". Blog do Noblat. 2 dez. 2015. Disponível em: <http://noblat.oglobo.globo.com/discursos/
noticia/2005/12/discurso-despedida-cassacao-2-30516.html>. Acesso em: 23 abr. 2017

_____. "Discurso de Despedida (cassação) (3)". Blog do Noblat. 2 dez. 2015. Disponível em: <http://noblat.oglobo.globo.com/discursos/
noticia/2005/12/discurso-despedida-cassacao-3-30517.html>. Acesso em: 23 abr. 2017

_____. "Discurso de Despedida (cassação) (4)". Blog do Noblat. 2 dez. 2015. Disponível em: <http://noblat.oglobo.globo.com/discursos/no-
ticia/2005/12/discurso-despedida-cassacao-4-30518.html>. Acesso em: 23 abr. 2017.

OTÁVIO, Chico; BOTTARI, Elenilce; LOPES, Rodrigo. "Empresário denunciou propina em Furnas". 7 ago. 2005. Disponível em: <ht-
tps://www2.senado.leg.br/bdsf/bitstream/handle/id/392387/noticia.
htm?sequence=1>. Acesso em: 17 mai. 2017.

OTÁVIO, Chico. "Tribunal de Justiça condenou bicheiros no Rio por formação de quadrilha". 21 out. 2012. Disponível em: <http://oglobo.
globo.com/brasil/tribunal-de-justica-condenou-bicheiros-do-rio-
-por-quadrilha-6474038>. Acesso em: 14 fev. 2017.

"Roberto Jefferson está preso em cela individual". 25 fev. 2014. Disponível em: <http://oglobo.globo.com/brasil/roberto-jefferson-esta--preso-em-cela-individual-11708378 Acesso em: 5 mar. 2017.

"Tenório Cavalcanti comandou o império do terror da Baixada Fluminense". 31 out. 2013. Disponível em: <http://acervo.oglobo.globo.com/em-destaque/tenorio-cavalcanti-comandou-imperio-do--terror-na-baixada-fluminense-10614288>. Acesso em: 14 abr. 2017.

"Valério acusa publicitário e dupla sertaneja de receber dinheiro do mensalão". 20 dez. 2012. Disponível em: <http://oglobo.globo.com/brasil/valerio-acusa-publicitario-dupla-sertaneja-de-receber--dinheiro-do-mensalao-7109192>. Acesso em: 28 abr. 2017.

O Trabuco

"A íntegra do discurso de Jefferson na sessão de cassação". 14 set. 2005. Disponível em: <http://www.otrabuco.com.br/lermais_materias.php?cd_materias=78218>. Acesso em: 15 mar. 2017.

Partido Trabalhista Brasileiro

"PTB chancela apoio à candidatura presidencial de Aécio Neves". 27 jun. 2014. Disponível em: <https://ptb.org.br/ptb-chancela-apoio--a-candidatura-presidencial-de-aecio-neves/>. Acesso em: 1º mar. 2017.

"Roberto Jefferson comenta sobre o desarmamento e mudanças na política externa". 13 abr. 2011. Disponível em: <https://ptb.org.br/roberto-comenta-sobre-desarmamento-e-mudancas-na-politica--externa/>. Acesso em: 16 mai. 2017.

Portal Câmara dos Deputados

LUGULLO, Marise. "Dirceu e Roberto Jefferson ficam frente a frente no conselho de Ética". 1º ago. 2005. Disponível em: <http://www2.camara.leg.br/camaranoticias/radio/materias/ULTIMAS-

-NOTICIAS/330452-DIRCEU-E-ROBERTO-JEFFERSON-FI-CAM-FRENTE-A-FRENTE-NO-CONSELHO-DE-%C3%89TI CA--%28-03%27-35%22-%29.html>. Acesso em: 19 abr. 2017.

_____. "Em tom de despedida, Roberto Jefferson discursa por 41 mi-nutos". 14 set. 2005. Disponível em: <http://www2.camara.leg.br/ camaranoticias/radio/materias/ULTIMAS-NOTICIAS/331353-EM--TOM-DE-DESPEDIDA,-ROBERTO-JEFFERSON-DISCURSA--DURANTE-41-MINUTOS--(-04'-26%22-).html>. Acesso em: 16 mar. 2017.

PAGANINE, Joseana. "Sigilos de Roberto Jefferson e de petistas serão quebrados". 7 jul. 2005. Disponível em: <http://www2.camara.leg. br/camaranoticias/noticias/70501.html>. Acesso em: 11 abr. 2017.

R7

DOURADO, Kamila. "STF nega absolvição de delator do mensalão". 15 ago. 2013. Disponível em: <http://noticias.r7.com/brasil/stf--nega-absolvicao-de-delator-do-mensalao-15082013>. Acesso em: 19 mai. 2017.

Reuters Brasil

"Roberto Jefferson é condenado a 7 anos e 14 dias em ação do mensalão". 28 nov. 2012. Disponível em: <https://reuters-brasil.jusbrasil.com.br/ noticias/100211276/roberto-jefferson-e-condenado-a-7-anos-e-14--dias-em-acao-do-mensalao>. Acesso em: 18 mai. 2017.

Rio Solidário

MOTTA, Carolina; OLIVEIRA, Vanessa. "Complexo Penitenciário de Gericinó recebe abertura da Semana do Bebê". 22 out. 2015. Dispo-nível em: <http://www.riosolidario.org/semana-estadual-do-bebe--tem-abertura-oficial-no-complexo-penitenciario-de-gericino/>. Acesso em: 27 mar. 2017.

Senado Notícias

DOMINGOS, João; MADUEÑO, Denise. "Estrago político do mensalão supera caso dos anões". 9 mar. 2006. Disponível em: <https://www2.senado.leg.br/bdsf/bitstream/handle/id/317130/complemento_2.htm?sequence=3>. Acesso em: 14 fevereiro 2017.

"Ex-diretor de Furnas nega benefícios a corretora Assurê". 11 jan. 2006. Disponível em: <http://www12.senado.leg.br/noticias/materias/2006/01/11/ex-diretor-de-furnas-nega-beneficios-a-corretora--assure>. Acesso em: 10 mai. 2017.

LIMA, Maria; BRAGA, Isabel; DE LA PEÑA, Bernardo. "Dirceu x Jefferson: amanhã o confronto". 1º ago. 2005. Disponível em: <http://www2.senado.leg.br/bdsf/bitstream/handle/id/392234/noticia.htm?sequence=1>. Acesso em: 19 abr. 2017.

"Projeto sobre jogos de azar só deve ser votado no final de agosto". 12 jul. 2016. Disponível em: <http://www12.senado.leg.br/noticias/materias/2016/07/12/projeto-sobre-jogos-de-azar-so-deve-ser-votado--no-final-de-agosto>. Acesso em: 26 mai. 2017.

SANTOS, Chico. "Reduto eleitoral vê heroísmo em Roberto Jefferson". 15 ago. 2005. Disponível em: <http://www2.senado.leg.br/bdsf/bitstream/handle/id/454085/noticia.htm?sequence=1>. Acesso 4 mai. 2017.

VASCONCELOS, Adriana; DE LA PEÑA, Bernardo. "Polícia busca documentos na casa de genro de Jefferson". 15 jun. 2005. Disponível em: <https://www2.senado.leg.br/bdsf/bitstream/handle/id/390981/complemento_1.htm?sequence=2>. Acesso em: 14 mar. 2017.

Terra

"Após duas faltas, secretário é esperado para depor". 28 nov. 2008. Disponível em: <http://noticias.terra.com.br/brasil/noticias/0,,OI3359208--EI5030,00-Rio+apos+duas+faltas+secretario+e+esperado+para+depor.html>. Acesso em: 5 abr. 2017.

"Delúbio pede licença do PT; decisão sobre Genoino será tomada no sábado". 5 jul. 2005. Disponível em: <https://noticias.uol.com.br/uolnews/brasil/reportagens/2005/07/05/ult2616u102.jhtm>. Acesso em: 30 abr. 2017.

FAVERO, Daniel. "Lembre do escândalo dos Anões do Orçamento que completa 20 anos". Publicada 18 nov. 2013. Disponível em: <https://noticias.terra.com.br/brasil/politica/lembre-do-escandalo-dos--anoes-do-orcamento-que-completa-20-anos,3f1376212bd42410VgnVCM3000009af154d0RCRD.html>. Acesso em: 14 fev. 2017.

"Genro de Jefferson nega ter arrecadado para o PTB". 24 ago. 2005. Disponível em: <http://noticias.terra.com.br/brasil/crisenogoverno/interna/0,,OI641071-EI5297,00-Genro+de+Jefferson+nega+ter+arrecadado+para+o+PTB.html>. Acesso em: 02 abr. 2017.

"Genro de Roberto Jefferson será ouvido por CPI". 18 ago. 2005. Disponível em: <http://noticias.terra.com.br/brasil/crisenogoverno/interna/0,,OI634022-EI5297,00-Genro+de+Roberto+Jefferson+sera+ouvido+por+CPI.html>. Acesso em: 13 fev. 2017.

"Lula diz que caixa 2 é prática comum". 17 jul. 2005. Disponível em: <http://noticias.terra.com.br/brasil/crisenogoverno/interna/0,,OI594936-EI5297,00-Lula+diz+que+caixa+eleitoral+e+pratica+comum.html>. Acesso em: 8 abr. 2017.

MARTINS, Tadeu. "'Vizinho de Jefferson' é candidato a deputado em SC". 24 ago. 2006. Disponível em: <http://noticias.terra.com.br/eleicoes2006/interna/0,,OI1104791-EI6681,00.html>. Acesso em: 14 fev. 2017.

"Múcio: embate de Dirceu e Jefferson fará estrago". 1º ago. 2005. Disponível em: <http://noticias.terra.com.br/brasil/crisenogoverno/interna/0,,OI612840-EI5297,00-Mucio+embate+de+Dirceu+e+Jefferson+fara+estrago.html>. Acesso em: 19 abr. 2017.

"Olho roxo e dólar da cueca: relembre os 15 fatos do mensalão". 3 jun. 2015. Disponível em: <https://noticias.terra.com.br/brasil/politica/olho-roxo-e-dolar-da-cueca-relembre-15-fatos-do-inicio-do-mensalao,69d3d46a5ddfb3503140c790dd3bb4baws8jRCRD.html>. Acesso em: 10 mar. 2017.

"Roberto Jefferson é condecorado na Câmara do Rio". 15 mai. 2006. Disponível em: <http://noticias.terra.com.br/brasil/noticias/0,,OI1042845-EI306,00-Roberto+Jefferson+e+condecorado+na+Camara+do+Rio.html>. Acesso em: 31 mai. 2017.

ROHÃN, Lucas. "Benito Gama diz que faria tudo de novo, sobre o caso Collor". 29 set. 2012. Disponível em: <https://noticias.terra.com.br/brasil/politica/faria-tudo-de-novo-diz-ex-presidente-da-cpi-que-investigou-collor,156e0a43aa1da310VgnCLD200000bbcceb0aRCRD.html>. Acesso em: 15 fev. 2017.

"Rolex dado a José Dirceu por Martinez é falso". 21 ago. 2003. Disponível em: <http://noticias.terra.com.br/brasil/noticias/0,,OI133979-EI1194,00-Rolex+dado+a+Jose+Dirceu+por+Martinez+e+falso.html>. Acesso em: 21 abr. 2017.

UOL

CASTRO, Thell de. "Há 40 anos, Silvio Santos colocava no ar sua primeira emissora de televisão". 8 mai. 2016. Disponível em: <http://noticiasdatv.uol.com.br/noticia/televisao/ha-40-anos-silvio-santos-colocava-no-ar-sua-primeira-emissora-de-televisao-11249>. Acesso em: 27 abr. 2017.

"Com impasse entre partidos, CPI 'não anda', afirma Denise Frossard". 4 ago. 2005. Disponível em: <https://noticias.uol.com.br/uolnews/brasil/ents/2005/08/04/ult2614u228.jhtm>. Acesso em: 11 fev. 2017.

"Destino de Dirceu não está nas mãos de Jefferson, mas de Marcos Valério". 2 ago. 2005. Disponível em: <https://noticias.uol.com.br/uolnews/brasil/2005/08/02/ult2492u113.jhtm>. Acesso em: 19 abr. 2017.

Especial julgamento do mensalão. Disponível em: <http://ultimainstancia.uol.com.br/especialmensalao/>. Acesso em: 4 mai. 2017.

"Jefferson: cassado em Brasília, condecorado no Rio". 15 jun. 2006. Disponível em: <http://congressoemfoco.uol.com.br/noticias/

jefferson-cassado-em-brasilia-condecorado-no-rio/>. Acesso em: 31 mai. 2017.

"Jorge Bittar critica atuação da CPI mista dos Correios". 18 ago. 2005. Disponível em: <https://noticias.uol.com.br/economia/ultnot/valor/2005/08/16/ult1913u35731.jhtm>. Acesso em: 25 abr. 2017.

MADEIRO, Carlos. "Casa da Dinda, de Collor, é marcada por magia negra e reforma de jardins". 14 jul. 2014. Disponível em: <https://noticias.uol.com.br/politica/ultimas-noticias/2015/07/14/casa-da-dinda-de-collor-e-marcada-por-magia-negra-e-reforma-dos-jardins.htm>. Acesso em: 18 mar. 2017.

"'Não investigar é falta de decoro', diz Denise Frossard". 27 jun. 2005. Disponível em: <http://congressoemfoco.uol.com.br/noticias/nao-investigar-e-falta-de-decoro-diz-denise-frossard/>. Acesso em: 14 fev. 2017.

RODRIGUES, Fernando. "Leia a íntegra da nota do deputado José Borba". 5 jul. 2005. Disponível em: <https://noticias.uol.com.br/uolnews/brasil/fernando/2005/07/05/ult2615u69.jhtm>. Acesso em: 30 abr. 2017.

SOUZA, Josias de. "PTB muda para Aécio, mas Collor vai de Dilma". 25 jun. 2014. Disponível em: <http://josiasdesouza.blogosfera.uol.com.br/2014/06/25/ptb-muda-para-aecio-mas-collor-vai-de-dilma/>. Acesso em: 2 mar. 2017.

"STF torna os 40 acusados do mensalão réus". 28 ago. 2007. Disponível em: <https://noticias.uol.com.br/ultnot/2007/08/28/ult23u530.jhtm>. Acesso em: 17 abr. 2017.

"Uol bate recorde na transmissão ao vivo do confronto José Dirceu x Roberto Jefferson". 3 ago. 2017. Disponível em: <https://noticias.uol.com.br/uolnews/2005/08/03/ult2528u21.jhtm>. Acesso em: 19 abr. 2017.

"Valério confirma que pagou dívida, e PT lhe deve R$ 350 mil". 6 jul. 2005. Disponível em: <https://noticias.uol.com.br/ultnot/brasil/2005/07/06/ult2041u50.jhtm>. Acesso em: 30 abr. 2017.

Valor Econômico

"Dirceu reúne mais de R$ 1 milhão e encerra 'vaquinha virtual'". 22 fev. 2014. Disponível em: <http://www.valor.com.br/politica/3440072/dirceu-reune-mais-de-r-1-milhao-e-encerra-vaquinha-virtual>. Acesso em: 7 abr. 2017.

PERES, Bruno. "PTB nacional apoia Aécio, enquanto estadual da Bahia quer Dilma". 27 jun. 2014. Disponível em: <http://www.valor.com.br/politica/3596350/ptb-nacional-apoia-aecio-enquanto-estadual--da-bahia-quer-dilma>. Acesso em: 3 mar. 2017.

"Polícia Federal confirma autenticidade da 'lista de Furnas'". 16 jun. 2006. Disponível em: <https://noticias.uol.com.br/economia/ultnot/valor/2006/06/16/ult1913u52140.jhtm>. Acesso em: 8 mai. 2017.

SOUSA, Yvna; MAGRO, Maíra. "STF nega perdão a Roberto Jefferson e inclusão de Lula no mensalão". 15 ago. 2013. Disponível em: <http://www.valor.com.br/politica/3234984/stf-nega-perdao-roberto-jefferson-e-inclusao-de-lula-no-mensalao>. Acesso em: 8 ago. 2017.

Veja

AZEVEDO, Reinaldo. "Jefferson diz que é vítima de si mesmo". 28 dez. 2012. Disponível em: <http://veja.abril.com.br/blog/reinaldo/jefferson-diz-que-e-8220-vitima-de-si-mesmo-8221/>. Acesso em: 6 mai. 2017.

_____. "Roberto Jefferson está preso". 24 fev. 2014. Disponível em: <http://veja.abril.com.br/blog/reinaldo/roberto-jefferson-esta-preso/> Acesso em: 5 mar. 2017.

BORGES, Laryssa. "Janot diz que quadrilha do mensalão está demons-trada". 20 fev. 2014. Disponível em: <http://veja.abril.com.br/politica/janot-diz-que-quadrilha-do-mensalao-esta-demonstrada/>. Acesso em: 14 mar. 2017.

_____. "STF determina a prisão de Jefferson". 21 fev. 2014. Disponível em: <http://veja.abril.com.br/politica/stf-determina-prisao-de--roberto-jefferson/>. Acesso em: 4 mar. 2017.

———. "Roberto Jefferson faz novo pedido de prisão domiciliar ao STF". 28 fev. 2014. Disponível em: <http://veja.abril.com.br/politica/jefferson-faz-novo-pedido-por-prisao-domiciliar-ao-stf/ Acesso em: 5 mar. 2017.

"Em momentos finais de liberdade, Roberto Jefferson passeia de moto Harley Davidson". 23 fev. 2014. Disponível em: <http://veja.abril.com.br/politica/em-momentos-finais-de-liberdade-roberto--jefferson-passeia-com-sua-moto-harley-davidson/>. Acesso em: 4 mar. 2017.

MARQUES, Luciana. "Joaquim Barbosa entrega relatório do mensalão". 28 ago. 2007. Disponível em: <http://veja.abril.com.br/politica/joaquim-barbosa-entrega-relatorio-sobre-o-mensalao/>. Acesso em: 9 abr. 2017.

"Morre Wilton Franco, criador de 'Os Trapalhões'". 13 out. 2012. Disponível em: <http://veja.abril.com.br/entretenimento/morre--wilton-franco-criador-de-os-trapalhoes/>. Acesso em: 30 abr. 2017.

OYAMA, Thaís. "Biografia mostra todas as caras de José Dirceu". 8 jun. 2013. Disponível em: <http://veja.abril.com.br/politica/biografia-mostra-todas-as-caras-de-jose-dirceu/>. Acesso em: 6 abr. 2017.

"Presidente do PTB contrata de forma ilegal para a campanha". 8 set. 2014. Disponível em: <http://veja.abril.com.br/brasil/presidente--do-ptb-contrata-de-forma-ilegal-para-campanha/>. Acesso em: 18 fev. 2017.

WSCOM

"Depoimento de Dirceu vira duelo com Jefferson". 2 ago. 2005. Disponível em: <http://www.wscom.com.br/mobile/noticias/brasil/depoimento+de+dirceu+no+conselho+vira+duelo+com+jefferson-82878>. Acesso em: 19 abr. 2017.

LIVROS

AYRES BRITTO, Carlos. *Mensalão: O dia a dia do mais importante julgamento da história política do Brasil*. Rio de Janeiro: Record, 2013.

CABRAL, Otávio. *Dirceu: a biografia*. Rio de Janeiro: Record, 2013.

COLLOR DE MELLO, Pedro. *Passando a limpo: A trajetória de um farsante*. Record: 1993.

FALCÃO, Joaquim. *Mensalão: diário de um julgamento. Supremo, mídia e opinião pública*. Rio de Janeiro: Ed. Elsevier/Forense, 2013.

FIGUEIREDO, Lucas. *Morcegos Negros: PC Farias, Collor, máfias e a história que o Brasil não conheceu*. Rio de Janeiro: Record, 2000.

_____.*O Operador*. Rio de Janeiro: Record, 2006.

JEFFERSON, Roberto. *Nervos de Aço: um retrato da política e dos políticos do Brasil*. Rio de Janeiro: Ed. Topbooks, 2006.

MAINARDI, Diogo. *Lula é minha anta*. Rio de Janeiro: Record, 2007.

MORAES NETO, Geneton. *Dossiê Brasília: os segredos dos presidentes*. Rio de Janeiro: Globo, 2005.

MOREIRA LEITE, Paulo. *A outra história do mensalão: as contradições de um julgamento político*. São Paulo: Geração, 2013.

NAVARRO, Silvio. *Celso Daniel: Política, corrupção e morte no coração do PT*. Rio de Janeiro: Record, 2016.

SALLUM JR., Brasílio. *O impeachment de Fernando Collor, sociologia de uma crise*. São Paulo: Editora 34, 2015.

SILVA, Cláudio Humberto Rosa. *Mil dias de solidão, Collor bateu e levou*. Brasília: Geração, 1993.

SITÔNIO. *Collor, a raposa do planalto*. Anita Garibaldi, 1992.

SOUZA, Paulo Sérgio; FRANCISCO, Roberto. *Medeiros & Francisco: O Legado*. Rio de Janeiro: Nd, 2015.

VILLA, Marco Antônio. *Collor presidente: trinta meses de turbulências, reformas, intrigas e corrupção*. Rio de Janeiro: Record, 2016.

_____.*Mensalão: o julgamento do maior caso de corrupção da história política brasileira*. São Paulo: Leya, 2012.

DISCOS

SBT. Vinil *Sucessos de* O Povo na TV, Vol. 1.
_____. Vinil *Sucessos de* O Povo na TV, Vol. 2.

PROCESSOS

Tribunal de Justiça do Rio de Janeiro (TJRJ). Processo n° 0298194-87.2016.8.001.
_____. Processo n° 0282867-10.2013.8.19.0001.
_____. Processo n° 0039459-23.2008.8.19.0002.
_____. Processo n° 2008.34.00.027841-0.
Justiça Federal do Distrito Federal (JFDF). Processo n° 0043491-28.2010.4.01.3400.
_____. Processo n°0024833-19.2011.4.01.3400.
_____. Processo n° 2009.34.00.022090-5.

Índice onomástico

Abdon Hissa, 77, 78
Adalberto Pereira dos Santos, 254
Ademir Carnevalli Guimarães, 140
Aécio Neves, 25, 26, 47, 54, 135, 137,
    317, 321, 326, 328, 329, 338, 340,
    345, 346
Afonso Celso Dominguito de Castro,
    15, 16
Agenor de Miranda Araújo Neto (Ca-
    zuza), 78
Agnaldo Timóteo, 251, 252
Aílton Guimarães Jorge (Capitão
    Guimarães), 270, 271
Airton Antônio Daré, 140
Alan (tio), 239
Alan Gripp, 111, 203, 321
Allan Barbosa da Silva, 69
Alberto Braga, 269
Albino Imparato, 257
Aldo Rebelo, 107, 108, 121, 128, 129, 147
Alexandre Rezende, 73
Alfredo Luiz de Almeida Cardoso, 110
Almir (irmão de Edson de Godoy
    Bueno), 81

Almir Rogério, 260
Álvaro Mendonça, 278
Amaury Valério, 251
Amir Lando, 276, 278
Ana Acioli, 279, 280
Ana Cristina (cunhada), 39
Ana Davis, 251
Ana Lúcia Novaes, 9, 10, 18, 19, 28, 30,
    32, 35, 38, 40–44, 46–48, 52, 54,
    59, 61, 73, 75, 76, 106, 162, 166–
    168, 209, 212, 243, 293–296, 298
Ancelmo Gois, 214, 338
Anderson Adauto, 194, 196, 197
Anderson Silva, 10
Andréia Sadi, 209
Anezino Ferreira (Fiote), 255, 256
Ângela (irmã), 28, 29, 32, 36, 39–42,
    45, 46, 48, 50, 52, 54, 230,
Ângela Guadagnin, 182
Ângela Maria, 252
Anísio da Beija-Flor, 64, 211, 270, 271
Aniz Abraão David, ver Anísio da
    Beija-Flor
Ann Pontes, 182, 183

Anthony Garotinho, 143, 149

Antônio Adolfo, 234

Antônio Carlos de Campos Machado, ver Campos Machado

Antônio Carlos Magalhães Vieira Júnior (Juninho), 255

Antônio Carlos Magalhães, 95, 277, 290

Antônio Fernando Souza, 194–199, 203–205

Antônio Ferreira Marques, 227

Antônio Izaías da Costa Abreu, 242

Antônio Lamas, 200, 208

Antônio Osório Menezes Batista, 89, 90, 93–96, 98–104, 110

Antonio Palocci, 104, 122, 125, 126, 128, 160

Antônio Petrus Kalil (Turcão), 270, 271

Antônio Ricardo Binato de Castro, 242

Antônio Talvane Torres de Oliveira, 78

Ário Theodoro, 286

Aristides Junqueira, 277, 278

Arlindo Chinaglia, 129, 189

Arlindo Gerardo Molina Gonçalves, 88, 90, 91, 123

Arnaldo Faria de Sá, 303

Aroldo Camillo, 146

Arthur Belarmino Garrido Júnior, 75, 80, 81

Arthur de Sá Earp Neto, 79

Arthur Wascheck Neto, 87 – 89, 93

Artur (neto, filho de Fabiana), 248

Artur da Távola, 251–253

Assis Chateaubriand, 249

Astério Pereira dos Santos, 70, 71

Augusto Alba, 243

Áureo Ludovico, 73

Badger da Silveira, 226

Barbosa Lima Sobrinho, 276, 280

Barsita (irmã de Buzico), 232

Benedita da Silva, 143, 272

Benedito de Lira, 182, 183

Benito Gama, 26, 211, 212, 296, 317, 344

Bernardo (neto, filho de Fabiana), 156, 248

Bernardo Cabral, 193, 194, 198, 199

Beta (irmã), 40, 41, 48, 50, 52, 54, 58

Beto Mansur, 302

Beto Neves, 60

Bispo Rodrigues, 127, 163, 181, 197, 208, 218

Bocayuva Cunha, 263, 264

Breno Fischberg, 208, 218

Bruno Araújo, 303

Bruno Caiado Acioli, 86, 156, 312

Caio Fernando Abreu, 36

Camila (filha de José Dirceu), 142

Campos Machado, 212, 296

Carlos Alberto Cotta, 110

Carlos Augusto Ramos (Carlinhos Cachoeira), 143, 160

Carlos Ayres Britto, 200, 206

Carlos Henrique G. Mendes, 69

Carlos Henrique Gouveia de Melo, ver José Dirceu

Carlos José Coelho de Andrade, 77

Carlos Lamarca, 228
Carlos Sampaio, 182, 183
Carlos Sant'Anna, 289
Carlos Wilson, 146, 147, 291
Cármen Lúcia, 18, 203-208
Carolina Brígido, 203, 321, 336, 338
Cássio (cunhado), 37, 39-41, 52, 57
Castor de Andrade, 261
Catarina (neta, filha de Cristiane Brasil), 43, 46, 248
Celso Daniel, 160, 348
Celso de Mello, 18, 206
Celso Peçanha, 287
Cesar Maia, 114, 179, 245, 246
Cesar Roberto Santos Oliveira, 175
César Rubens Monteiro de Carvalho, 70-72, 337
Cezar Peluso, 207
Chagas Freitas, 251
Charles Aznavour, 297
Charles Burke Elbrick, 141
Charles Chaplin, 297
Chico Alencar, 182, 183
Chico Otavio, 111
Christian (neto, filho de Cristiane Brasil), 248
Christina Rocha, 251, 260
Cid Montes, 261
Ciro Gomes, 121, 128, 134, 291, 333
Ciro Nogueira, 182, 184, 189
Clara Becker, 142
Clarissa Cubis de Lima, 243
Cláudia Pinho, 106
Cláudio Cohen, 297

Cláudio Vieira, 279
Confúcio Aires Moura, 101
Cordolino José Ambrósio, 226, 227
Cristiane Brasil, 11, 18, 20, 25, 55, 57, 58, 60, 65, 68, 73, 82, 108, 165, 179, 212, 245-248, 267, 283, 284, 294, 301-303
Cristiano Guedes Duque, 77
Cristiano Paz, 217

Daniel Dantas, 151, 333
Daniel Tabak, 74
Dante de Oliveira, 288
Delcídio do Amaral, 158
Delfim Netto, 125
Delúbio Soares, 107, 113, 114, 122, 123, 126-129, 152, 163, 165, 173, 174-176, 178, 179, 190, 196, 197, 200, 213, 215, 306, 309, 322, 343
Demósthenes Francisco, 235
Denise Ferreira Rocha Azevedo, 110
Denise Frossard, 245, 344, 345
Denise Tavares, 119, 135, 297
Dias Toffoli, 207
Dieickson Barbosa, 139
Dilma Rousseff, 25, 26, 54, 125, 137, 138, 144, 145, 149, 204, 283, 284, 301-303, 316, 338, 345, 346
Dilson e Débora (artistas evangélicos), 84
Dimas Fabiano Toledo, 135-140, 149, 307, 324, 325
Djalma do O'Monteiro, 224, 229, 230
Duciomar Costa, 90

Duda Mendonça, 180, 197

Durval da Silva Monteiro (Mussum), 111, 112

Ecila Brasil, 82, 107–109, 114, 116, 156, 157, 167, 242, 246, 267, 270, 295

Edgar Rice Burroughs, 224

Edilson (repórter fotográfico), 188

Edmar Moreira, 182, 183

Edson de Godoy Bueno, 75, 81

Edson Monnerat, 228

Edu (motorista de Jefferson), 40, 49, 52, 64

Eduardo Azeredo, 197, 198

Eduardo Campos, 25, 54, 147

Eduardo Cardoso, 281

Eduardo Coutinho Lins, 93, 95, 99, 102

Eduardo Cunha, 302

Eduardo Jorge, 269

Eduardo Naddar, 9

Eduardo Paes, 68, 247

Eduardo Suplicy, 133, 143, 162, 275

Elba Ramalho, 260

Eldis Anacleto dos Santos, 237

Elis Regina, 234, 297

Elvis Presley, 19, 297

Elza (empregada doméstica), 166, 168

Emerson Palmieri, 16, 109, 111, 151, 181, 195, 208, 218

Emílio de Faria Fraga, 95

Emilson Soares Corrêa, 66

Enivaldo Quadrado, 208, 219

Epaminondas Francisco (Nonondas), 237

Ernâni do Amaral Peixoto, 223, 226, 327

Ernesto Geisel, 242, 254

Etevaldo Dias, 278

Eunício Oliveira, 93

Ezequiel Ferreira, 124

Fabiana Brasil, 29, 82, 108, 156, 246, 248, 267

Fábio Tenório Cavalcanti Francesconi, 257, 258, 261, 322, 327, 340

Farid Abraão David, 63, 64

Felipe González, 120, 121

Fernanda Brum, 84

Fernanda Karina, 177

Fernanda Montenegro, 225

Fernando Barros e Silva, 119

Fernando Bezerra, 124

Fernando Collor de Mello, 79, 80, 132, 133, 143, 146, 165, 171, 194, 201, 202, 211, 212, 214, 263, 274–284, 302, 322, 326, 328, 331, 338, 344, 345, 348

Fernando Cunha, 110

Fernando Dias, 79

Fernando Gabeira, 152

Fernando Gonçalves, 179

Fernando Henrique Cardoso, 95, 99, 133–135, 154, 269, 290, 291

Fernando Leal, 214

Fernando Leite de Godoy, 93, 96–98, 100, 102

Fernando Leite Mendes, 250

Fernando Melo Bueno Filho, 258

Fernando Paulucci, 266

Flávio Martinez, 165
Francenildo Santos Costa, 160
Francisco Eriberto França, 275, 279
Francisco Leali, 203, 321
Francisco Spargoli Rocha, 20, 23, 67, 70, 293
Francisco Spirandel, 136
Franco Montoro, 285
Frank Sinatra, 19, 297
Frei Betto, 142
Frônia (irmã de Buzico), 232

Gabriel García Márquez, 243
Gabriela Kenia S. S. Martins, 184
Gabriela Rocha, 84
Gardene Aguiar, 169
Garibaldi Alves Filho, 160
Gastone Righi, 265, 266, 278
Geoffrey Blainey, 21, 65
Geraldo Alckmin, 198
Geraldo Magela, 143
Gerson Camarotti, 109, 321
Getúlio Vargas, 165, 222, 223, 278, 285
Gigliola Cinquetti, 297
Gilberto Braga, 275
Gilberto Carvalho, 129
Gilmar Mendes, 206–208, 277
Glenio Sabbag Guedes, 178
Golbery do Couto e Silva, 285
Gretchen, 260
Gustavo Fruet, 182, 183

Hanz Weiser, 261
Haroldo (tio), 32, 55, 231, 235
Haroldo Cláudio Marschner Hager, 97

Heloísa Helena Duarte Pimentel, 244, 245
Henrique Brandão, 88, 126, 156, 246
Henrique Fontana, 162, 172, 175
Henrique Pinho, 106, 107, 110, 111
Henrique Pizzolato, 197, 216
Henry Kissinger, 65
Heráclito Fortes, 301
Herbert Vianna, 185
Hermenegildo (tio), 226
Honésio Pimenta Pedreira Ferreira, 18, 25, 26, 64, 73, 106, 107, 114, 117, 161, 171, 212
Horácio César Martins Batista, 93, 99, 102
Hugo Marques, 115
Hydekel de Freitas Lima, genro de Tenório, 257

Ibrahim Abi-Ackel, 160
Ibrahim Antônio Francisco (Buzico), 42, 226, 232, 237, 238
Ideli Salvatti, 162, 172
Irajá Pimentel, 244, 245
Iris Lopes, 256, 268
Iris Simões, 128
Iris Walquiria Campos, 117, 120, 161
Isabela (sobrinha-neta de Jefferson), 37
Itamar Franco, 179, 281
Itapuã Prestes de Messias, 108, 161, 246
Ivan Valente, 152
Ivete Sangalo, 234

Ivete Vargas, 285–288, 292, 308
Ivon Cury, 259
Izane Konerat, 243

Jacinto Lamas, 181, 200, 208, 216
Jacqueline Amar, 75
Jair Seidel, 101
Jairo Carneiro, 182, 183
Jairo de Souza Martins, 89
Jane Cleide Herculano de Siqueira, 166
Joana (filha de José Dirceu), 142
João Baptista da Costa, 226
João Baptista Figueiredo, 14, 114, 142, 182, 204, 242, 249, 250, 252, 284, 287,
João Carlos Mancuso Vilela, 88, 89
João Cláudio Genu, 208, 219
João Goulart, 165, 227, 285
João Henrique de Almeida Sousa, 101, 102
João Jacintho de Medeiros Sobrinho, 233
João Lyra, 128
João Magno, 181, 197
João Marcos Guimarães Silva, 244
João Paulo Cunha, 114, 115, 181, 197, 208, 213, 216, 336, 338
João Paulo, 46
João Werneck de Carvalho, 267
Joaquim Barbosa, 10, 14, 16–18, 24, 25, 36, 42, 44, 46, 194, 199, 200, 204, 206–208, 214, 319, 335, 336, 347
Joaquim do O'Monteiro, 229
Joaquim Falcão, 203

Joaquim Francisco, 178
Joel José, 252
Joel Santos Filho, 87–90
John Denver, 297
John Gordon Mein, 141
Jorge Bittar, 162, 179, 289, 345
Jorge Félix, 152
Jorge Uequed, 265, 266
Josafá Ferreira Leite Neto (Netinho), 166, 168
José Alfredo de Paula Silva, 86, 312
José Augusto Villela Pedras, 79
José Borba, 176, 177, 181, 197, 208, 217, 345
José Carlos Aleluia, 301
José Carlos Becker de Oliveira e Silva (Zeca Dirceu), 142
José Carlos Martinez, 93, 124, 126, 127, 134, 146, 147, 165, 195–197, 278, 292
José Carlos Moreira Alves, 206
José Chaves, 94
José Cunha, 251, 254, 259
José de Abreu, 213
José de Ribamar Saboia de Azevedo, 18, 73, 74–77, 82
José Dirceu, 24, 27, 31, 91, 93, 107, 108, 112–114, 119–123, 125, 127, 129, 131–138, 140–146, 149–154, 161, 163, 164, 174, 175, 179, 181, 185, 186, 189, 194, 204, 210, 213, 215, 275, 292, 296, 303, 304, 306–309, 313, 315, 317, 318, 320, 325–328, 330–332, 334–338, 340, 342–348
José Fogaça, 265

José Genoino, 24, 44, 107, 113, 163, 174, 175, 190, 213, 215, 309, 329, 343
José Guilherme Vilela, 278
José Janene, 125, 163, 181, 191, 197, 199
José Lourenço, 281
José Mentor, 181
José Múcio Monteiro, 121, 127, 128, 146, 147, 189
José Paulo Bisol, 133
José Pedro Terra, 139
José Ricardo Baitello, 85
José Roberto Salgado, 216
José Santos Fortuna Neves, 88-90, 94
José Saramago, 120, 121
José Sarney, 82, 267, 288, 289
José Serra, 134
José Thomaz Nonô, 184
José Wilker, 258
Joselaine Aragão Rampini, 106
Josias Gomes, 181
Josias Quintal, 182, 183
Jovair Arantes, 184, 301, 302
Juarez Lessa, 110
Júlio Delgado, 144, 182, 184, 185
Julio Takeru Imoto, 93, 95, 97, 102

Kátia Almeida, 297
Kátia Coimbra Mendonça, 42, 68-70, 293
Kátia Rabello, 218
Kay Aldridge, 224
Keyla Alba, 243, 244

Lafaiete Coutinho, 278
Lana (prima), 32
Latif Queralla (Rosa Turca), 232

Laura Carneiro, 166, 168, 185, 245
Leandro Andrade Azevedo, 247
Léo da Gama Moret, 228
Leonardo Gianotti Francisco, 236
Leonardo Páscoa, 297
Leonel Brizola, 165, 251-254, 276, 285, 307, 308
Leônidas Otero Francisco, 41, 267
Leônidas Pires Gonçalves, 267
Leopoldo Collor de Melo, 278
Letícia Fernandes, 10, 338
Lídio Duarte, 124-126, 156
Lindbergh Farias, 179
Lindolfo Collor, 283
Linete Neves, 60
Lucas Figueiredo, 92
Lucas Mendes, 12
Luciano Trigo, 91
Lúcio Vasconcellos de Oliveira, 241
Lucy Helen, 251
Luis Carlos Barreto, 213
Luís Roberto Barroso, 18, 56
Luís Travassos, 141
Luiz Antônio Fleury Filho, 121, 146, 269
Luiz Appolonio Neto, 110, 125
Luiz Carlos da Silva, 197
Luiz Eduardo de Lucena, 125
Luiz Eduardo Magalhães, 277, 281
Luiz Estevão, 281
Luiz Felipe Scolari, 65
Luiz Fernando Pacheco, 24
Luiz Fernando Pezão, 67, 68, 71, 328
Luiz Flávio Zampronha, 88, 198

Luiz Francisco Corrêa Barbosa, 161, 209, 210
Luiz Fux, 18, 207
Luiz Góes, 255
Luiz Gushiken, 92, 93, 189, 194, 200
Luiz Inácio Lula da Silva, 14, 24, 79, 83, 91, 95, 107, 109–112, 115, 116, 119, 121–123, 127–129, 133–138, 141–147, 149, 151, 153, 154, 163, 178–180, 184–186, 188, 189, 198, 199, 201, 204, 206–210, 242, 245, 269, 276, 282, 284, 291, 292, 303, 306, 307, 309, 314–316, 324, 326, 343, 346, 348
Luiz Mott, 273
Luiz Piauhylino, 115
Luiz Rondon, 110
Luíza Pastor, 161, 166, 168
Lulu Santos, 260
Lupicínio Rodrigues, 166
Lysâneas Maciel, 254

Manoel Rampini Filho, 62, 63, 106, 107, 114, 117, 179, 212, 270
Manuel Antônio Alves de Barros (Neca), 271
Manuel Antônio Alves de Barros Filho (Manelão), 271
Manuella Neves, 60
Marcelino Novaes, 18, 295
Marcelo Alencar, 228, 289
Marcelo Lamenére, 276, 280
Márcia (cunhada), 18, 19
Márcio (secretário executivo do Ministério), 189

Márcio (tio, pai da prima Nathalie), 232
Márcio Lote, 234
Marcio Thomaz Bastos, 113
Marco Aurélio Mello, 18, 25, 44, 202, 206, 208, 214
Marcos Pedreira Pinheiro de Lemos, 18, 19, 46, 47, 76, 210
Marcos Valério Fernandes de Souza, 14, 16, 17, 113, 121, 150, 151, 152, 171–178, 180, 181, 189, 190, 195–198, 215–217
Marcus Vinícius de Vasconcelos Ferreira (Neskau), 27, 29, 57, 60, 73, 126, 155–159, 212, 246, 248, 267, 301, 323, 331
Maria Aparecida de Andrade (Nega Maria), 222, 231
Maria Bianchi Fernandes, 224, 229
Maria da Conceição, 255
Maria Elvira Salles Ferreira, 272
Maria José Miranda, 245
Maria Lima, 110
Maria Teixeira de Araújo Medeiros, 233
Maria Teresa Silva, 120, 161, 243
Mariano (sargento), 228, 229
Marília Gabriela, 260, 262
Marina Medeiros Francisco (Petiza), 42, 55, 56, 222, 231, 232
Marina Silva, 25, 54
Mário Covas, 289, 308
Mário Marques, 179
Marlan de Moraes Marinho, 242
Marlene Aparecida (sogra), 13

Marta Suplicy, 88, 272, 273
Martha Rocha, 230
Mateus Picanço, 71
Matheus Iensen, 288, 289
Maurício Marinho, 83–89, 91, 93–108, 131, 156, 162, 172, 173, 188, 245, 331
Maurício Miranda, 245
Maurício Rodrigues, 46
Mauro Marcelo de Lima e Silva, 93, 152
Mauro Sérgio Vieira de Melo, 79
Max Nunes, 259
Mendes Botelho, 265
Michel Salim Saud, 60
Michel Temer, 303, 304, 323
Miguel Arraes, 133
Miguel Pachá, 241
Miriam Stevenson, 230
Miro Teixeira, 114–116, 128, 189, 252–254, 303, 316, 317, 325
Moacir Valente, 255, 256
Moacyr Franco, 259
Moisés Weltmann, 250
Morelos Vasquez, 244
Murilo Barbosa Lima, 125

Nadinho (tio), 231, 238
Nahim, 260
Nani Azevedo, 84
Nat King Cole, 297
Natalício Tenório Cavalcanti de Albuquerque, 256
Nathalie de Oliveira Francisco, 32, 42, 56, 222, 232

Nelito Fernandes, 111, 112
Nelson Mandela, 34, 65
Nelson Marchezan, 286, 287
Nelson Trad, 182, 184
Neusa Dalva (mãe), 23, 166, 222–226, 229, 230, 240, 241, 294
Neusa Maria (Neusinha, irmã), 30, 32, 37, 40, 41, 47, 48, 50, 54, 58, 230
Newton Cardoso, 89
Newton Cruz, 89
Ney Maia, 251
Ney Suassuna, 91
Neymar, 24, 44
Nilton Antônio Monteiro, 139, 140
Nilton de Albuquerque Cerqueira, 227–229
Norberto Paulo de Oliveira Martins (Beto), 18, 73, 161, 211, 212, 293

Odacir Soares Rodrigues, 281
Odir (tio), 231, 242
Orlando Fantazzini, 182, 183
Oscar (jogador de futebol), 24
Oscar Mellim Filho, 258
Oscar Niemeyer, 76
Osmar Serraglio, 140, 158
Ovelha (cantor), 260

Paes Landim, 302
Pauderney Avelino, 302
Paul Anka, 19, 297
Paula Ferreira, 12
Paulo Alberto Monteiro de Barros, ver Artur da Távola
Paulo César Farias, ver PC Farias

Paulo Cupello, 77
Paulo de Tarso Lyra, 115
Paulo Francisco Torres, 227
Paulo Gracindo, 259
Paulo Maluf, 191, 288
Paulo Motta, 211
Paulo Octávio, 94
Paulo Ramos, 63
Paulo Rocha, 181, 197
Paulo Silva, 146
PC Farias, 79, 132, 165, 171–174, 190, 201, 274, 275, 279, 280
Pedro Collor, 275, 279
Pedro Corrêa, 126, 163, 191, 197, 208, 217, 304
Pedro Henrique (sobrinho), 39, 41, 47, 49
Pedro Henry, 127, 128, 163, 181, 197, 208, 218
Pedro Paulo, 247
Pedro Pereira Terra, 139
Policarpo Júnior, 87, 124, 311
Professor Luizinho, 181

Rafael Braga Vieira, 66, 67
Rafael Oliveira Albagli, 77
Rafael Vasquez, 244
Rafany Pinheiros, 60
Ramon Hollerbach, 216
Raquel Branquinho Nascimento, 86, 312
Raquel Teixeira, 164
Reinaldo Conrad, 139
Renata Araújo, 138
Renata Lo Prete, 13, 117–120, 122, 324

Renato Aragão, 259
Renato Duque, 145
Renato Russo, 159
Ricardo (irmão), 30, 39, 40, 41, 48, 50, 54, 230, 231, 237, 239–241
Ricardo Izar, 150
Ricardo Lewandowski, 18, 199, 200, 203–206, 208, 316, 330
Ricardo Serran Lobo, 187, 188
Ricardo Stuckert, 204
Ricarte de Freitas, 243
Roberto Brant, 181
Roberto Francisco (Betinho), 23, 222–230, 236–238, 240, 284
Roberto Garcia Salmeron, ver Roberto Salmeron
Roberto Jefferson, 9–11, 13–21, 23–31, 33, 35, 36, 38, 40, 41, 43, 45–47, 49–54, 56, 58–71, 73–83, 87, 88, 90–96, 99–101, 103, 104, 106–129, 131–133, 135–140, 146–149, 151–153, 155–158, 161–166, 168–170, 172, 173, 175–184, 186–188, 191, 193–198, 201, 206–215, 221–233, 235–247, 249, 251, 252, 255, 256, 258, 261, 263–271, 273, 278–297, 299–301, 303, 304, 306, 307, 310, 312–315, 317, 319–323, 326, 327, 329–331, 334–338, 340–347
Roberto Lengruber, 258, 259, 305, 311
Roberto Magalhães, 178
Roberto Marinho, 254
Roberto Salmeron, 93, 94, 99, 100, 101, 104, 110, 125
Roberto Silveira, 226
Roberto Stuckert Filho, 203

Roberto Vitagliano, 53, 66
Robson Tuma, 182, 184
Rodrigo França Taves, 111
Rogério Tolentino, 217
Rolando Valcir Spanholo, 96
Romero Gil da Rocha, 60
Romeu Queiroz, 181, 195–197, 208, 217
Ronaldo (irmão), 30, 39–41, 43, 48, 50, 52–55, 230
Ronaldo Caiado, 168
Ronaldo Medeiros, 15
Ronaldo Nazário, 77
Ronivon Santiago, 290
Rosa Weber, 18, 207
Rosane (Zane, irmã), 37, 39–42, 47, 48, 50, 53, 54, 57, 58, 230
Rosane Collor, 132, 275, 281
Rose (cozinheira), 38, 46
Rose Nogueira, 213
Rosinete Melanias, 280
Rosinha Matheus, 70, 143
Rubem Medina, 251

Sandra Cavalcanti, 252, 254, 261
Sandra Oliveira, 279
Sandro Mabel, 163, 164, 181
Saturnino Braga, 162
Sebastião Buani, 184
Sebastião Coelho da Silva, 85, 245
Sebastião Curió, 89
Sebastião de Oliveira Ferreira, 221
Sérgio Bernardes, 257
Sérgio Cabral, 20, 68–70, 298, 331
Sérgio José Annicchino,139
Sergio Mallandro, 251, 260

Sérgio Marques, 203
Sérgio Mendes, 234
Sérgio Moro, 145, 154, 206
Sérgio Pardellas, 115
Sérgio Zambiasi, 212
Severino Cavalcanti, 114, 184, 191
Silvio Brito, 260
Silvio Pereira (Silvinho), 107, 114, 124, 126, 174, 175, 326
Silvio Santos, 250, 261, 313, 344
Simone Vasconcelos, 217
Solange (esposa de Edson de Godoy Bueno), 75
Stevie Wonder, 234
Sydney Sanches, 202, 280

Tancredo Neves, 288
Tanus Francis (Antônio Francisco), 232
Tarciso França, 233
Tarso Genro, 178
Ted Boy Marino, 259
Teori Zavascki, 18
Thales Ramalho, 286
Thiers R. J. Azevedo, 171
Thomas Jefferson, 232
Thomas Piketty, 65
Tibério Gaspar, 234
Toninho do PT, 160
Tony Bennett, 297

Ulysses Guimarães, 264

Vadão Gomes, 181
Valdemar Costa Neto, 127, 150, 163, 179, 181, 197, 208, 216, 304

Valdir de Souza Lima, 255
Valmir Souto da Cruz, 237
Vilmar Taffarel, 243, 244
Vinícius Samarane, 216
Vitor (neto, filho de Fabiana), 248

Wagner Montes, 251, 253, 260, 261, 306
Waldomiro Diniz, 143, 149, 160
Walfrido dos Mares Guia, 121, 127, 128. 178, 291
Walter Annicchino, 139
Walter Avancini, 249
Wanderley Cardoso, 259, 260
Wanderval Santos, 181

Wellington Moreira Franco, 252–254, 261
Wendel Karielli, 243
William Bonner, 77, 173
William Waack, 118
Wilson Simonal, 234
Wilson Wermelinger, 231
Wilton Franco, 249–252, 254–256 258–262, 337, 347
Winston Churchill, 65
Wladimir Palmeira, 141

Zé do Buzico (tio), 231, 297
Zilmar Fernandes, 197
Zulaiê Cobra, 151, 185

Este livro foi composto na tipologia Minion
Pro Regular, em corpo 12/16, e impresso
em papel off-white no Sistema Cameron da
Divisão Gráfica da Distribuidora Record.